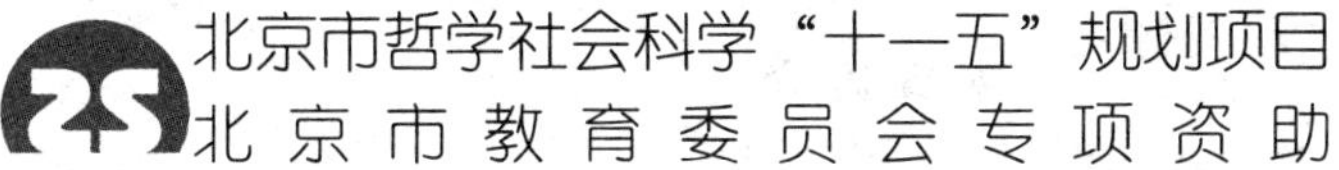
北京市哲学社会科学“十一五”规划项目
北 京 市 教 育 委 员 会 专 项 资 助

北京交通发展研究报告
2014

北京市哲学社会科学规划办公室
北 京 市 教 育 委 员 会
北 京 交 通 发 展 研 究 基 地

北京交通大学出版社
·北京·

内 容 简 介

绿色、安全，是2014年北京交通发展研究报告的主题。入选的四个报告分别属于新能源交通、绿色建筑、安全交通三个领域，其中新能源交通包括两个内容：一是北京新能源汽车的政策研究；二是电动汽车充换电站网络管理研究。绿色建筑部分则是将城市交通融入城市有机体系中，从建设绿色北京的视角，以经济激励体系为分析重点，翔实介绍了国外主要国家的成功经验，为下一步研究包括北京绿色交通体系在内的北京绿色建筑保障体系做好铺垫。安全交通部分选择了城市交通的骨干——轨道交通，重点研究了地铁脆弱性的评价模型与预警模型，以及通过火灾扰动和大客流扰动下的地铁脆弱性评价，提出了基于脆弱性的地铁应急资源配置问题。

图书在版编目（CIP）数据

北京交通发展研究报告．2014/ 林晓言主编. — 北京：北京交通大学出版社，2016. 6

ISBN 978-7-5121-2740-1

Ⅰ. ① 北…　Ⅱ. ① 林…　Ⅲ. ① 交通运输-研究报告-北京市-2014　Ⅳ. ① F572. 881

中国版本图书馆 CIP 数据核字（2016）第 106435 号

北京交通发展研究报告 2014

BEIJING JIAOTONG FAZHAN YANJIU BAOGAO 2014

责任编辑：黎　丹

出版发行：北京交通大学出版社　　电话：010-51686414　　http：//www. bjtup. com. cn

地　　址：北京市海淀区高梁桥斜街 44 号　　　　　　　邮编：100044

印 刷 者：北京艺堂印刷有限公司

经　　销：全国新华书店

开　　本：160 mm×240 mm　　印张：13　　字数：270 千字

版　　次：2016 年 6 月第 1 版　　2016 年 6 月第 1 次印刷

书　　号：ISBN 978-7-5121-2740-1/F • 1608

印　　数：1～1 000 册　　定价：48.00 元

本书如有质量问题，请向北京交通大学出版社质监组反映。

投诉电话：010-51686043，51686008；传真：010-62225406；E-mail：press@bjtu. edu. cn。

北京交通发展研究报告委员会

顾　问： 徐寿波

主　任： 张秋生　张明玉

副主任： 荣朝和　叶　龙　施先亮　赵　坚

主　编： 林晓言

编　委（按音序排列）：

林晓言　欧国立　荣朝和　施先亮

武剑红　叶　龙　赵　坚

前　言

根据《北京市国民经济和社会发展第十二个五年规划纲要》，“十二五”期间要全面实施“绿色北京”战略，以实现北京市提出的实现“人文北京、科技北京、绿色北京”的发展战略和“世界城市”的发展目标。特别是第十三个五年计划开篇之际，在北京改革发展的关键时刻，习近平总书记亲临视察并发表重要讲话，明确了北京市全国政治中心、文化中心、国际交往中心、科技创新中心的城市战略定位和建设国际一流的和谐宜居之都的战略目标。

围绕绿色北京、和谐宜居之都的建设目标，北京交通发展研究基地开展了相关领域的多项课题研究，为北京市建设目标的实现建言献策。本着“绿色、和谐”的基本思想，突出交通发展节能、环保、安全的宗旨，本书择优确定了四份研究报告，分别属于新能源交通、绿色建筑、安全交通三个领域，其中新能源交通包括两个内容：一是北京新能源汽车的政策研究；二是电动汽车充换电站网络管理研究。

第 1 部分，北京市新能源汽车市场化机制及产业政策研究。2010 年我国政府将新能源汽车产业确定为国家七大战略性新兴产业之一，鉴于其因高技术投入的风险和显著的外部性所形成的弱的企业动力，通过梳理世界主要国家新能源汽车产业发展的激励政策及其成功经验，该研究分析了新能源汽车产业政策所依据的理论框架，并量化评估产业政策对于新能源汽车这样环境友好产品项目的效果，提出了推动北京市新能源汽车产业发展的政策建议。

第 2 部分，电动汽车充换电站网络规划与运作管理研究。研究背景与第 1 部分相同，并且将重点放在新能源汽车基础设施的建设上，认为当充换电站设施相对完善、电动汽车大量普及时，必须考虑其接入电网所产生的影响。通过预测电动汽车的电力需求，建立了基于车辆行驶规律的车辆行为模型。利用截流选址理论，对城市电动汽车充换电站选址进行了研究。基于排队论和免疫克隆算法进行了电动汽车充换电站选址定容研究。

第3部分，北京市发展绿色建筑的激励政策与保障体系研究。将城市交通融入城市有机体系中，从建设绿色北京的视角，以经济激励体系为分析重点，介绍了国外主要国家的成功经验，为下一步研究包括北京绿色交通体系在内的北京绿色建筑保障体系做好铺垫。该部分从绿色建筑供给端、需求端、技术体系、计量体系四个方面提出激励政策建议，从法律法规、技术标准、组织保障、责任考核、激励、监管、市场服务、宣传教育八个方面完善保障体系。

第4部分，北京市地铁脆弱性及应急管理研究。安全是和谐的第一要务，交通安全，特别是轨道交通安全，是建设北京和谐宜居城市的前提。该部分重点研究了地铁脆弱性的评价模型与预警模型，以及通过火灾扰动和大客流扰动下的地铁脆弱性评价，提出基于脆弱性的地铁应急资源配置问题。该研究认为，北京地铁进入网络化时代，地铁脆弱性在地铁网络中具有传染性，需要从网络传播、车站控制两方面进行控制，并加强关键应急资源与设备冗余设计，以提高应急设备自身适应性等。

目　　录

第1部分　北京市新能源汽车市场化机制及产业政策研究

1.1　引　　言

1.1.1　研究背景及意义

新能源汽车产业作为一个节能减排导向的新兴产业，高技术投入和经济的外部性对其产业发展和市场化形成了门槛和阻力。我国政府纷纷出台各种政策和措施来促进新能源汽车产业的发展。我国政府2010年已将新能源汽车产业确定为国家七大战略性新兴产业之一，凸显了其战略地位和重要作用。

北京市新能源汽车产业发展迅速。2009年，北京市成立了全国第一个新能源汽车产业联盟，以北汽控股和北汽福田为代表的北京新能源汽车在产业化过程中取得了一系列的成绩，目前的新能源汽车涵盖了包括混合动力客车、纯电动客车和环卫车及纯电动乘用车等多种车型，并在示范运行中取得了较好的效果。

但是，新能源汽车产业化仍然面临一系列问题，集中表现在高技术成本和配套基础设施不完善导致产业化进程缓慢或受阻。新能源汽车市场化进程中面临的瓶颈问题是高成本投入和经济外部性导致市场失灵，为此如何通过制定有效的政府政策来促进北京市新能源汽车产业发展和市场化，成为理论界、业界和政府面临的亟待探讨的一个重要课题。本研究将为政府政策的出台提供理论支撑，具有重要的理论和实践意义。

1.1.2　国内外相关文献简述

对于新能源汽车产业发展中政府的作用，已有诸多国内外学者对此进行了研究，尽管研究角度不同，但都认为新能源汽车产业的发展需要政府提供一定的政策支持。Max Ahman（2006）认为，日本政府在电动汽车的发展中采取的是长期发展规划指导下的包含研发、示范项目、市场支持在内的综合的政策支持措施，该模式成功的关键在于政策的灵活性。陈柳钦（2010）通过对美国、欧洲、日本及我国的新能源汽车政策进行对比分析，提出要想在新能源汽车的发展中占据领先地位，国家政策的扶持相当重要。学者们从产业创新体系建设、价格政策、财税政策等不同视角探讨了促进新能源汽车产业的发展（胡登峰，王丽萍，2010；惠婧，李铁立，2010；张经天，公静，2010）。

政府对新能源汽车产业的发展提供政策支持有其深刻的经济学理论基础。政府政策支持在很大程度上是试图将传统汽车产生的外部环境成本"内部化"的一种手段。而内部化理论由来已久，且自提出后就受到重视，尤其是近年来全球气候变暖及汽车尾气对环境污染问题日益凸显，使这一问题受到了更加广泛的关注。Wilco W. Chan（2005），Rafaj、Kypreos（2007），Klaassen、Riahi（2007），Holmgren、Amiri（2008），Nguyen（2008）等分别从不同的角度和侧重点对环境成本内部化的问题进行了研究，都强调企业应将外部环境成本纳入企业的成本核算中，只有将外部环境成本内部化才能解决外部性问题，从而优化配置资源、促进可持续发展。在新能源汽车产业发展中政府提供政策支持是促进外部环境成本内部化的一种有效手段，这虽已成为学术界和实务界的共识，但更关键的问题还在于政府如何提供政策支持，比如财政补贴应如何量化分析等，这方面的探讨还很有限，系统化、深入化研究还较匮乏。丁慧平等（1999）对交通社会成本内部化与我国电动车市场化中政府的补贴额进行了分析；Ding Huiping et al.（2008）从经济学和逆向物流项目投资评价的角度，结合环境相关影响因素构建了经济分析和净现值评价模型，分析了政府所提供的政策支持的量化问题。

综上所述，在新能源汽车发展过程中，由于存在市场失灵，政府不仅面临着如何在节能减排过程中将外部成本内部化的问题，而且面临着产业发展如何市场化的问题。发展新能源汽车产业要求从理论和实践层面给予强大的支撑。本研究将从产业政策引导市场化机制的视角，围绕如何促进北京市新能源汽车产业发展这个重要的社会环境发展问题，运用均衡理论、演化理论、外部环境成本内部化及技术链的相关理论针对通过政策激励和规制消解市场失灵、推动市场化进程和产业化发展进行研究。

1.1.3 研究内容

1. 北京市新能源汽车产业政策体系现状及分析

根据对国家及北京市新能源汽车技术发展现状（涵盖新能源汽车研发和运营体系）的调研，本书将选择2000—2012年为政策考察期，在国家和北京市两个层面，对新能源汽车政策的现状及其演化过程进行阐释。在此基础上，基于均衡理论、演化理论和外部成本内部化理论对现行政策体系的有效性进行分析和评价，包括：政策广度，即是否覆盖到技术创新和市场推广两个方面；政策强度，即政府投入资源的力度如何，对弥补外部成本起到了怎样的作用；政策协同，即各项政策安排是否有效配合、均衡分布并具有连贯性等。

2. 北京市新能源汽车产业和政策体系的理论框架

从推动技术创新和推动市场发育两个层面，依据均衡理论、演化理论构建新能源汽车政策的理论体系。在推动技术研发方面，政策的作用是弥补企业研发投资的“市场失灵”和技术创新体系存在的“系统失灵”。在市场化方面，政策的作用是弥补消费者市场选择行为的“市场失灵”和新能源汽车运营体系中的“系统失灵”。构建政策激励和规制约束下外部成本内部化的企业投资决策模型，通过对政策激励与规制进行定量分析，考虑与市场化机制的适配性。

3. 北京市新能源汽车市场化机制及产业政策策略

在理论研究和现状分析的基础上，结合北京市的经济、技术等资源状况，从推动技术研发和市场化两方面探讨北京市新能源汽车产业政策的制定并进行定量研究。本书将依据外部成本内部化理论，明晰新能源汽车市场培育机制、产业政策导向的作用、影响新能源汽车产业政策体系与市场化机制实施策略对接的动因和约束条件，对政策激励和规制进行定量分析，包括：电动车消费者偏好（细分用户群体的品质—价格偏好差异）、产品竞争性、企业投资动机、政府产业政策效果的定量分析；电动车租赁经营和充电桩投资的经济性分析；在新能源汽车发展不同阶段对技术创新活动政策扶持的定量分析；对产业链不同环节政策扶持的定量分析。

1.1.4 技术路线

本书从均衡理论、演化理论和外部成本内部化理论出发，构建汽车市场化政策的理论框架，在此基础上对目前北京市新能源汽车的政策、消费者行为、新能源汽车厂商及产业链相关厂商的投资行为等进行定性和定量分析，从而提出北京市新能源汽车产业市场化的政策建议。技术路线如图1-1所示。

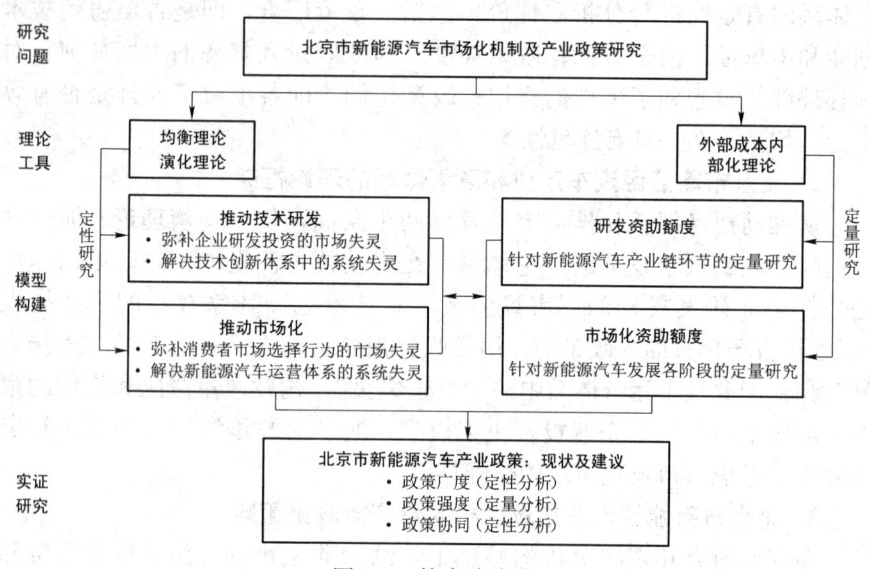

图1-1 技术路线图

其逻辑思路如下。

① 基于对北京市新能源汽车发展困境的分析，运用外部成本内部化理论解析新能源汽车置换传统汽车过程中的市场失灵和系统失灵；构建北京市新能源汽车产业政策框架，分析和评价现有政策的广度和强度、协同度及实施效果。

② 从技术创新和市场发育两个方面构建北京市新能源汽车产业政策，对市场失灵和系统失灵提供解决机制。

③ 基于相关利益者的环境价值诉求，进行外部成本内部化的博弈分析，探讨技术成本创新政策与市场发育政策的协调发展机制。

④ 针对新能源汽车产业政策现状，从政策广度、强度、协同度三个

维度对产业政策的有效性进行分析和评价，并对相关政策提出策略建议。

1.1.5 研究方法

（1）模型分析

运用外部成本内部化、经济数学、数理统计、绩效评价等方法，构建政策激励和规制约束下的企业外部成本内部化投资决策模型。

（2）现场调查

通过新能源汽车研究中心和政府示范运营等单位的现场调查，掌握一手资料，以此为依据分析北京市新能源汽车发展的困境。

（3）案例研究

选取北汽福田公司、北京市新能源汽车产业联盟、相关示范运营单位进行实证研究。

1.1.6 创新点

研究过程的创新点如下。

① 研究视角的创新。企业投资决策视角：针对高投入、外部性、市场失灵瓶颈问题，探讨政府产业政策的主导作用。

② 研究思路的创新。产业链与供应链相协同：探讨产业层面（新能源汽车产业发展不同阶段的政策适配）与供应链层面（成员企业利益分享）实现协同的市场化机制。

③ 研究方法的创新。运用均衡理论、演化理论、外部成本内部化理论，探讨推动新能源汽车技术创新和市场化进程的产业政策作用机理。

研究结论的创新点如下。

① 运用均衡理论和演化理论构建了新能源汽车产业政策的理论模型。

② 构建政策激励和规制约束下环境外部性内部化的企业投资决策模型。

③ 对电动车租赁经营和充电桩投资的经济性进行定量分析。

④ 对新能源汽车发展不同阶段的政策扶持进行定量分析。

⑤ 对产业链不同环节的政策扶持进行定量分析。

1.2 新能源汽车产业政策理论框架

1.2.1 新能源汽车产业市场化发展的市场失灵与系统失灵

新兴产业在自身尚未达到市场化推广的成熟程度之前，市场不会主动进行产品的供给和消费，产业链上下游企业之间的合作也会存在不顺畅、不匹配的情况，因此市场失灵与系统失灵在尚未成熟的新兴产业市场化进程中必然存在。

1. 新能源汽车产业市场化发展的市场失灵

新古典经济学在“完全竞争”的假设下建立了均衡理论。均衡理论认为：在一系列理想化假定之下，完全竞争的市场经济可以实现对经济资源的配置最有效率，此时整个经济达到一般均衡。然而，市场经济本身并不完备。市场机制实际上是一只“看不见的手”，推动着人们往往从自利的动机出发进行生产和消费的选择。但是个体最优的选择结果并不一定带来整体最优，尤其是存在经济外部性的情况下，产生市场失灵是趋利动机所致。

新能源汽车正是这样一个产业。推广新能源汽车最大的意义，就在于对环境的保护和对石油资源的节约。但是，对于消费者而言，使用新能源汽车，将承担技术不成熟、购置不经济、使用不方便的风险；对于汽车制造商来说，由于新能源汽车相关的基础研究和核心元件（如电池）技术尚不成熟，开发新能源汽车不仅意味着巨额的研发投入、较大的技术风险，而且意味着大规模的生产线购置和布局调整。在产品竞争性不及传统燃油汽车的情况下，对生产企业而言，研发、生产新能源汽车无疑是一项“高风险、低收益”的投资。这样，新能源汽车产业在研发和消费两个环节都存在较大的外部性。也就是说，相关的生产者和消费者承担了较大的成本，产生的收益（环保和节能）为社会所分享。由此，在完全市场竞争下，将没有厂商和消费者主动选择生产和使用新能源汽车，换句话说，仅仅依靠市场机制不可能推动新能源汽车产业初始阶段的发展，从而形成市场失灵。

2. 新能源汽车产业市场化发展的系统失灵

演化理论从事物发展过程的视角来解释经济发展或产业链条发展的

过程演化特征等。演化理论将事物的发展视为一个多因素相互作用的复杂系统过程，通过打开系统演化过程的“黑箱”，研究系统内各因素的相互作用，从而揭示事物发展的机理。例如，演化理论在对国家创新体系的研究中，认为创新是一个不断积累的复杂过程，创新主体是由企业、科研机构、学校、中介机构和用户组成的复合体。①当创新系统各机构之间不能实现有效配合时，便出现了“系统失灵”，主要表现在系统的行为者之间缺乏相互配合。例如，科研机构的基础研究和企业的应用性研究不匹配，研发联盟之间的技术合作不顺畅，各行为者之间的信息沟通和技术转移的阻力较大等，导致技术创新的效率较低。弥补系统失灵的政策工具应定位于如何促进创新系统的有效运行，通常包括促进各创新主体之间的合作、提高企业的技术能力和吸收能力、增加知识产权保护力度、降低创新活动的交易成本等。

新能源汽车市场化的发展也可以从系统论的角度去观察和解释。例如，在研发领域，新能源汽车行业中存在许多技术联盟。比如2010年成立的“央企电动车产业联盟”，联合了长安、东风、一汽、上汽、普天、国家电网、中石化、中海油等多家跨行业企业，旨在加强新能源汽车关键、共性技术的联合研发。新能源汽车产业的市场推广更是一个系统工程。比如公共和私人充电设施的建设，就涉及汽车企业、电网公司、物业公司、房地产开发企业的合作；新能源汽车组合政策的出台，需要交通部门、科技部门、财政部门、税务部门等多个政府部门的配合与相互支持。

然而在这个系统工程中，也存在着不协调的情况。例如，各企业的研发合作程度较低，研发联盟形同虚设；配套充电设施滞后，不能满足用户的需求；政府政策不够连续或不落地，补贴不到位等。即使在政府层面，也由于地方保护主义的存在，减缓了新能源汽车产业发展的进程。地方政府为了地方利益考虑，往往会构建一定的进入壁垒，为非本地品牌进入本地市场设立一定障碍（设置“新能源汽车车型目录”），非目录产品不能进入本地市场，不能上本地车牌，不能享受财政补贴等。“目录”保护了本地企业的利益，却造成了新能源汽车地区市场中事实上的不公平竞争，一定程度上制约了有竞争力的产品和企业的发展。这不仅限制了当地消费者的选择，而且不利于我国新能源汽车产业的整体技术发展。

---

① 王晓蓉，贾根良．“新熊彼特”技术变迁理论评述．南开经济研究，2001（1）．

1.2.2 政府消解两种失灵的作用机理

面对市场失灵和系统失灵，需要政府这个“理性人”进行干预。政府出台各种政策的经济学逻辑也在于此。针对新能源汽车产业政策的实施，需要结合新能源汽车市场化机制就消解两种失灵的有效性进行经济可行性分析。

1. 新能源汽车市场化机制的经济政策分析——消解市场失灵

造成市场失灵的基本动因在于企业因投资新能源汽车（环境友好型产品）使得产品成本增加而面临市场竞争的挑战，怎样才能促使企业自愿生产新能源汽车以降低其对环境的负外部性影响（尾气污染）是政府与社会面临的问题，需要通过实行环境成本内部化来破解该问题。环境成本内部化是指（政府促使）企业通过增加环保投资，降低乃至消除企业产品生产环节和消费环节对环境所产生的污染排放，即通过由企业承担环保投资成本，部分乃至全部消解原来由社会公众和政府承担的因环境污染所导致的环境成本，达到降低或消除污染、保护环境的目的[①]。对于新能源汽车的市场化问题，可以基于环境成本内部化视角，从政府和企业双向互动角度出发，探讨政府规制—激励政策与企业投资环保产品（新能源汽车）经济可行性之间的关系。借鉴 Ding 等的研究方法[②]，对环保产品的经济政策进行分析，探析环保投资的经济可行性。

企业期望通过环保投资获得收益，如节省排污处理成本或增加销售收入，但因环保投资致使产品成本增加而面临市场竞争的挑战。为了使环保产品（新能源汽车）在市场上与非环保产品（传统燃油汽车）具有同等的竞争力（消解市场失灵），政府一方面对非环保产品实行规制政策，如征税和罚金，另一方面对环保产品实行激励政策，如减免税和补贴，以此来促进企业自愿生产环保产品以降低对环境的负外部性影响。

在竞争市场环境下，所有市场参与者都是价格的接受者，通过边际成本分析可以考察政策干预对企业行为的影响。图 1-2 和图 1-3 分别表述

---

① 刘倩，丁慧平，侯海玮．供应链环境成本内部化利益相关者行为抉择博弈探析［J］．中国人口·资源与环境，2014（6）．

② DING H P, HE M F, DENG C. Lifecycle approach to assessing environmental friendly product project with internalizing environmental externality [J]. Journal of Cleaner Production, 2014, 66 (3): 128-138.

了非环保产品和环保产品的边际成本分析。如图 1-2 所示，实线表示政府实行政策干预之前非环保产品的边际成本，为了使环保产品在经济上可行，政府对非环保产品实行征税和罚金，使其承担因污染环境造成的损失，由此非环保产品的边际成本曲线相应上移，上移的程度取决于规制政策的力度大小（如虚线所示）。图 1-3 中实线表示环保产品的边际成本（市场失灵状态），由于生产环保产品需增加额外环保投资及运营成本，边际成本较高；为鼓励企业生产环保产品，政府采取激励性货币政策（补贴）以降低环保产品的边际成本，使其边际成本曲线下移，下移的程度取决于补贴数额的多少（如虚线所示）。

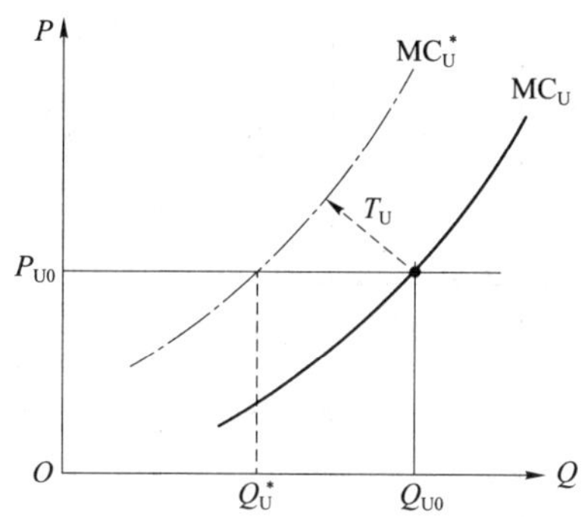

图 1-2　非环保产品的边际成本分析

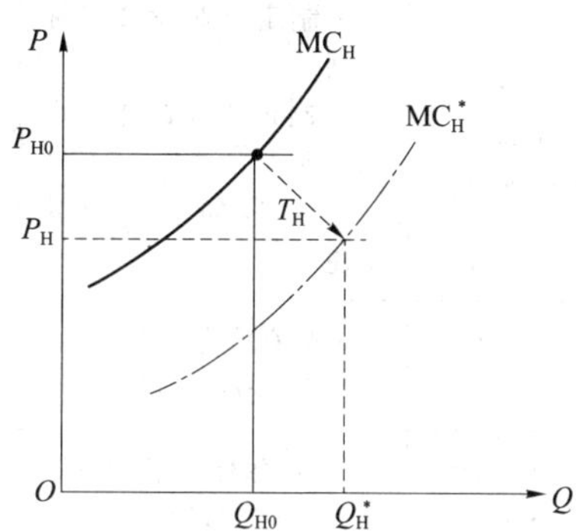

图 1-3　环保产品的边际成本分析

随着新能源汽车市场化的逐步推广，政策效果逐步显现，新能源汽车产品逐步为公众接受，经过市场渗透销售量得到增加，商业风险随之降低。销售收入增加达到一定规模时，收回投资直至盈亏平衡，此时政府的激励政策退出，新能源汽车投资项目过渡到增长阶段，其经济可行性得以实现。

2. 新能源汽车市场化机制的经济政策分析——消解系统失灵

作为一个新兴产业，新能源汽车从产品研发到市场推广，都涉及诸多主体的参与和协作，包括整车制造商、零部件制造商、科研机构、电网公司、房地产开发公司、小区物业、小区居民、用户等。如果各参与主体之间的配合不顺畅（如整车制造商与零部件制造商不能协同研发，电网公司或物业管理部门对安装充电桩的积极性不高等），就会造成整个系统低效运行，减缓产业发展速度。此时，如果政府通过相关政策或措施协调系统各参与主体之间的行为，则可以提高系统演化发展的效率。

本书将政府在解决新能源汽车产业发展系统失灵中的角色概括为：产业发展环境的构建者和维护者、创新产品的首购者，以及市场推广的协调者，如表 1-1 所示。

表 1-1 政府在新能源汽车产业体系中的角色和作用

政府角色	可采取的措施	政府作用			
		提高企业新产品研发生产的动力	提升制造商的研发能力与研发合作	促进基础设施建设	降低市场化推广过程中的交易成本
产业发展环境的构建者和维护者	·制定产业发展目标规划 ·制定相关政策、产品标准 ·促进创新平台的搭建	√	√	√	√
创新产品的首购者	·政府采购 ·政府补贴，鼓励购买	√	√	√	
市场推广的协调者	·政府的积极作为（联系、沟通、调解……）			√	√

（1）产业发展环境的构建者和维护者

政府通过制定产业发展目标和规划，启动产业的发展，而企业进入该产业发展的动力，也取决于政府推行产业目标的力度。同时，政府可通过制定相关政策，搭建研发平台，促进企业之间的研发合作，提升研发能力。基础设施建设也是新能源汽车推广中的重要环节，政府通过合理规划基础设施布局和基础设施建设方案，使基础设施建设有法可依、有章可循，从而能够提高各参与方合作的效率。

（2）创新产品的首购者

相对于传统汽车而言，新能源汽车属于技术尚不够成熟的新产品。政府公共部门带有鼓励性质的首先购买，维持了生产企业基本的收入和利润水平，在一定程度上降低了创新的风险，鼓励了企业的研发。同时，公共部门作为用户还可为企业提供用户信息，包括需求信息，对产品的性能要求、改进建议等，从而提高制造商的研发能力，加快产品创新。公共部门的消费也带动了充电基础设施的建设，为新能源汽车向私人领域推广奠定了基础。

（3）市场推广活动的协调者

新能源汽车产业体系中涉及的主体众多，各主体之间在合作中存在着大量的交易成本，包括搜寻成本、沟通成本、谈判成本等。较高的交易成本降低了新能源汽车购买、使用的便利性。政府可通过积极引导来协调各方的利益及合作关系，降低信息不对称程度，促进新能源汽车的市场化推广。

可以看出，在新能源汽车产业体系中，政府的角色可从不同层面帮助解决产业发展中存在的关键问题，从而有助于加快产业发展的进程。

3. 新能源汽车市场化政策导向——消解两种失灵

均衡理论和演化理论对政府作用的解释虽然视角不同，却并不矛盾。事实上，均衡理论与演化理论框架下的政府政策具有很强的一致性和互补性（邢怀斌，苏竣，2004）。我们认为，在新能源汽车产业发展的初级阶段，市场失灵和系统失灵同时存在，因此政策安排也应该在这两种理论框架下进行。

从市场失灵和系统失灵的动因出发，政府对新能源汽车产业的扶持政策应注重于技术研发和市场推广两个方面。以北京市为例，北京市新能源汽车市场的发展，得益于各类政策的多方面推动。截止到 2014 年年末，北京市已累计推广的新能源车辆达到 1.3 万辆，其中仅 2014 年北京市就推广新能源汽车 8 050 辆，超过从 2008 年开始到 2013 年的推广总和，占 2014 年全国新能源汽车销售总量的 11%①。

（1）技术研发方面的政策安排

对于新能源汽车而言，技术成熟度是决定产品竞争力的决定性因素。尽管技术研发支持政策的作用不会立竿见影，但却至关重要。

《北京市“十二五”时期汽车产业发展规划》中提及：“掌控新能源汽车研发制造关键技术。加大研发投入，通过自主开发和引进、消化、吸收、再创新等多种方式，重点突破电池及其管理系统、电机及其控制系统、整车控制系统等领域的核心技术，抢占技术高点。”为了带动企业研发，北京市政府给予了大量的研发补贴。例如，2010 年，北京市科委设立节能与新能源汽车专项，投入近 2 亿元科技经费②；2011 年北京市财政累计安排资金 2.85 亿元，用于新一代信息技术、高端装备制造与新能

① 蓝朝晖．北京新能源汽车市场推广“破冰”[N]．北京商报，2015-02-17.

② 北京市科委．推动新能源车发展 驱动绿色北京 [N]．科技日报，2010-12-24.

源汽车等领域的关键技术研发①。

除了资金上的支持，北京市政府还发挥系统协调作用，引导不同部门之间在研发方面建立合作关系。2014 年出台的《北京市电动汽车推广应用行动计划（2014—2017 年）》中提及："持续加大科技创新及产业化力度，引导产学研用紧密合作，重点提升动力电池、驱动电机、整车电控等关键核心技术水平，支持新型动力电池开发，加强共性技术平台的建设。"产学研合作模式在新能源汽车关键技术研发过程中十分重要，尤其是北京具有很强的高校资源优势，通过政府引导企业与科研机构、高校进行研发合作，企业发挥自己对市场需求的了解优势，高校和科研机构利用自己的科研能力，可以提高资金利用效率和科研产出成果。

这些政策在一定程度上缓解了研发领域的市场失灵和系统失灵。一方面，政府在研发方面的资金投入，补充了企业的研发资金，政府采购和对基础设施建设的支持也间接降低了研发投资的风险，从而提高了企业研发的积极性。另一方面，政府在研发系统协调方面的行为，促进了新能源汽车产业的企业合作，降低了研发合作的交易成本，从而推动新能源汽车技术的发展。

（2）市场推广方面的政策安排

与技术研发方面的支持政策不同，市场推广方面的政策安排能够在短期内起到推动新能源汽车销量增长的作用。2014 年北京市新能源汽车销量远高于前几年（全国的销量表现也是如此），与当年密集的市场推广政策有着密切联系。表 1-2 显示了 2014 年北京市出台的主要政策。

表 1-2　2014 年北京市出台的新能源汽车推广主要政策

序号	政策名称	发布部门	涉及内容
1	北京市示范应用新能源小客车管理办法	市科委、市发改委、市财政局、市交通委	企业及产品的准入条件、充电设施建设、补助申领、监督管理
2	北京市示范应用新能源小客车生产企业及产品目录	市经信委	财政补贴

① 刘天思．北京市财政投入 2.85 亿元带动新兴产业关键技术研发［EB/OL］. http://news.cnr.cn/gnxw/201111/t20111110_508760876.shtml.

续表

序号	政策名称	发布部门	涉及内容
3	北京市电动汽车推广应用行动计划（2014—2017年）	市政府办公厅	产品推广、基础设施建设、研发、财政补贴等
4	北京市示范应用新能源小客车补助资金管理细则	市财政局	财政补贴
5	北京市示范应用新能源小客车自用充电设施建设管理细则	市发改委	充电桩设施建设

资料来源：作者整理。

以上政策涉及新能源汽车购车补贴、充电桩设施建设补贴、市场推广计划等方面。除了制定政策之外，北京市政府还采取了其他措施来促进新能源汽车的市场化推广，例如制作充电桩电子地图、联合车企举办充电体验活动等。

这些政策和措施在一定程度上降低了新能源汽车产业消费领域的市场失灵和系统失灵程度。一方面，高额的财政补贴降低了消费者的购置成本，价格杠杆撬动了潜在的市场需求；另一方面，政府对于充电基础设施建设方面的支持与协调，推动了充电桩的建设；政府组织的体验活动、示范运营等，也培养了新能源汽车的消费市场认知度和消费意识，在推广新能源汽车市场化的系统工程中起到了“助推器”和“润滑剂”的作用。

1.2.3 新能源汽车产业政策框架

技术不成熟和市场推广进程缓慢是当前北京市乃至全国新能源汽车产业发展的两大瓶颈问题。这两个问题互为因果，相互叠加。技术不成熟，市场便不会接受；市场不接受，企业便没有资金和动力去进一步进行研发活动。因此，缺失任何一方面的解决机制，新能源汽车产业的发展都无法顺利进行。

1. 技术研发环节的政策框架

与传统汽车相同，新能源汽车也属于包含多种技术的复杂产品。本书从技术链的视角，将这些技术进行分类，在此基础上探讨政策对于不同类别技术研发的促进作用。

Henderson和Clark（1990）、Takeuchi和Nonaka（2004）认为产品技术链是元件知识和架构知识的集合。洪勇和苏敬勤（2007）从产业与技术协同的视角，认为产品的技术链由关键制造技术、核心元件技术和产品架构技术组成。路风（2006）按照从原理到应用的思路将技术链分为基础技术、核心元件技术和终端产品技术。朱方伟等（2008）认为产品技术链涵盖了主导设计（技术标准）、核心元件技术和产品架构技术三个主要技术环节。借鉴技术链的概念思路，本书认为新能源汽车产业技术也分为三个方面：基础前沿技术、核心元件技术、整车集成技术。

（1）基础前沿技术及其政策方向

基础前沿是指面向新兴技术、前沿技术和关键技术的基础研究及后续的应用开发，它构成了支撑产业技术持续发展的原始性技术体系，其研究成果是支持后续产业技术发展的基础。在产业发展中，前沿研究开发位于产业技术发展最前端，不仅能够激发产业技术的突破式创新，并形成原始性的基础专利，更为后续应用性技术的渐进式创新提供了途径和手段。以电动汽车为例，分布式驱动电动汽车设计与控制的理论与方法，电池寿命的故障诊断、老化机理、延寿机制理论等，都属于基础前沿性技术。

一方面，前沿研究开发处于产业技术发展的最前端，其技术成果不仅能够激发重大的突破式创新，而且还是推动渐进式创新的关键，具有高度超前性和共享性的创新特征，只有持续的、大规模的技术投入才有可能在科技前沿形成可产业化的研发成果，支撑产业技术的前端竞争。然而，研发投入高、溢出风险大和短期收益低严重阻碍了企业向前沿研究开发的技术投资，因此前沿研究开发存在较为严重的“市场失灵”，直接影响了后续的产业技术发展。

另一方面，基础前沿研究需要统筹安排、分工合作，其成果也需要有效地向产业界转化，真正应用于产品设计与制造。目前，我国宏观科技决策机制和组织结构不合理，有限的科技资源难以实现优化配置，科技资源短缺与闲置浪费并存，资源利用和投入产出效率不高。由于部门之间在科技决策上协调不够，造成许多领域重复投入、分散投入，难以在国家整体目标上形成一致和分工合作，削弱了国家科技组织动员能力和协同集成能力，在一些战略方向性和关键共性领域，往往不能集中资金和研究力量实施重点突破。另外，科技—经济“两张皮”的问题依然存在，科技研究的成果转化率不高。这些现象表明，我国基础研究领域还同时存在着“系统失灵”。

因此，政府应作为前沿研究开发的主导者，起到“隐性主体”的作用，对基础性、前沿性技术研发项目的设立、资源投入、创新共享、成果转化等进行战略性管理，政策安排原则是解决“市场失灵”和“系统失灵”并重，弥补市场在创新资源向前沿研究开发配置中的偏差，提升基础研究体系的效率和成果转化率。具体包括：首先，绘制产业技术发展的技术路线和计划，对产业技术的前端竞争展开系统规划，以明确前沿研究开发需攻克的关键技术和发明，并将其作为政府设立和资助前沿研发项目的依据；其次，以整车企业为主体，倡导和组织面向前沿研究开发的“产学研”合作体系，并努力降低创新合作中的交易成本，以促成合作伙伴的寻找与谈判、创新合作的组织与纠纷和技术成果的共享与保护；再次，针对前沿研究开发的需要，设立国家实验室和国家技术中心等，创建必要的“产学研”研发平台，充分发挥国家创新体系的作用；最后，依据预期的产业技术目标设立和发起前沿研究开发项目，并作为全额出资人或主要出资人，支持“产学研”联盟的技术开发。此外，还需要设立和改进产业技术标准，积极参与下一代产业主导设计的竞争，如新能源汽车技术标准的设定。

（2）核心元件技术及其政策方向

核心元件是承载产品主要技术功能、决定产品竞争力的关键部件，核心元件技术是关于核心零部件及其组合的技术原理、技术路线和技术方法，是通过对控制不同的因素或变量进行重复的“因果关系”实验及模拟，在“研中学”中所形成的原理知识（Takeuchi & Nonaka，2004）。例如，新能源汽车的电机驱动系统技术、电池系统技术、电控技术等。

核心元件通常具有较高的“标准化”程度，容易通过外购的方式获得，且长久以来我国汽车产业以市场换技术的对外合资策略使核心元件技术陷入了产业“空芯化”的窘境，使得外购成本低于自主研发成本，这在一定程度上削弱了企业的研发意愿，出现了“市场失灵”。不过，由于核心元件技术水平的提升对于产品整体性能的改善起着关键作用，从理论上说，企业的研发意愿比前沿研究领域更为强烈，从而“市场失灵”程度比前者更低。同时，企业之间应该组成合作联盟，发挥各自的优势和特长，形成强大合力，集中攻关，合力解决一些关键的共性技术，共同参与国际竞争，同时也可以避免企业之间的内耗。

根据以上分析我们认为，在核心元件技术领域，政府应起到推动者的作用，政策方向主要作用于解决“系统失灵”，引导企业之间开展合作研发，构建良好的合作开发环境；同时兼顾解决“市场失灵”，对关键的共性技术提供一定的研发资助。

（3）整车集成技术及政策方向

汽车是由多种零部件组成的复杂产品，整车开发不仅需要核心元件及辅助元件知识，还需要充分考虑各元件之间的匹配关系，以实现整车产品的有效集成和系统最优（Prencipe，1997）。汽车是具有“整体性”“一体化”架构的产品，各产品元件间的微妙搭配对于产品功能的实现具有关键作用（藤本隆宏，2007），即使内置相同的元件，不同的整车架构也会产生相异的整体性能。新能源汽车与传统汽车有着不同的整车架构，需要对整车集成进行研究，包括混合动力、纯电驱动和下一代纯电驱动等不同动力的新能源汽车。整车集成技术是在大量的“试与误”中形成的，关于各元件之间如何组合及连接、使产品作为整体进行运作的整合知识和经验知识，具有“高度企业特定（high firm-specific）”的特征，这意味着架构技术需要通过反复操作与试验才能形成，是企业各自开发经验的积累，包含大量的隐性知识，也是整车企业的核心竞争力所在，不宜通过合作的方式进行共同开发。

整车集成技术涉及产品策划、产品设计两个阶段。产品策划是将市场需求转化为工程语言的过程；产品设计则需要紧密结合零部件的开发，不断进行零部件之间的匹配性调校，以实现所策划的产品功能。产品策划的关键在于对市场需求的准确捕捉和把握，这一点国内企业比跨国公司更有优势；产品设计则可以借助外部专业公司的技术资源来实现，其创新的难度远低于前沿研究与核心元件技术。在前沿研究和核心元件技术没有取得重大突破的情况下，不少企业凭借精准的市场定位及新车型开发而迅速成长。由于整车架构技术研发的短期效益最明显，技术门槛相对较低，因此成为我国整车企业研发最重要的内容之一。在传统汽车领域，目前我国整车集成能力总体上已达到大改型水平，其中轿车已接近于全新改型水平。

因此，整车集成技术研发的“市场失灵”和“系统失灵”程度最低。不过，新能源汽车的整车架构不同于传统汽车，而新能源汽车产业又是我国“十二五”科技规划中国家要求大力培育和发展的战略性新兴产业，因此政府应当起到支持者的作用，对这类技术研发给予适当资助，帮助企业尽快掌握新能源汽车的整车集成技术。

综上所述，政府在新能源汽车产业技术研发方面的政策方向与作用可表述为如图 1-4 所示。

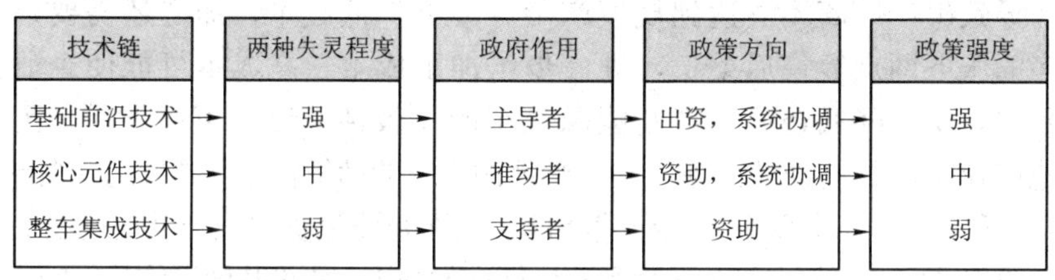

图 1-4　新能源汽车产业技术研发的政策方向与作用

2. 市场培育环节的政策框架

在新能源汽车产业的市场培育环节，同样存在这市场失灵和系统失灵的情形，因此同样需要政策的干预。下面从消费和生产两个方面进行分析。

（1）消费环节的政策作用与方向

在新能源汽车的消费环节，两种失灵同时存在。一方面，新能源汽车的定价远高于传统燃油汽车（新能源汽车直接购买成本要比同样动力的传统燃油汽车价格高 50%以上）；而技术成熟度却远低于传统车，如果没有政策的干预，消费者不可能自觉购买新能源汽车，于是形成市场失灵。另一方面，新能源汽车属于新生事物，由于其动力源的改变，需要重建大量的配套设施，需要汽车厂商、电力公司、土地管理部门、市政管理部门、社区、房地产开发商等多个相关方相互配合，才能建立完善的配套设施网络。在没有政策协调的情况下，这些利益主体难以高效配合，形成系统失灵，导致配套设施网络的建设缓慢，阻碍了新能源汽车市场化的进程。

因此，政策的作用应该缓解这两类失灵。缓解市场失灵的政策方向是提供补贴或强制政府采购。例如，对消费者提供采购补贴；对新能源汽车采购予以税费减免；强制一定比例公务用车采购新能源汽车。缓解系统失灵的政策方向是：协调市政、土地管理部门，建立更多的公共充电站或充电桩；协调房地产开发商和社区物业，预留或改造更多的可充电车位；协调汽车厂商和电力厂商的行动，尽量缩短充电桩的安装周期；协调交管部门，争取更加优惠的摇号、出行、停车等方面的政策，构建更加有利于促进新能源汽车消费的市场环境。

(2) 生产环节的政策作用与方向

在新能源汽车的生产环节，主要存在市场失灵。这是因为：即使在政府提供一定采购补贴的情况下，新能源汽车的销量仍然远低于传统汽车，导致生产厂商无法达到规模产量，难以降低成本，加之还需要建立更多的服务网点等售后渠道，进一步增加了成本。高成本可能使企业面临亏损，从而降低企业生产新能源汽车的积极性，形成市场失灵。配套设施产业也面临同样的问题。由于新能源汽车的销量较低，导致充电桩或充电站的利用率也十分低下，这样就降低了电网企业投资建设公共充电桩或充电桩的积极性。再加上相关技术和建设标准的缺失，使得基础设施建设的大规模推进在短期内难以实现，形成配套设施供应方面的市场失灵。

解决生产环节市场失灵的政策方向是提供补贴或强制生产。例如，对汽车厂商的亏损给予一定的补贴；对充电设施的建设提供一定的补贴；出台更加严格的汽车企业出厂产品的排放标准和油耗标准，引导企业主动进行新能源汽车的开发与生产。

综上所述，政府在新能源汽车产业市场培育方面的政策方向与作用可表述为如图 1-5 所示。

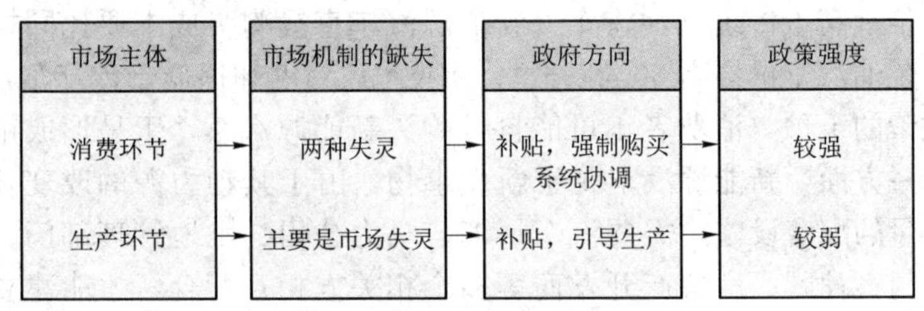

图 1-5　新能源汽车产业市场培育的政策方向与作用

1.3　北京市新能源汽车产业政策体系现状分析

为了鼓励新能源汽车发展，我国从 2000 年开始正式规划新能源汽车的研发与产业发展，从“863”计划、汽车产业规划、税收政策等多方面支持新能源汽车的研发和市场化推广。2009 年以后，我国的相关扶持政策开始密集出台。例如，科技部、财政部、发改委、工信部联合启动了“十城千辆节能与新能源汽车示范推广应用工程”，随后财政部和科技部又联合发布了《节能与新能源汽车示范推广财政补助资金管理暂行办法》。2012年年底，首轮“十城千辆”试点城市推广结束后，四部委继续发布《关于扩大混合动力城市公交客车示范推广范围有关工作的通知》，将首批25个节能与新能源汽车示范推广城市扩大到全国所有城市。

尽管中央和各地方政府的密集政策和大力补贴有力地促进了新能源汽车产业的发展，但是与国家的产业目标相比，实际情况并不乐观。以北京市为例，截止到2014年新能源汽车的累计保有量达到1.3万辆①，但距离“2015年新能源汽车应用规模10万辆”② 的规划目标相去甚远。从全国范围看，根据国务院《节能与新能源汽车产业发展规划（2012—2020年）》，到2015年，纯电动汽车和插电式混合动力汽车市场保有量计划达到50万辆以上。实际情况是，尽管我国2014年新能源车型推广销量为7.48万辆，同比增长320%③，但2014年年末的累计保有量大约仅10万辆④。从国际比较看，我国情况也并不理想。在新能源汽车补贴全球第一的情况下⑤，2013年我国新能源汽车销量为1.76万辆，不足汽车总销量的千分之二⑥；而同期美国的电动汽车销量为9.6万辆，占当年美国汽车销售总量的0.6%⑦。

1.3.1 北京市新能源汽车相关政策

北京市是首批进入四部委“十城千辆”工程的试点城市之一，近年来也陆续制定和出台了多项制度和政策，推动新能源汽车在北京的发展。例如，北京市科委联合市发改委、经信委、财政局等14家单位建立了新

---

① 任笑元．北京新能源车政策“松绑”？［N］北京青年报，2015-02-09.

② 涂露芳．北京汽车“十二五”规划解读发布［N］．北京日报，2012-07-12.

③ 2014新能源车销量分析 自主轿车占75%［EB/OL］．http：//auto.163.com/15/0127/09/AGV3B0UP00084TV7.html.

④ 李艳．新能源汽车开启发展元年［N］．科技日报，2015-01-06.

⑤ 张国．财政补贴世界第一 产销目标一再落空［N］．中国青年报，2015-01-23.

⑥ 2013年新能源汽车产销量不及行业总量千分之二［EB/OL］．http：//www.askci.com/news/201401/14/141752135713.shtml.

⑦ 贾新光．从特斯拉现象说开去［N/OL］．人民日报，2014-06-16（22）．http：//opinion.people.com.cn/n/2014/0616/c1003-25153063.html.

能源汽车联席会议制度，定期召开联席会议，研究、部署、协调北京市新能源汽车的研发、生产、示范运营、市场化推广等。2011年，北京市出台了《北京市纯电动汽车示范推广市级补助暂行办法》，明确了纯电动汽车市场补助标准、电池租赁费用及充电服务费用等。2014年，北京市的各项相关政策更是密集出台，不仅涉及财政补贴，而且覆盖了购车摇号、公共和自用充电桩建设、示范运营等多个环节。同时，北京市还在怀柔、昌平、密云、大兴等地布局北京市新能源汽车的研发和生产。

1. 北京对新能源汽车补贴政策

2014年北京市政府积极推进新能源汽车发展。首先在年初北京市政府加大对购买新能源汽车的补贴力度，北京市与财政补贴力度基本做到了1∶1，最高补贴能达到11万元。

2. 北京市颁布新能源汽车产品管理细则

2014年2月12日北京市颁布了《北京市示范应用新能源小客车生产企业及产品审核备案管理细则》。北京市经济和信息化委员会、北京市发展和改革委员会、北京市科学技术委员会和北京市质量技术监督局关于印发了《北京市示范应用新能源小客车生产企业及产品审核备案管理细则》的通知。

3. 《北京市“十二五”时期新能源发展建设规划》

《北京市“十二五”时期新能源发展建设规划》中提出，计划到2015年民用电动汽车达到4万辆以上。届时，北京将建成256座充换电站、210座小型配送站和4.2万个充电桩，满足所有类型电动车的充换电需求。为推动新能源汽车产业健康快速发展，北京市建立了新能源汽车联席会议制度，由市相关领导作为联席会召集人，14个相关委办局成员单位共同参加，联席会办公室设在北京市科委。

4. 《北京新能源小客车自用充电设施建设管理细则》

北京市发改委发布了《北京新能源小客车自用充电设施建设管理细则》，居民住宅小区内自用充电设施使用的电量将单独计量，并按照该市居民电价标准（执行居民电价的非居民用户）收取，不执行阶梯电价。

1.3.2 北京市新能源汽车相关政策分析

“十二五”时期是北京加快推进中国特色世界城市建设的关键时

期，切实抓好新能源汽车，特别是纯电动汽车快速发展的战略机遇，在新能源汽车关键系统研发和制造领域实现突破，使北京成为国际领先的电动汽车研发中心、国内重要的新能源汽车研发制造基地，将北京建设成为新能源汽车广泛应用的智慧城市、环保城市，已经提上重要议事日程。

2013年北京市科研经费支出1 185亿元，比2009年增长77.2%，其中科研经费投入强度达到6.1%，位列全国第一。[①] 根据第六次全国人口普查的数据可知，北京市每万人中的科研人员数量为129位，说明北京市在科研人员数量方面具有较大的优势，能够为北京新能源汽车领域内的技术研发提供强大的人力支持。另外，北京市全年科研项目（课题）数量为83 911项，位列全国第一，从研发项目的实施情况来看，北京市拥有国内领先的科研条件，能够为新能源汽车产业的发展奠定坚实的基础。

作为首批国家“节能与新能源汽车推广示范”的试点城市，北京提出以公交、环卫、出租、邮政、物流等公共领域为突破口。通过示范试点加快培育产业成长，拓展私人用车领域，形成以“电池租赁、裸车销售为模式”的发展思路，降低用户使用成本，加快培育市场应用。目前，北京市在公交、环卫等领域开展近千辆电动汽车的示范运行工作，包括50辆电动公交车、870辆混合动力公交车、30辆纯电动环卫车等。此外，还将启动电动邮政、物流车示范运行项目，扩展公共交通领域的示范运行。2011年将新增推进完成1 000多辆电动环卫车、电动公交车及电动邮政物流车示范运行，并建设配套的充电基础设施。北京已经成为国内最大的新能源汽车运营城市，在全球各大城市中也走在了前列。

为了进一步推进新能源汽车产业，着力突破动力电池、驱动电机和电子控制领域等关键核心技术，推进插电式混合动力汽车、纯电动汽车的推广应用和产业化，同时开展燃料电池汽车相关前沿技术研发，大力推进高能效、低排放节能汽车发展，建议北京市重点从以下方面来促进新能源汽车产业的发展。

（1）强化科技创新，提升产业核心竞争力

进一步发挥北京市科技创新的优势，整合科技资源，优化电动汽车

① http：//news.ifeng.com/a/20141222/42766308_o.shtml.

发展的基础条件和宏观环境，以国家重点基础研究计划、国家高科技计划和科技支撑发展的计划为引领，联合众多在京高校和科研院所，有效地整合跨行业、跨领域的科技创新资源，发挥创新联盟作用，凝聚各类创新资源，建设具有国际水平的实验室和培养示范基地，提高研发投入的效应和技术创新的效率，大力增强原始创新的能力。在开展产业化技术研发、为电动汽车大规模示范提供产品技术支撑的同时，还要加强动力电池、燃料电池等关键技术和核心技术的基础研究和前瞻性的规划，积极部署下一代产品技术的研发。注重持续创新能力的建设和人才队伍的培养，完善人才共享、流动、激励机制，为电动汽车长远发展提供后劲。积极完善以企业为主体、市场为导向、产学研用相结合的技术创新体系，结合实施产业发展规划，加强创新成果产业化，提升产业核心竞争力，推进“国家技术创新工程”北京市试点工作，把北京建设成一流的新能源汽车，特别是纯电动汽车生产基地、研发基地、标准制定和高端人才聚集地。

（2）积极培育市场，营造良好市场环境

要充分发挥市场的基础性作用，充分调动企业的积极性，加强基础设施建设，积极培育市场，规范市场秩序，为各类企业健康发展创造公平、良好的环境。继续发挥政府主导作用，引导在公交、出租、公共用车等公共服务领域率先推广使用新能源汽车。加快进入市场步伐，并在进入市场过程中不断提高新能源汽车技术水平。突出商业模式创新的重要性，围绕着电池租赁、充电桩的布局与维护等创新商业模式，配合电子商务和我国高速轨道交通建设的步伐，在物流供应和汽车租赁领域，逐步开展电动汽车的应用和示范，把新能源汽车和新能源的发展结合起来，把新能源汽车与国家公交优先战略结合起来。

（3）加大财税金融政策扶持力度，引导和鼓励社会投入

《北京市私人购买新能源汽车补贴试点实施方案》（以下简称《实施方案》）拟根据车辆的动力电池容量，对每辆新能源汽车给予相应补助。在北京的《实施方案》下发后，北京市民购买新能源汽车将可以获得国家与北京市政府的双重补贴。除了对整车进行补贴，北京市新能源汽车充电设施也在全面启动中。按计划，北京市将在三年内建设慢速充电桩36 000个，达到车桩比1∶1.2，快速充电站100座，电池更换站1座，电池回收处理站2座，专业维修服务站10座，信息采集处理站2座，因此北京市对新能源汽车产业的支持力度是相当大的。

【小结】

北京市新能源汽车的相关政策针对北京市现状中存在的问题给予相应的支持和鼓励，这将会极大地促进北京市新能源汽车的发展，对其他省市起到带头示范作用。

一般来说，战略性新兴产业在发展初期，都需要政府的强有力支持，为了加快培育和发展新能源汽车产业，北京市政府必须着力健全财税金融政策支持体系，加大扶持力度。一方面要加大财政支持力度，完善税收激励政策；另一方面要鼓励金融机构加大信贷支持。积极发挥多层次资本市场的融资功能，大力发展创业投资和股权投资基金，引导和鼓励社会资金投入。①

1.3.3 北京发展新能源汽车的机会分析

1. 节能降耗计划将加速北京新能源汽车的技术研发和市场扩张

2011 年 8 月，北京市颁布了《北京市“十二五”时期节能降耗及应对气候变化规划》，在强化技术支撑、能耗约束、淘汰高能耗产品等方面，为北京发展新能源汽车提供了良好的技术和市场机遇。另外，在新能源汽车领域，本市自主品牌的整车或关键技术为主的产品推介项目将陆续展开，同时在新产品推广的过程中，政府将在近期推行新的排放标准，逐步淘汰耗能水平较高的传统汽车。

2. 北京专利在电池系统领域涉及范围较大

国外前 10 位高产 IPC 号的比例小于北京，说明其在电池系统和电子控制系统中的研发资源较分散，专利领域涉及的范围较大，进而在技术产业化过程中，国外企业很难在我国市场中有效整合上中下游产业链，因此北京能够在新能源汽车产业化中获得竞争优势。

1.3.4 北京市新能源汽车相关政策的实践案例

1. 北大涉足百亿新能源汽车项目

2013 年 8 月 28 日，北京北达新兴能源投资基金管理有限公司与山西晋中市政府达成《新能源汽车产业基地合作协议》，所主导的新能源投资

① 李印香．北京新能源汽车产业发展策略探析．前线，2011（5）：47-48.

项目投资规模之大令人惊讶。该项目将在晋中市合作建设甲醇汽车产业基地，建成后预计年产 40 万台新能源甲醇发动机、40 万台甲醇变速箱和 10 万台甲醇汽车整车项目，计划总投资约 100 亿元，分两期实施。项目投产后，有望新增产值 384 亿元。

2. 北京新能源汽车设计工程中心落成

2009 年 8 月 28 日，北京新能源汽车设计制造产业基地再添新军——北京新能源汽车设计工程中心在福田汽车总部宣告落成。该中心的落成，将进一步壮大以福田汽车为基础形成的北京新能源汽车产业基地的研发实力，增强北京新能源汽车产业联盟的吸引力。该中心主要用于新能源汽车的设计与研发，将进一步整合福田汽车现有研发资源，吸引单项技术结合整车研发平台来实现集成创新，进而带动上下游产业链，并在已有的产学研合作研发体系上吸引新的合作伙伴加入。

3. 北京新能源汽车体验中心建成并投入运营

2014 年 1 月 8 日，在科技部和北京市科委的共同支持下，北京新能源汽车体验中心建成并投入运营。目前已建成的室内体验展厅、汽车实车展厅、试乘试驾体验场地、充/换电设施体验及网上体验中心等部分，可通过使用新能源汽车模拟驾驶系统、触摸系统、AR 系统（根据当前位置、视野朝向和手机朝向在实景中投射出相关信息并在显示设备里展示）等高科技交互展示平台，实现新能源汽车知识的普及和公众互动。

4. 清华科技园分时租赁的示范

清华科技园分时租赁的试点启动至今已有一段时间，分时租赁的示范不仅证明电动汽车完全能够满足日常出行的需求，而且整个出租过程中出租率保持了百分之百，对于通过示范客户总结需求，提炼了关于建设充电桩的建议，以及对实验用电动汽车的 1 501 V 的改进提出了十多个意见，有利于电动汽车产品的成熟。

在此基础上北京市将于近期继续扩大试点范围，到今年年底将在清华科技园等四个园区、北京理工大学三个院校及一些酒店投放不低于 100 辆电动汽车，同时按照市场的价格机制扩大租赁，加大电网的建设，与传统租赁网合作建立传统的租赁渠道，扩大电动汽车租赁，力争在未来的三年内逐步完善基础设施的网络。

1.4　国外新能源汽车相关政策及分析①

1.4.1　国外新能源汽车相关政策

1. 采取税收和补贴政策进行成本减免

外国政府一般采取税收和补贴政策，对生产者和消费者分别进行成本减免。美国通过《能源独立与安全法案》对新能源汽车和零部件生产商提供贷款支持和税收减免，通过《能源政策法案》《紧急经济稳定法案》对新能源汽车消费者提供税收优惠，通过“旧车换现金”计划为新能源汽车消费者提供补贴；日本实施“绿色税制”免除消费者在购买新能源汽车时的多项税收，提出2010年再提供2 300亿日元资金用于支持节能环保车型的补贴，对购买新能源汽车的消费者给予与同级别传统车之间差价50%的优惠补贴；德国主要对新能源汽车的技术研发提供资金支持，而对购买者暂不提供购买补贴；英国对购买清洁能源车的消费者给予2 000英镑/辆的补贴。

2. 投入相当资金支持技术研发

美国为了支持研发新能源汽车整车、零部件及动力电池等技术，在《美国创新战略》中提出拨款20亿美元；日本既将提升内燃机汽车性能作为汽车产业的生命线，又大力推动新一代汽车及零部件的研发和生产；德国《一揽子经济刺激计划Ⅱ》计划2009—2011年提供5亿欧元资金支持电动汽车研发和推广；韩国在《新增长动力规划及发展战略》中提出，为实现到2013年成为绿色汽车世界四强之一的目标，要以自主核心技术为突破口，重点开发油电混合动力汽车，关键零部件及材料实现国产化，打造绿色运输系统。

3. 引导降低整车重量和控制油耗

电动汽车的整车总重和电池重量直接决定着其能源的节约情况。为实现节能减排，外国政府主要通过降低整车重量和油耗、尾气排量，加强对高油耗、高排放车辆的惩罚。美国《清洁空气法修正案》和《能源政策法案》提出，新车型的减税额度要根据汽车整车重量和油耗改善率

① 刘颖琦．中国新能源汽车产业发展报告（2015）．北京：社会科学文献出版社，2015．

来确定，符合环保节能政策的车型可以获得的最高税收优惠为4 000美元；英国根据二氧化碳的排放量分级征收新购电动汽车的车辆保有税，排放越少征税越少；意大利对没有汽油或柴油引擎的电动汽车免除5年的道路税，保险也相应地减少约50%。

4. 注重加强基础设施的建设

为实现电动汽车的商业化运行，美国对基础设施的建设单位和租用电动汽车的消费者给予相应的税收优惠；日本通过建立能源供应网络的方式向公共组织推广新能源汽车，并提供租赁服务，《新一代汽车战略2010》中提出，到2020年，日本纯电动汽车和混合动力汽车等新能源汽车占国内销售新车总量的50%，在全国建成200万个普通充电站、5 000个快速充电站；法国对22个城市进行新能源汽车的检测和评估，要求厂商提高电池租赁服务，并在巴黎建设公共网络及服务车队；为保证电动汽车能及时充电，英国将在全国范围内建立充电网络。

5. 积极推动电动汽车走向市场

2008年6月，德国电动汽车首次进行试验性运营。2009年7月，美国政府提出了以旧换新补贴政策——“汽车折价退款机制”，计划一年内提供10亿美元带动电动汽车的购买，《美国创新战略》提出，政府将提供7 500亿美元给购买者以税收抵免。2010年，美国将新能源汽车提到国家战略层面，明确提出，到2015年实现国内插电式电动汽车达到100万辆的目标，并确保在美国生产。2010年，英国提出“绿色复苏”计划，在选定的2～3个城市中只运行电动汽车，以电动汽车的市场化为推进重点，加快普及电动汽车。

【小结】

国外一般都根据各国国情制定新能源汽车的产业发展政策，并注重技术研发、经济激励、组织管理、市场推广等方面的系统配套。

首先，采用税收和补贴政策进行成本减免是大多数国家普遍采取的政策手段。其次，各个国家均根据本国不同的情况，进行了相应的政策措施调整。投入资金研发，降低整车的重量和油耗，通过加强基础设施建设等手段，鼓励电动汽车走向市场。

1.4.2 发达国家新能源汽车产业发展战略

近年来，为应对世界能源危机，各国纷纷加快发展新能源汽车的步伐。全球各国都在出台规划或相关法案。2009年，美国政府提出到2015年实现美国道路上行驶的插电式电动汽车达到100万辆的目标，并将拨款24亿美元用于补贴新型电动汽车及其电池、零部件的研发。德国也高度重视新能源汽车产业工作，2009年，德国发布《国家电动汽车发展计划》，其核心目标是到2020年拥有电动汽车100万辆，尽快将电动汽车普及到日常生活之中。日本政府也宣布将会耗资17亿美元，开发便宜的混合动力车型及更环保的燃料，以求降低原油用量和二氧化碳废气排放量。

新能源汽车技术研发也在不断推进。目前，车载锂离子动力电池领域投资日益活跃，各项电池材料资源得到鼓励研发，车载驱动电机呈现高效率、小型化与低成本发展态势，增程发动机技术研发备受关注；电动汽车动力总成电子系统的需求不断增长，微控制、汽车电子诊断、充电管理系统等技术研发积极推进。同时，新能源汽车领域的标准化工作步伐不断加快。在电动汽车标准化方面，国际电工标准委员会（IEC）、国际标准化组织（ISO）、国际汽车工程师学会（SAE）积极进行插电式混合动力汽车及其与充电设施连接的标准化工作；在车载充电电池标准化方面，德国较早开始设计与提交车用锂电池规格方案，日本汽车研究所和日本电动汽车快速充电协会积极进行电池相关性能测试标准化工作与快速充电装置规格的统一和普及，中国提出了关于镍氢电池、锂离子电池、铅酸电池和超级电容器的4个国家强制性行业标准等。[①]

1. 美国

美国总统奥巴马上台后，就把发展新能源产业作为其战略目标。并定下目标，2015年前美国将有100万辆插电式混合动力车投入公路运行，且2012年前实现美国联邦政府购买的车辆中一半是插电式混合动力车。与此同时，美国政府为新车制定了到2016年百公里油耗小于6.62 L的新标准，并首次规定二氧化碳排放比目前降低45g/km的要求。

1）美国新能源汽车产业政策出台背景

从20世纪70年代至今，美国新能源汽车经历了4个阶段。1975—1998年间，石油危机引发了美国政府对可替代能源——乙醇燃料的关注。但由此造成了加州等地空气质量严重恶化，迫使政府开始聚焦零排放汽车。在此阶段，美国新能源汽车逐渐形成了以乙醇燃料车为主、纯电动车为辅的发展路径。1999—2004年间，美国结束了10年经济高速增长

① 国内外新能源汽车发展现状及趋势分析。作者：习芸。

期，国际原油价格回落。为刺激消费，政府转为在对大排量传统汽车支持的同时，继续大力支持乙醇燃料汽车，而纯电动车则遭到石油巨头和传统汽车受益方的一致抵触与舆论攻击，最终被扼杀在市场导入期。但这一事件却同时为美国开启了一条氢燃料电池汽车的研发之路。2005—2007年间，美国石油对外依存度已攀升至60%，由此对替代能源的需求显得愈发迫切。与此同时，环保车型补贴政策的全面落实激发了消费者对混合动力汽车的购买需求，混合动力汽车迅速成为美国新能源汽车市场的销量冠军。2008年至今，经济危机、石油危机相继出现，使得美国亟须一批新兴产业来支撑经济的发展。奥巴马政府上任后，立即组建以朱棣文为能源部长的能源改革团队，成立由资深专家组成的“能源气候变化理事会”，这为美国新能源政策的制定与实施奠定了坚实基础。奥巴马政府认为，“利用太阳、风力和土壤为汽车和工厂提供能源”是一条解决能源和气候问题、实施结构调整的正确道路，明确了美国新能源汽车的研发方向为纯电动车。

2）美国新能源汽车产业政策及其配套措施

（1）提高联邦财政拨款预算，促进新能源汽车技术研发

2013年，奥巴马在阿尔贡国家实验室发表演说，强调了新能源技术的重要性，“唯一能够打破油价上涨循环的途径在于：让我们的汽车和卡车完全摆脱汽油。”奥巴马在演说中敦促美国国会设立能源安全信托基金，通过出租外大陆架油气钻探权获得资金来源。未来10年，美国政府将每年拨款24亿美元用于电力、生物燃料、天然气及其他能源的研究，包括电动车电池、生物电池和天然气动力车等技术，从而降低新能源汽车的成本。

（2）提供各项激励措施，促进新能源汽车投资和生产

为促进新能源汽车技术的产业化，美国通过税收优惠、加速折旧、直接补贴及融资优惠政策等多种形式鼓励企业扩大对新能源汽车的投资和生产。根据替代性汽车税收优惠政策，美国联邦政府向特定类型的节能汽车提供生产税收抵免。

（3）提供税收优惠和消费补贴，为新能源汽车创造市场空间

为鼓励使用新能源汽车，在税收抵免的基础上，美国能源部还专门建立了一个短期资助项目，对部分购车者直接进行资助。根据美国政府2009年公布的“车辆补贴退款计划（CARS）”，联邦税务局对混合动力车的用户提供最高可达3 500美元的税务减免。此外，还有州政府的税费

优惠，以此抵消一部分因为使用混合动力车带来的费用增加。

(4) 提高汽车能效和排放标准，迫使国内企业加大对新能源汽车的投入力度

为推动汽车行业节能减排、支持新能源汽车的发展，美国联邦政府于2010年5月宣布了第一个全国性汽车燃油能耗和排放新标准：2012—2016年，所有在美生产的轿车和轻型卡车的平均油耗标准将降低30%；平均尾气排放将降低15%。2012年8月又颁布了2017—2025年燃油经济性标准，即在未来的13年里，美国汽车企业的汽车平均燃油消耗量要达到5 mpg (4.3 L/100 km)。新标准的出台成为美国新能源汽车产业化和市场化的第一推动力，美国电动汽车及电池产业迅速兴起。

美国形成了以税收优惠、财政补贴、研发支持、设施建设为主的新能源汽车产业政策。在税收优惠方面，通过《2007能源独立与安全法案》对汽车和零部件生产商提供贷款支持和税收减免，通过《能源政策法案》《2008紧急经济稳定法案》对新能源汽车消费者提供税收优惠；在财政补贴方面，通过"旧车换现金"计划，为新能源汽车消费者提供补贴，购买充电式混合动力的车主可以享受7 500美元的现金抵扣；在研发支持方面，2009年8月，奥巴马政府宣布拨款24亿美元，用于补贴新型电动汽车及其电池、零部件的研发，来自25个州的48个项目获得了这笔资金；在设施建设方面，政府投入4亿美元支持充电站等基础设施建设。美国2010年提出到2015年实现美国道路上行驶的插电式电动汽车达到100万辆的目标，并确保在美国生产。①

2. 日本

日本坚持确保能源安全、提高产业竞争力的双重发展战略，制定国家目标引导新能源汽车产业的发展。日本"新国家能源战略"提出，到2030年将目前近50%的石油依赖度进一步降低到40%，改善和提高汽车燃油经济性标准，推进生物质燃料应用，促进电动汽车和燃料电池汽车应用。日本全面发展三类新能源汽车：混合动力汽车技术日趋成熟，已经实现产业化，进入商业化运营阶段，丰田、本田、日产等混合动力汽车不仅在国内热销，在国际市场上超越其他国家并稳居世界领先地位；纯电动汽车产业规划和产业化步伐也是最快的，全面系统地提出和实施动力电池研发计划，即用20年时间分四个阶段实现电动汽车性能、成本

---

① 国外新能源汽车发展分析与启示。作者：马春梅。

与传统汽车相比具有竞争力；燃料电池车快速发展，日本非常重视燃料电池和生物燃料等技术开发，在燃料电池产品的研发和产业化推进方面也领先于其他国家。

日本下大力气推动新能源汽车及零部件的研发和生产，逐渐形成一种以“新一代汽车战略”为主线，以税收优惠、购车补贴、贷款支持等财税政策为支撑的电动汽车发展体系。从2009年4月1日起实施“绿色税制”，购买“下一代汽车”可以享受免除多种税赋的优惠，适用对象涵盖混合动力车、纯电动汽车、清洁柴油车、天然气车及获得认定的低排放且燃油消耗量低的车辆，实施低排放车认定制度，各种档次轿车均可向国土交通省申请低排放车认定。根据消费者所购车辆的排放水平给予不同的减税待遇，针对购置天然气车或混合动力车等低公害车辆的地方公共团体发放补助金。为攻克电池方面的关键性技术，日本建立了开发高性能电动汽车动力蓄电池的新能源汽车产业联盟，共同实施2009年度“革新型蓄电池尖端科学基础研究专项”项目。《新一代汽车战略2010》计划到2020年在日本销售的新车中实现新一代汽车总销量比例达到50%的目标，并计划在2020年前在全国建成200万个普通充电站、5 000个快速充电站。

3. 欧洲

欧洲侧重于温室气体减排的发展战略，将发展新能源汽车作为满足二氧化碳排放限制要求的主要方式。早期欧洲新能源汽车发展的目标是以生物质燃料和天然气为主，21世纪初提出到2020年实现23%的石油替代。但近期高度关注电动汽车的发展，尤其是纯电驱动的电动汽车的发展。欧洲在发展电动汽车方面起步较晚，但是国家在规划方面做得非常系统细致，从基础研发工作做起，统筹布局研发产业化、产品市场化、基础设施建设等各方面。

法国政府规定自2008年1月1日起，对车主按所购买新车的尾气二氧化碳排放量给予相应的现金奖罚，以鼓励购买低排量环保车型；2008年10月萨科齐宣布政府将投入4亿欧元用于研发和制造清洁能源汽车；采取配套措施，在工作场所、超市和住宅区等大幅增加充电站数量，以保证电动车的顺利运行；2009年10月1日公布了旨在发展电动汽车和充电式混合动力汽车的计划，确定了在2020年前生产200万辆清洁能源汽车的最终目标。

英国政府投资3亿英镑支持“低碳汽车项目”。2007年修改汽车保有税税制，按照单位二氧化碳排放量区别征税，高公害车辆可达30%，而低公害车辆为零。英国气候变化委员会提出先导计划，到2015年推广使用24万辆电动汽车，并对电动汽车进行补贴，于2014年前补贴5 000英镑/辆，花费15亿英镑建设充电设施。英国交通部2010年3月发布私人购买纯电动汽车、插电式混合动力汽车和燃料电池汽车补贴细则，单车补贴额度约为车辆推荐售价的25%，但不超过5 000英镑。启动总额3 000万英镑的充电站补助项目，首批城市包括伦敦、米尔顿、英格兰东北部，未来3年3座城市间将建11 000个充电桩。

德国2007年《能源气候一体化纲要》将促进电动汽车发展列为联邦政府的工作目标，经济部、交通部、环保部和教研部联合成立了电动汽车工作小组。2008年，支持电动汽车首次进行试验性运营，并召开“电动汽车国家战略会议”。2009年1月，出台《一揽子经济刺激计划》，提出2009—2011年联邦政府为研发和推广电动汽车提供5亿欧元的资金支持；9月发布发展电动汽车的纲领性文件《国家电动汽车发展计划》，将发展纯电动汽车和插电式混合动力汽车作为主要技术路线，提出了德国发展电动汽车的目标。德国对于电动汽车的资金支持主要用于技术研发，而对电动汽车的购买者暂不提供购买补贴。①

【小结】

发达国家的新能源汽车产业发展目标不尽相同。美国将发展新能源汽车产业作为交通领域降低石油依赖、保障能源安全的重要举措；日本则基于能源安全和产业竞争力双重战略目标来推动新能源汽车的发展；而欧洲更多基于温室气体减排目标的考虑。因此，美国的支持政策更加倾向于研发领域和基础设施建设，日本则是研发、基础设施建设和个人消费补贴并重，而欧洲的政策以支持基础设施建设和个人消费补贴为主。

1.5 新能源汽车产业政策量化的理论研究：基于生命周期的环境友好产品项目评估——环境成本内部化视角

以牺牲自然环境资源为代价的企业商业行为损害了环境的可持续性，

① 国外新能源汽车发展分析与启示。作者：马春梅。

且程度愈发严重，引发了经济发展与环境可持续性的矛盾，这一问题受到了全世界的广泛关注。企业往往只顾追求其经济利益而忽视其造成的环境负外部性。环境负外部性是指企业的生产经营活动对环境造成了严重损害，但企业却不须为此付出代价。从整个社会环境来看，环境外部性导致了市场失灵。以传统（非环保型）汽车为例，其生产和使用对环境造成了尾气损害，威胁到社会公众的健康，但这些损害造成的成本无须由汽车的生产商及使用者承担。由此引发的环境负外部性问题亟须通过内化途径进行消解（由产生污染排放的行为主体承担因损害环境导致的环境成本），但这个过程市场自身无法解决。环境成本内部化是指使外部性导致的环境成本体现在商品及服务的价格上。环境成本内部化过程提高了市场及个人参与社会运作的能动性（Henk，1997）。通过将环境成本反映到商品及服务的价格上，外部环境因素被内化到了生产、服务和消费领域，污染者为污染防治、废物处理、资源消耗的恢复成本付费（Environment Agency of Japan，1995）。对于谁应该承担环境成本的问题，“污染者付费”是环境成本内部化的原则（Forslind，2005）。该原则的应用还涉及对损害的货币赔偿的评估（O'Connor，1997）。环保产品的生产通常需要对环保技术进行投资，成本较高。在竞争市场中，环保产品被视为与非环保产品竞争的类似产品。从长期来看，受环境规制的企业相较于未被规制的竞争对手处于竞争劣势（Jaffe 等，2002；Thomas，2009）。因此如何从经济上有效地解决环境外部性问题对于全球社会而言都是重要的课题，且并非易事（Leiby，Rubin，2004），有必要考虑从多方面采取有效的环境规制政策和措施（Lübbe-Wolff，2001）。丁慧平等（2008）运用环保投资评价模型探讨了环境成本内部化对企业经济的影响，研究表明投资环保技术导致环保产品成本较高，不利于市场竞争，需要采取政策激励环保产品并规制非环保产品。Dobos（2001）研究了政府在企业投资环保项目中的作用及环保政策对企业经营战略决策的影响，证实了政策确实会对商业投资决策产生影响。Luken 和 Van Rompaey（2008）研究发现政策规制和市场（成本）竞争对污染严重的行业是更为重要的影响因素。Fernandez-Vine 等（2010）研究发现环境管制是委内瑞拉中小企业生态保护效率的驱动因素，且其影响程度取决于对制度的执行效果。Kosugi 等（2009）就全球主要环境问题模拟了环境成本内部化，并用生命周期模型评估其结果，研究发现环境成本内部化会增强对森林的保护并减少化石燃料的消耗。

已有的研究文献大多侧重于宏观层面，未能深入到社会经济单元体层面，从企业和政府双向视角对解决企业个体利益与公众环保诉求之间的矛盾进行探讨，且从产品生命周期视角量化分析规制-激励政策对投资环保产品的推动作用的研究还很少。本部分旨在从企业和政府双向视角探究规制-激励政策与投资环保产品经济绩效的关系，探索企业通过投资环保降低环境污染并同时实现其经济可持续，促进经济与环境协调发展的机制。

1.5.1 环保产品的经济政策分析

从环境可持续性视角，企业生产环保产品，需要增加降低污染的设施来改善其生产方式。企业期望能通过环保投资获得收益，如降低污染处理成本或增加销售收入。本部分将探讨环保投资的经济可行性，量化分析企业环保产品项目的净现值（用 ΔNPV 表示），为企业评估环保项目投资提供理论依据和方法。为便于分析，定义如下变量。

I——项目初始环保投资；

P_H——环保产品价格；

P_U——非环保产品价格；

Q_H——环保产品年产销量；

Q_U——非环保产品年产销量；

g——环保产品销售量年增长率；

W_H——环保产品每年支付的污染物处置费用、废旧产品回收成本；

W_U——非环保产品每年支付的污染物处置费用；

T_H——企业环保投资项目（单位产出）获得的税收优惠和政府补贴；

T_U——企业非环保产品（单位产出）致使污染环境而受到的罚款支出；

C_H——单位环保产品的变动成本；

C_U——单位非环保产品的变动成本；

C——投资环保产生的单位平均增量成本；

r_1——环保投资项目初期发展阶段适用的贴现率；

r_2——环保投资项目发展至稳定阶段适用的贴现率；

ΔC——环保投资项目每年支付的增量运营成本；

ΔS——环保投资项目每年的增量收入，主要包括销售收入变化和环境成本减少，即 $\Delta S=(P_HQ_H-P_UQ_U)+(W_U-W_H)$；

ΔNPV——环保投资项目的净现值。

企业进行环保项目投资，可降低对环境的排放和污染，其环境处置成本也会随之降低，即有 $W_H < W_U$。借鉴丁慧平等的分析思路，研究竞争市场条件下环境成本内部化对企业经济的影响。为说明起见，重述图 1-6 和图 1-7 如下。

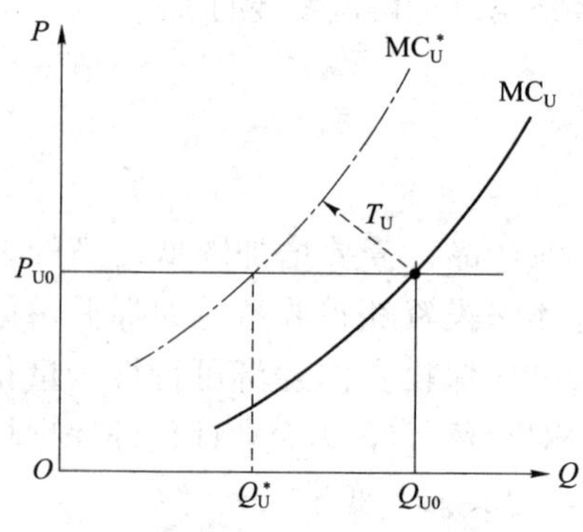

图 1-6　非环保产品的边际成本分析

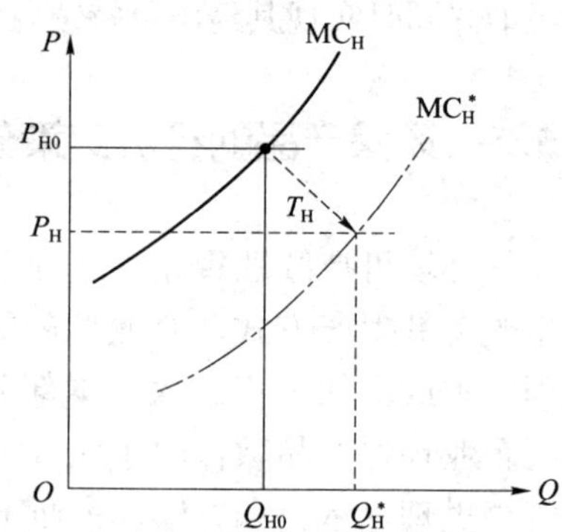

图 1-7　环保产品的边际成本分析

如图 1-6 和图 1-7 所示，可以通过边际成本分析考察环境成本内部化对企业行为的影响。在竞争市场环境下所有市场参与者都是价格的接受者。图 1-6 中实线（MC_U）表示非环保产品的边际成本。为使生产环保产品在经济上可行，政府对非环保产品征收罚款，使其承担污染的成本。由此非环保产品的边际成本曲线会相应上移 T_U，如虚线所示。图 1-7 显示政策激励下环保产品的边际成本曲线。由于生产环保产品需要额外的环保投资及运营成本，因此环保产品的边际成本较高（如实线 MC_H）。为鼓励企业投资生产环保产品，政府采取激励性货币政策以降低环保产品的边际成本，使其边际成本曲线下移 T_H 至虚线，此时 T_H 对环保产品而言是成本节约。可见，要使环保产品成本上具有竞争力，需要政策激励达到一定水平，为此我们的问题是，政府需要提供多少货币政策激励才能使环保产品生产在经济上可行？这个问题将在下文分析。

1.5.2　两阶段模型评估环保产品投资项目

1. 环保产品投资项目发展阶段特征分析

在项目初始投资一定的情况下，相对于传统项目而言，环保投资的收益效果取决于初始投资的增加和增量现金流（$\Delta S-\Delta C$）的变化。由上述分析可知，在环保项目投资的初期阶段，因环境设备投入会带来较高的成本增加，环保收益显现尚需一个过程，即项目初期环保产品销售量不会达到产能水平，商业不确定性较大，该阶段项目净现金流增量可能为负。随着项目的发展，政府和公众的支持作用开始显现，商业风险会降低。随着 ΔS 逐渐上升，达到一定规模时，ΔS 会大于 ΔC 并开始回收初始投资。在（$\Delta S-\Delta C$）为正后，进入项目的发展阶段，项目净现金流增量开始呈稳定增长，达到一定程度时，净现金流量增速变缓逐渐趋于零，此时项目进入稳定阶段。由此，环保产品的生命周期可分为两阶段：初期市场渗透发展阶段和逐渐增长至稳定阶段，如图 1-8 所示。

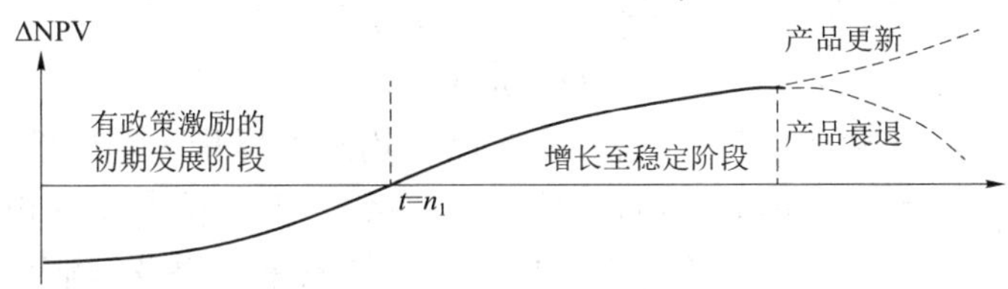

图 1-8　环境成本内部化项目净现值趋势

企业的期望目标是在产品项目达到盈亏平衡后实现盈利，我们的研究重点是如何量化政府政策从而使得环保产品能度过初期发展阶段实现盈亏平衡，在此之后政府的激励政策将推出。为此本书侧重研究初期发展阶段。实际上，环保产品的后续更新也可采用类似的方法进行分析。分析环保产品生命周期的动态特征，可将 ΔNPV 划分为如图 1-8 所示的两阶段。在初期阶段，项目经历了 ΔNPV 逐步由负到零的转变，实现环保投资的净现值盈亏平衡；之后是以 ΔNPV＝0 为起点并显著增长直至稳定阶段的发展过程。整个项目的净现值可表示为

$$\Delta \mathrm{NPV}=\Delta \mathrm{NPV}_1+\Delta \mathrm{NPV}_2 \tag{1-1}$$

$\Delta \mathrm{NPV}_1$ 和 $\Delta \mathrm{NPV}_2$ 分别为项目在两阶段的净现值。环境成本内部化的目标是使环保产品可持续发展。考虑到产品生命周期特征，不同阶段产品生命周期企业面临的商业风险不同。大体来讲，环保产品投资初期风险较大，之后阶段随着市场渗透风险逐渐降低。相应地，较低风险的资本投入对应着较低的投资必要报酬率，因此 $r_1>r_2$。为方便分析，令 $t=0$ 到 $t=n_1$ 表示发展初期阶段，$t=n_1+1$ 到 $t=n_2$ 表示增长至稳定阶段。

2. 环保产品项目投资净现值分析

环保产品项目投资净现值分析如下。

(1) 发展初期阶段

在该阶段，伴随环保投入给企业带来的增量收入逐渐增长和超过增量成本，($\Delta S-\Delta C$) 由负转为正，ΔNPV_1逐渐由负趋于零。该阶段期间，为使环保产品在竞争中得以生存，考虑政府一方面给予补贴和税收优惠 (T_H)，另一方面对非环保产品增加税赋或征收罚金 (T_U)。令政府给单位环保产品提供的政策货币 T_H+T_U 的总额为 T_t。当 $t=n_1$ 时，达到 $\Delta NPV_1=0$，此时环保产品项目投资净现值 $\Delta NPV=\Delta NPV_1$，可表示为

$$\Delta NPV_1=-I+\sum_{t=1}^{n_1}\frac{\Delta S_t-\Delta C_t+\Delta T_t}{(1+r_1)^t}\ (0<t<n_1)$$
$$\Delta NPV_1=0 \qquad (t=n_1) \tag{1-2}$$

假设政府补贴 T_H是以单位环保产品平均成本增量为基础按一定比例计量，即 $T_H=\alpha C$ ($0<\alpha\leqslant 1$)，α 是成本系数，由环保产品的市场需求、环保技术的投资强度、能源利用、减少污染的效率效果及商业风险决定，C 表示单位环保产品成本增量的平均水平。由此可以将环保产品的总增量成本表示为 $C\sum_{t=1}^{n_1}Q_{Ht}=(I+\sum_{t=1}^{n_1}\Delta C_t)$，对其改写后可得到

$$C=\frac{I+\sum_{t=1}^{n_1}\Delta C_t}{\sum_{t=1}^{n_1}Q_{Ht}}=\left[I+\sum_{t=1}^{n_1}(C_{Ht}-C_{Ut})Q_{Ht}\right]/\sum_{t=1}^{n_1}Q_{Ht} \tag{1-3}$$

上式中Q_{Ht}是环保产品在 t 时期的销售量，C_{Ht}和C_{Ut}分别是单位环保产品和单位非环保产品的可变成本。若不考虑时间因素，非环保产品每年净现金流为 $P_UQ_U-W_UQ_U-C_UQ_U$，其中 Q_U为非环保产品年产销量。在项目初期，环保产品开始部分取代非环保产品，则每年经营现金流可表示为

$$P_HQ_H+P_U(Q_U-Q_H)-(W_HQ_H+W_U(Q_U-Q_H))-$$
$$(C_HQ_H+C_U(Q_U-Q_H))+T_HQ_H-T_U(Q_U-Q_H)$$

Q_U-Q_H是尚未被取代的非环保产品销量，规制和激励政策 T_U和 T_H被引入以促进环保产品的市场渗透。对投资项目评估，需要以增量的形式考虑机会成本。生产环保产品的机会成本即非环保产品产生的净现金流。在扣减机会成本后，投资环保产品项目的年增量经营现金流可表

示为

$$(P_H-P_U)Q_H+(W_U-W_H)Q_H-(C_H-C_U)Q_H+(T_H+T_U)Q_H$$

根据式（1-2）环保项目净现值可改写为

$$\Delta NPV_1=-I+\sum_{t=1}^{n_1}\frac{(P_H-P_U)Q_H+(W_U-W_H)Q_H-(C_H-C_U)Q_H+(T_H+T_U)Q_H}{(1+r_1)^t} \tag{1-4}$$

为简化计算，假设环保产品销量以速率 g 增长，即$Q_{Ht}=Q_{H1}(1+g_t)^{t-1}$，$Q_{H1}$是第一年环保产品销量。假设 g_1、g_2分别为两个阶段的销售增长率，且在各自阶段内保持不变，$g_1\geqslant g_2$。由式（1-3）及 $T_H=\alpha C$ 可得出实现环保产品项目净现值盈亏平衡所需的政府补贴如下。

$$T_H=\frac{\alpha I g_1}{Q_{H1}[(1+g_1)^{n_1}-1]}+\alpha(C_H-C_U) \tag{1-5}$$

由上式可以看出，所需政府补贴额与盈亏平衡点销售量、初始投资成本、年增量运营成本、销售增长率及成本因素 α 相关，在其他参数给定的情况下，主要取决于环保产品的年销量。在式（1-4）中对各单位采用其平均值，分别用 W_H、W_U、C_H、C_U 表示。将式（1-4）代入式（1-5），并令 $\Delta NPV_1=0$，可得环保产品第一年的产销量如下。

$$Q_{H1}^*=\frac{\dfrac{I(r_1-g_1)(1+r_1)^{n_1}}{(1+r_1)^{n_1}-(1+g_1)^{n_1}}-\dfrac{\alpha I g_1}{(1+g_1)^{n_1}-1}}{P_H-P_U+W_U-W_H+(1-\alpha)(C_U-C_H)+T_U} \tag{1-6}$$

（2）环保产品增长至稳定阶段

$t=n_1+1$ 往后的发展阶段是环保项目净现值从零开始增长到趋于稳定的阶段，自该阶段起政府不再给予政策补贴和税收优惠，由环保产品项目自行在市场竞争中得以持续。项目在该阶段的 ΔNPV_2 可表示为

$$\Delta NPV_2=-I+\sum_{t=n_1+1}^{n_2}\frac{(P_H-P_U)Q_H+(W_U-W_H)Q_H-(C_H-C_U)Q_H+T_UQ_H}{(1+r_2)^t}$$

$$Q_H\leqslant Q_U \tag{1-7}$$

环保产品整体项目投资的净现值

$$\Delta NPV=\Delta NPV_1+\Delta NPV_2=0+\Delta NPV_2$$

1.5.3 新能源汽车项目案例分析

在上述理论研究和项目投资净现值模型构建的基础上，本书将通过

某汽车公司新能源汽车项目案例进行分析，新能源汽车具有节能、环保的属性特征，是环保产品项目投资的典型案例。有研究指出影响新能源汽车市场化的因素包括高初始投资成本、充气充电设施局限、成本竞争压力和激励政策等（Romm，2006；Struben and Sterman，2008）。考虑新能源汽车项目在初期阶段环保投资净收入并不明显，但随着产品市场的拓展，在政策推动和公众推崇下，公司预期新能源汽车项目在5年内实现项目净现值盈亏平衡。随着新能源汽车技术成熟度的不断提高，预计新能源汽车将在10年内更具规模，第6～10年为项目的增长至稳定阶段。

1. 新能源汽车项目数据收集

根据市场情况预计项目初始投资成本及运营成本数据如表1-3和表1-4所示。

表1-3　初始投资

项目初始投资成本	金额/百万元
设备设施投资	6 673.8
新能源技术研发支出	1 800.0
环境技术员工培训费	30.0
总初始投资（I）	8 503.8

表1-4　项目营运数据

变量	值/百万元	变量	值
P_H	1.0	g_1	5%
P_U	0.80	g_2	3%
W_H	0.01	r_1	12%
W_U	0.03	r_2	10%
C_H	0.42	Q_U	8 000辆
C_U	0.40	α	0.3
T_H	0.08		

2. 新能源汽车项目初期发展阶段分析

将表1-3和表1-4数据代入式（1-6），可以得到实现盈亏平衡的最佳销量$Q_{H1}^{*}=5\ 932$辆。Q_{H1}^{*}代入式（1-5）可得所需的政府补贴额$T_U=8.38$万元/辆。初期发展阶段每年销量及累计净现值如表1-5所示。需要注意的是，$Q_{H5}^{*}=7\ 211<8\ 000$辆，表明最后一期的销量也在公司市场份额之内。

在考虑竞争市场环境下，为使投资环保产品在经济上可行，政府需要在多大程度上提供货币激励政策并执行严格的规制政策才合理有效，本书提供的定量分析模型可用于确定政府环境规制-激励政策的量化值，以助于促使企业从被动转为自愿投资生产环保产品。

表 1-5 项目发展初期各期Q_{Ht}^{*}及 ΔNPV$_1$

t /年	0	1	2	3	4	5
I/百万元	8 503.8					
Q_{Ht}^{*}/辆		5 932	6 299	6 540	6 867	7 211
$Q_U-Q_{Ht}^{*}$/辆		2 068	1 701	1 460	1 133	789
$\Delta S_t-\Delta C_t$/百万元		1 186.4	1 245.8	1 308.0	1 373.4	1 442.2
T_H（百万元/辆）		0.083 8	0.083 8	0.083 8	0.083 8	0.083 8
（T_H+T_U）Q_{Ht}^{*} /百万元		971.7	1 020.3	1 071.3	1 124.8	1 181.2
ΔNPV$_1$/百万	−8 503.8	−6 576.8	−4 770.3	−3 076.8	−1 489.2	0

3. 新能源汽车增长至稳定阶段

假设公司在该阶段当 $Q_H<Q_U$ 时销售增长率 $g_2=3\%$，当 Q_H 达到 Q_U，即产能上限时，$g_2=0\%$。将数据代入式（1-7），可以得到第 10 年 ΔNPV$_2$ = 75.13 亿元。由 ΔNPV$_1$ = 0，项目整体净现值 ΔNPV = ΔNPV$_2$ =75.13 亿元。增长至稳定阶段每年的销售量及项目累计净现值如表 1-6 所示。本书运用两阶段模型生命周期法对环保产品投资项目进行了评价，发现在竞争市场中，环保产品投资项目在发展初期需要政府的政策支持，以有助于实现其可持续发展。新能源汽车案例表明环境成本内部化不仅对整个社会具有重大意义，还可以改善商业组织的环境行为，保障环境的可持续发展。同时环境保护需要企业、政府及公众的联合努力。

表 1-6 增长至稳定阶段各期 Q_{Ht}^{*}及 ΔNPV$_2$

t/年	6	7	8	9	10
Q_{Ht}^{*}/辆	7 427	7 650	7 880	8 000	8 000
$Q_U-Q_{Ht}^{*}$/辆	571	350	120	0	0
$T_U Q_{Ht}^{*}$/百万元	1 485.4	1 530	1 576	1 600	1 600
ΔNPV$_2$/百万元	1 723.88	3 338.07	4 849.73	6 244.73	7 513.01

由表 1-6 可以看出，从第 8 年开始，新能源汽车已经完全取代了传统

汽车。新能源汽车的 NPV 趋势如图 1-9 所示，虚线部分表示 10 年后新能源汽车产品更新换代的市场需求趋势。

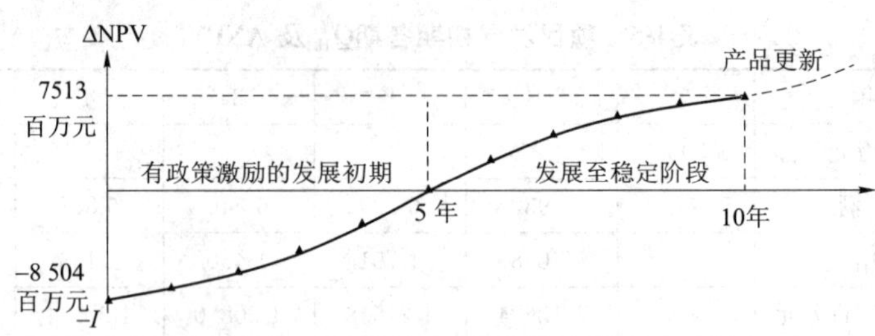

图 1-9　新能源汽车项目净现值趋势图

【小结】

环境保护是永恒的主题，基于环境成本内部化的项目投资评价是需要研究讨论的重要问题之一。合理地设计环境规制-激励政策可以推动环保技术的进步（Montalvo，2002；Montalvo 和 Kemp，2004；Sharma 和 Nguan，1999；López-Gamero et al.，2010）。本书基于环境成本内部化视角构建了环保产品项目投资评价及政府规制-激励政策量化分析模型。结合产品生命周期特征，探析了环保项目投资的经济可行性。通过模型分析可以求解实现净现值盈亏平衡的环保产品销量，并由此定量分析得出需要政府给予的政策补贴水平。本书结合新能源汽车案例分析，讨论了新能源汽车项目得以持续发展的情境，论证了在政府、企业和公众共同努力下，环境成本内部化是解决经济发展与环境保护之间矛盾的有效途径，能够给企业、消费者和社会带来多赢效益，追求经济、环境和社会可持续发展。

1.6　推动北京市新能源汽车产业发展对策建议

从以上分析可以看出，目前我国中央和地方政府出台的各类扶持新能源汽车产业发展的政策，在一定程度上弥补了该产业发展过程中出现的市场失灵和系统失灵现象，促进了新能源汽车在我国的快速发展。然而，鉴于目前新能源汽车产业的发展现状与政府的规划之间仍存在较大差距，本书提出如下对策建议。

1. 扶持政策多头并进

财税激励（政策补贴）是解决市场失灵的重要手段之一，能够刺激消费者购买和厂商生产。同时，作为价格引导信号，补贴政策也带来了如下值得思考的问题：推动新能源汽车市场化的首要目标究竟是解决环境污染还是带动产业发展？究竟是先培育市场还是先培育技术？如果是环境目标优先，应该允许更多的新能源车型进入补贴范围，增加消费者的选择，鼓励消费者的购买，但这可能导致大量的外国厂商进入中国市场，重蹈传统汽车“市场换技术”的覆辙，不利于自主品牌的培育和发展。如果是产业发展目标优先，则必然鼓励最有利于促进产业发展技术路线和产品优先发展，而这些技术和产品未必是当前市场最为接受的性价比最优的产品，于是新能源汽车市场推广的速度可能降低，影响环境目标的实现。

政府政策导向应从消费引导和公务采购两方面发挥作用。一方面，顺应市场需求，对个体消费进行适度补贴，鼓励新能源汽车消费；另一方面，推行政府采购，对市政管理用车、政府公务用车、公共交通用车实行新能源汽车购买政策，有助于扩大规模效应，降低成本与促进销量形成良性循环；同时要强化节能减排政策导向，促进电动汽车研发，突破电池技术瓶颈，为电动汽车大规模市场扩散进行技术准备。

2. 制定切合实际的产业发展目标

我国新能源汽车实际发展状况与目标差距较大，一方面是因为新能源汽车技术和配套设施尚不够完善，需要进一步提升，但另一方面，也反映了产业发展目标偏高。事实上，我国当前新能源汽车的发展规模现状与世界主要国家基本同步，见表 1-7。北京市的情况也是如此，见表 1-8。

表 1-7　世界主要汽车生产国家的新能源汽车发展规模

序号	国家	电动汽车数量/万辆	汽车销售总量/万辆	电动汽车销量/汽车销售总量	备注
1	中国	7.48	2 349	0.32%	2014 年数据
2	美国	11.87	1 626	0.73%	2014 年数据
3	日本	1.66	326	0.51%	2013 年数据
4	德国	0.68	295	0.23%	2013 年数据
5	法国	1.4	179	0.78%	2013 年数据

资料来源：作者整理。

表 1-8 北京市新能源汽车发展规模的国际比较

	新能源汽车保有量/辆	城市注册车辆/万辆	新能源汽车占比
鹿特丹	1 000	21	0.48%
阿姆斯特丹	750	25	0.30%
波特兰	1 300	53	0.25%
北京	13 000	537.1	0.24%
洛杉矶	2 000	250	0.08%
神奈川	2 183	306	0.07%
布拉邦特	755	189	0.04%
汉堡	350	83	0.04%
斯德哥尔摩	100	28	0.04%
巴塞罗那	330	98	0.03%
柏林	350	130	0.03%
赫尔辛基	120	60	0.02%
英格兰东北部	150	113	0.01%
纽约	238	180	0.01%

注：北京为截至 2014 年年底数据，其他城市为截至 2012 年年底数据。

资料来源：刘颖琦．电动汽车示范运营的政策与商业模式创新：全球经验及中国实践［J］．中国软科学，2014（12）。

表 1-7 显示，从全国新能源汽车销售数量来看，我国仅次于美国，远高于法国和日本。从新能源汽车销售占汽车销售总量的比重来看，我国低于除德国之外的其他国家，但差距不大。如果我国改变财政补贴过度偏向纯电动汽车的政策导向，同时发展插电式混合动力汽车，这个比例可能会迅速提高。表 1-8 显示，北京市的新能源汽车保有量和占全部汽车保有量的比重，在全球范围均属领先。因此，政府应该根据市场的接受程度，合理制定发展目标，避免过度的财政补贴刺激，遵循经济效率原则。

3. 合理规划充电基础设施建设

充电基础设施的建设应当比电动汽车的发展适度超前，相当数量的充电基础设施是保证电动汽车正常运营的前提，是促进新能源汽车产业化发展的铺垫。我国要合理规划和扶持新能源汽车充电基础设施的建设，加大投入，为推广电动汽车打好基础。同时要完善和实施支持新能源汽车商业化运营的激励性政策，对电动汽车充电实行优惠电价，降低其使用成本。

4. 破除地区壁垒

从全局最优的角度出发，地方政府应当取消新能源汽车补贴目录，构建公平的竞争环境，最大限度地促进新能源汽车的市场化进程。事实上，工业和信息化部正在进行地方保护政策的清理，建立全国统一的新能源汽车发展目录。在中央政府部门的要求下，地方的保护主义政策也正在松动。①

参 考 文 献

[1] DING H P，HE M F，DENG C. Lifecycle approach to assessing environmental friendly product project with internalizing environmental externality. Journal of Cleaner Production，2014，66 (3).

[2] DING H P，LIU L，OU Y. Analysis of social cost internalization and investment valuation of reverse logistics [C]. Proceedings of 2008 IEEE International Conference on Service Operations and Logistics，and Informatics，Beijing，China，October，2008

[3] HOLMGREN K，AMIRI S. Internalising external costs of electricity and heat production in a municipal energy system [J]. Energy Policy，2007 (35).

[4] KLAASSEN G，RIAHI K. Internalizing externalities of electricity generation：an analysis with MESSAGE-MACRO [J]. Energy Policy，2007 (35).

[5] NGUYEN K Q. Internalizing externalities into capacity expansion planning：the case of electricity in Vietnam [J]. Energy，2008，33.

[6] PRENCIPE A. Technological competencies and product's evolutionary dynamics：a case study from the aero-engine Industry [J]. Research Policy，1997，25 (8).

[7] RAFAJ P，KYPREOS S. Internalisation of external cost in the power generation sector：analysis with global multi-regional MARKAL model [J]. Energy Policy，2007，35.

[8] TAKEUCHI H，NONAKA I. Hitotsubashi on knowledge management [M]. Singapore：John Wiley & Sons (Asia)，2004.

---

① 例如，北京市科委在公开场合表示，按照中央的要求，北京市新能源汽车准入方式正在改变，现在主要采用车型备案制，车型只要备案就可以在北京销售、上牌，政府加强事中、事后的监管。

[9] 陈柳钦．新能源汽车产业发展的政策支持［J］．环境经济，2010（11）：124-133.

[10] 丁慧平，申金升．交通社会成本内部化与我国电动车的市场化［J］．北方交通大学学报，1999（3）：7-12.

[11] 惠婧，李铁立．新能源汽车产业发展的价格政策分析［J］．市场经济与价格，2010（9）.

[12] 胡登峰，王丽萍．论我国新能源汽车产业创新体系建设［J］．软科学，2010（2）.

[13] 李印香．北京新能源汽车产业发展策略探析［J］．前线，2011（5）.

[14] 刘倩，丁慧平，侯海玮．供应链环境成本内部化利益相关者行为抉择博弈探析［J］．中国人口、资源与环境，2014（6）.

[15] 刘颖琦，王靖宇，KOKKO A．电动汽车示范运营的政策与商业模式创新：全球经验及中国实践［J］．中国软科学，2014（12）.

[16] 马春梅．从国外的经验看我国新能源汽车的产业化发展［J］．学术交流，2011（12）.

[17] 藤本隆宏．能力构筑竞争［M］．北京：中信出版社，2007.

[18] 王晓蓉，贾根良．“新熊彼特”技术变迁理论评述［J］．南开经济研究，2001（1）.

[19] 邢怀斌，苏竣．均衡与演化框架下的技术政策比较［J］．科学学研究，2004，22（5）.

[20] 张经天，公静．促进新能源汽车产业发展的财税政策建议．中国财政，2010（13）.

[21] 赵艳．国外新能源汽车补贴政策一览［J］．交通世界，2013（20）.

第 2 部分　电动汽车充换电站网络规划与运作管理研究*

2.1　背景和意义

2.1.1　研究背景

当前能源短缺与环境恶化问题已经在世界范围内引起了广泛的关注，如何做好保障能源高效利用、保护生态环境工作直接关系人类今后的生存与发展。众所周知，我国是石油能源消耗大国，当今社会资源短缺和环境问题日益凸显。根据英国石油公司 2014 年 3 月发布的统计数据显示，2013 年我国全年煤炭消耗量为 1.8 万亿立方米，占据世界煤炭消费总量的 51.6%。如此庞大的煤炭消费量，揭示了我国能源结构的单一性；同时，近年来“雾霾”在我国各大城市频频出现，给人们的工作和生活带来了相当大的困扰。李克强总理在 2014 年政府工作报告中明确指出：“推广新能源汽车，治理机动车尾气，提高油品标准和质量。”因此，改变能源结构，减少煤炭资源消费，有效开发、合理利用其他替代性新型能源，积极发展新型能源技术，是改善环境质量状况、丰富能源利用的根本举措。

传统燃油汽车作为目前现代社会的重要交通工具，不仅对不可再生的石油资源有着高度的依赖性，在使用过程中还会产生大量的有害气体，加剧环境的污染。随着城市空气污染的日渐严重，各国车辆排放法规也日趋严格，以电动汽车为代表的新能源汽车成为汽车工业发展的趋势所在。随着燃油汽车导致的环境污染问题日益严重，电动汽车重新进入了大众的视野，并在世界范围内得以推广应用。电动汽车（electric vehicle,

---

* 本部分摘自已有的研究成果，包括指导研究生的学位论文、已发表和接收的论文。

EV）以电代油，可以实现“零排放”、低噪声，可以有效解决能源和环境问题。电动汽车作为新一代节能与环保汽车的代表，是未来汽车工业发展的方向。我国自 2001 年开始电动汽车的研发，到目前为止市场上已出现了丰富多样的电动汽车车型，且经过了奥运会、世博会和示范推广工程的拉动，已有 39 个城市（群）加入了新能源汽车推广应用城市（群）。可以预见，随着未来电力补充技术的逐渐突破，电动汽车的优点将会更加显现，从而吸引更多的消费者购买和使用。

尽管电动汽车的技术日趋成熟，但电动汽车依然是叫好不叫座，推广难度较大。最大的障碍在于充换电站网络的不完善致使充换电非常不方便。充电站按功能可以分为供电区、充电区、监控区，具体可以划分为四个子模块：配电系统、充电系统、电池调度系统、充电站监控系统。充电站直接给汽车充电一般分为两种方式：普通充电、快速充电。普通充电多为交流充电，可以使用 220V 或 380V 的电压；快速充电多为直流充电。充电站的主要设备包括充电机、充电桩、有源滤波装置、电能监控系统。目前我国共建成、投运 251 座充换电站，位居世界首位，但显然与实际需求相去甚远。世界上最优秀的电动汽车制造商特斯拉（Tesla）也认识到这一点，计划在美国发展超级充电站网络和服务中心，以推动电动汽车销售。Johnson 和 Suskewicz（2009）在《哈佛商业评论》上的一篇文章也认为要实现传统能源经济向清洁技术经济转变，仅有技术是不够的，还必须将商业模式、市场和政策纳入思考框架中。这正如爱迪生发明灯泡以后，意识到他发明的技术无论多有创意，单靠技术本身是无法颠覆煤油照明行业的，因此爱迪生着手去建设一个经济实惠的电灯照明网络，也就是要以新技术系统去替换旧技术系统，而不是单纯以新技术替换旧技术。电动汽车的发展也是如此，必须要以电动汽车的系统去替换燃油汽车系统，而建设电动汽车系统就是要建立起完善、高效的充换电站网络。

目前我国已经开始规划充换电站的建设，科技部于 2012 年 3 月发布的《电动汽车科技发展“十二五”专项规划》认为未来五年将是电动汽车研发与产业化的战略机遇期，并明确适度超前地开展充换电网络建设，同时要求到 2015 年左右，在 20 个以上示范城市和周边区域建成由 40 万个充电桩、2 000 个充换电站构成的网络化供电体系，满足电动汽车大规模商业化示范能源供给需求。

当充换电站设施相对完善、电动汽车大量普及时，需要考虑其接入电网产生的影响。据工业和信息化部电动汽车发展战略研究报告预测，2030年全国电动汽车保有量将达到6 000万辆。规模如此庞大的电动汽车，无论是采用何种充电方式，对电网的影响都是相当大的。考虑到人们在车辆使用习惯和使用时间上的集中性，若任其无序充电，将极有可能出现电网容量不足的问题，从而对电网的稳定性产生一定的影响。随着技术的发展，V2G（vehicle to grid）技术实现了电动汽车向电网放电。电动汽车需要接入电网实现对电池的直接充电与放电，为智能电网提供了大量的分布式储能元件。用电低谷时段充电，用电高峰时放电，电动汽车入网可有效地削减系统的尖峰负荷，增加系统的低谷负荷，有必要研究通过管理电动汽车最大化地发挥其调节作用。因此，开展大规模电动汽车接入电网后对电网影响的定量评估及以减少负面影响为目标的充放电控制策略研究，也成为人们关注的热点问题。

2.1.2 研究意义

关于电动汽车充换电站的研究是理论和实践中的热点问题，具有很强的理论价值和现实意义。

（1）分析、预测电动汽车的电力需求，指导网络规划

基于电动汽车的行为和行驶规律，针对用途类型的不同运用相应的预测方法得到其充电需求规律或换电需求规律，为电力系统规划部门决定新增需求对未来电网规划建设的影响提供支持，为电力补充基础设施规划选址运营决策提供决策依据。

（2）科学规划充电设施网络，推动电动汽车快速发展

目前，因为对行驶里程的限制而造成无法到达目的地的担忧情绪，是阻碍用户购买电动汽车的主要因素。电动汽车的普及推广很大程度上依赖于充换电的便捷性和充电效率，而这又取决于完善的充换电服务网络建设。因此，科学规划和建设智能充换电服务网络，是推动电动汽车快速发展的重要前提。只有建成覆盖全国的智能充换电服务网络，才能为电动汽车大规模发展提供充换电保障，消除市场对电动汽车续航里程短、充电不方便的顾虑，从而推动电动汽车的快速发展。

（3）避免建设不合理的充电站，减少充电设施建设和运作成本

完善的充电设施网络能够在达到一定服务水平、保障覆盖面全的基础上，尽可能地避免不必要的基础设施建设及规模不合适的基础设施建

设，从而减少充电设施的建设成本和运营成本。

(4) 促进能源、环境问题的解决，进一步实现可持续发展

充换电设施网络完善之后，必将会吸引更多的电动汽车拥护者，促进电力终端能源利用，推动清洁能源的发展，减少对燃油原料的依赖，促进节能减排，减少环境污染和温室气体的排放，从而保护城市环境、缓解并逐步消除雾霾现象，进而实现社会的可持续发展。

(5) 该项目符合国家的重大需求，研究成果可以直接指导该规划的具体实施

工信部、科技部、国家电网等部门出台了一系列电动汽车的标准、法规及规划（共计 56 项），已经确定了“十二五”期间甚至未来要重点开展电动汽车充换电站的布局建设，并指出面对节能减排的严峻挑战和培育新能源汽车战略性新兴产业的历史任务，发展电动汽车已成为我国重大的科技战略需求与战略重点。

2.2 综　　述

伴随世界石油资源的供需紧张和车辆排放法规的日趋严格，以电动汽车为代表的新能源汽车已成为汽车工业发展的趋势所在，并已开始在世界范围内推广应用。我国自 2001 年开始大力推行电动汽车发展，虽然仍未实现普遍商业化，但随着技术的进步和基础设施布局的完善，电动汽车必将实现大规模增长，其带来的电力能源需求也将会对电力系统运行带来挑战。本节按照电动汽车发展顺序分为三个部分：电动汽车充换电需求分析与预测、充换电选址定容研究、电动汽车充放电影响研究。

电动汽车的大规模普及依赖于完善的电力补充基础设施网络，但电力需求的不确定性导致的充电设备容量和服务容量的不确定性影响了电动汽车基础设施投资建设的积极性。因此，做好电动汽车的电力需求分析和预测工作，对电力系统加固现有电力网络和规划未来电力网络配置，大力推动电动汽车产业发展，减少车辆对环境的污染并缓解对石油资源的消耗具有重要的意义。但是，在对未来电动汽车带来的电力需求进行预测时，由于目前电动汽车的电力补充技术标准并未统一，存在着整车接入电网进行充电和更换电池组进行换电的两种电能补充方式，导致电能补充的行为具有较强的随机性，且电动汽车属于新兴发展行业，缺乏

历史规模数据和电力负荷数据，发展过程还受到多种不规则因素的影响，导致对未来电动汽车规模增加后带来的电力需求的预测存在困难。

针对电动汽车充换电需求分析与预测的解决思路为：第一，将电力需求根据电力补充方式的不同分为充电需求和换电需求，根据影响充电需求和换电需求的因素进一步确立按照电动汽车用途类型的分类标准进行后续研究。第二，对于电动汽车属于新兴发展行业、市场规模发展受到多种不规则因素影响的问题，本书提出了基于 TEI@I 方法论的电动汽车市场规模预测方法，该方法在 TEI@I 方法论上有所创新，将复杂动态的市场规模预测问题进行分解，对于影响市场发展的不规则因素运用专家意见法进行影响范围的量化。对于结构化数据可预测的发展趋势部分，考虑其新产品的特性及缺乏历史规模数据的特点，运用了间接预测传统燃油汽车市场规模与电动汽车保有比例相结合的方法。在间接预测传统燃油汽车市场规模时，对其线性发展趋势和非线性发展趋势分别采用了组合预测方法和灰色系统模型，在预测保有比例时采用了 Bass 市场扩散模型。最后对分解得到的各部分的预测结果进行集成，得到了未来电动汽车的市场规模发展情况。第三，对于电动汽车缺乏历史负荷数据，无法按照传统电力需求预测的方法进行分析研究的问题，本书从电动汽车的电能补充行为角度出发，建立了车辆行为模型来描述电动汽车进行电力补充的过程。在按照电动汽车用途类型分类的标准下，讨论了各种用途类型的电动汽车适合采用的电能补充方式，在设定了不同用途类型电动汽车所采用的电能补充方式及电力补充基础设施建设运营的基本策略背景下，按照电力补充行为的规律和各用途类型电动汽车投放运营的特点，对电动公交车按照电动公交车的投放线路进行了换电需求预测，对电动出租车按照市场运营车型进行了换电需求预测，对电动公务车和电动私家车按照日均出行距离进行了充电需求预测，并分析了预测结果的实践意义。最后以北京市为例进行了实证分析。

电动汽车充换电站独特的技术特性和市场特性造成了其网络建设比普通的选址问题要复杂得多，如更多的决策变量（选址、定容、库存、配送路线等）、更复杂的约束条件（电池续航能力、对智能电网的谐波影响等［注：谐波会增加输电网络的损耗、加速设备老化甚至损坏设备、危害生产安全与稳定］）、更多的不确定性等（需求、技术、市场、商业模式等），这都增加了问题的复杂性，也没有现成的模型和算法可以套用，必须要根据实际情况开发新的选址模型与算法，具有较大的理论难度。本书提出了三种关于充电站选址定容的模型：电动汽车充换电布局截流选址模型与算法、基于排队论的电动汽车充电站选址定容研究、基于免疫克隆算法的电动汽车充换电站选址定容研究。

基于截流选址模型配电设施选址的相关理论，结合电动汽车充换电站同时作为服务和用电设施的双重属性，以截获最多消费者过路需求为目标函数，充分考虑初期建设成本、服务半径、电网允许充电负荷等因素，对电动汽车充换电站如何布局进行研究，并通过具体算例计算，检验模型和方法的正确性及实用性，为之后的研究发展提供思路。与传统选址模型多在研究服务设施网络节点上的需求不同，截流问题将消费者需求区分为点需求和过路需求两部分。其中点需求是指消费者在一定区域内产生的需求，而过路需求是指消费者在日常行驶路线上产生的需求。针对消费者在日常行驶路线上产生的过路需求，Hodsgon 等在 1990 年最早提出了截流问题，该问题是研究在需求路线及需求流量确定并且服务设施数量给定的条件下，如何对服务设施进行选址才能使得通过服务设施的需求量总和达到最大化的问题。在此问题的基础上，Hodsgon 等学者构建了截流选址模型（flow-capturing location models，FCLM）。本书在电动汽车充换电站选址问题上采用数学建模的方法，使充换电站布局接近或达到最优。首先通过分析消费者充电需求及充换电站特征，明确建模目的，并用数学语言来描述所研究的选址问题。其次对问题进行必要简化，提出合理的假设，去除充电等待时间、充换电站等级等一些与研究方向关系并不十分密切的影响因素。随后在假设的基础上，利用适当的变量及常量构建相应的数学模型，即以截获需求流量最大化为目标函数，以较小电网充电负荷、较低建设成本等为约束条件。最后对模型进行求解，利用所获的数据资料，对模型的所有参数做出计算，进而求出电动汽车充换电站布局的最优解。

在基于排队论的电动汽车充电站选址定容研究中，首先明确建立完善的充电设施网络的重要性。而对于充电设施网络建设，充电站的选址及其配备的充电装置数量直接影响到后期充电站的服务质量和运营效益，在一定预算费用限制下，如果建立多个充电站，那么相应的配备的充电桩数量就会减少，虽然可能使服务覆盖面积扩大，获得服务的电动汽车数量增加，但是却增加了充电站内排队等待的时间；如果选择在一个充电站内配备较多的充电桩，那么可选择建设的充电站数量就会减少，这样虽然减少了充电站内排队等待的时间，但是相应的服务覆盖面积可能减小，被满足的充电需求就会减少，因此如何合理地选择充电站地点和配置充电桩数量是本部分的研究目标。基于选址问题研究，将电动汽车充电站分为两种类型：一种是高速公路网络上的充电站建设，另一种是城区内的充电站建设。根据选址研究，可以按充电需求将充电站建设分为基于路径需求和基于点需求的充电站建设，结合电动汽车充电站排队论模型，分别研究不同需求模式下的充电站选址定容问题。针对路径需求模式，基于截流选址模型和排队论知识，建立一个在不超过给定的排队等待时间前提下网络中接受充电服务的电动汽车数量最大化模型，利用算法对模型进行求解，确定最优的充电站地址及相应的充电桩数量；对于点需求模式，借助期望模型，以最大容忍响应时间内系统所服务充电需求的期望值最大为目标函数建立一个基于响应时长的电动汽车充电站选址定容模型，并且利用数值仿真实验进行灵敏度分析，分析不同需求模式下，各个影响因素对实验结果的影响。

在基于免疫克隆算法的研究中，首先提出建立一种综合型充换电站，即同一个站址既能充电又能换电的构建模式；接着根据电动汽车的性能特点，对影响站址建设的各项影响因素进行分析；建立以建设运行、电网损耗、充换电站过程能量损耗总成本最小化为目标的数学模型；运用一种新兴的算法——免疫克隆算法对模型进行设计、编程；最后运用所建立的模型对北京市五环以内的区域进行选址定容实际分析，最终从划分的 31 个需求区域中选出 15 个作为建站地址，作为最优的一套组合方案；进一步又对模型的敏感度进行验证。相较于之前的研究，本书建立的模型考虑的因素更加全面，算法也是第一次运用在充换电站的选址中，实例分析部分为北京市未来充换电基础设施的建设提供了一种新的方法和思路。

电动汽车的普及必将对电网造成影响，而每辆电动汽车都有较大的电池容量，大多数车辆每天有 22 小时左右的闲置时间，如果能将这部分电能利用起来，将在很大程度上缓解电网负荷。为平衡电网负荷，V2G 技术将提供一种新的解决思路。V2G 结合电力电子技术、信息化控制技术，将电动汽车的电池储能作为电网的缓冲。同时经过一系列检测证明 V2G 技术是可行的，并且经济效益是显著的。从直接效益角度出发，V2G 技术可以增加电网稳定性，降低运营成本；还可以为电动汽车车主提供额外收入，有利于电动汽车的普及。从长远角度出发，V2G 技术能够减少发电需求，从而减少温室气体排放。当电网负荷过高时，电动汽车放电，向电网供电；当电网负荷低时，电动汽车充电，储存电能。在分时电价情形下，低价买电、高价售电可以使车主获得一定的收益。电动汽车充放电策略对于电网负荷的影响有重要意义，既要保证达到错峰填谷的作用，又必须满足日常出行的电量需求。通过对 V2G 技术的研究，在电动汽车与电网间进行协调，既保证电网正常运行，又不影响电动汽车的日常出行。本书采用非合作的主从博弈模型，电力公司为主导者，确定放电价格，电动汽车车主为跟随者，决定放电与充电量。

2.3 核心内容

2.3.1 电动汽车充换电需求分析与预测

电动汽车的电力需求根据采用的电能补充方式不同可分为充电需求和换电需求，两者均有高度的随机性，主要表现在充电方式下整车接入电网时间的不确定性，以及换电方式下电池组接入电网时间的不确定性。另外，不管是整车还是电池组在接入电网时，对电网的电力需求量和产生的负荷也是不确定的。因此有必要按照一定的需求特点对其进行分类归纳，将综合复杂且随机性高的需求预测转化为分类标准下有规律的需求预测。

首先分析影响充换电需求的因素，以此作为分类的依据。其次，本书列出了按照电动汽车的用途类型、使用者类型及充电设施类型分类下的充换电需求产生的时间和地点分布特点。对比三种分类标准下充换电需求的特点，确立了按照电动汽车用途类型的分类标准。

从政府出台的一系列电动汽车产业发展的扶持政策来看，推广车辆主要集中在城市的公交车、出租车、公务车及市政用车领域。结合目前电动汽车的发展现状，本书中将电动汽车根据主要用途分为公交车、出租车、公务车、社会私人用车（主要指私家车）四种类型。

公交车的运行线路和首发停运时间均由政府部门制定，有很强的规律性。其主要行驶特征包括首班发车时间、末班发车时间、发车间隔、普通时段发车间隔、运行高峰时段发车间隔、运行线路等。以北京市为例，根据北京公交集团发布的《2013 北京公交集团社会责任报告》的统计数据，截止到 2013 年年底，北京公交具有运营车辆 30 570 辆，日均行驶里程大约为 157 km。目前示范运营的纯电动公交车额定行驶里程大约为 200 km，考虑到安全及路况等因素，一次充电难以满足纯电动公交车一天的运营要求，因此一天中至少需要进行一次电力补充，且应该发生在非高峰时段。根据《2013 北京交通发展年报》统计的居民出行时间，可知早高峰时间段为 6:00—10:00，晚高峰时间段为 16:00—20:00，因此电动公交车电力需求的发生时间应该集中在白天的 10:00—16:00 及夜晚的 22:00 至第二天凌晨 6:00。另外，由于公交车具有公交枢纽站这样的大型管理停靠地点，因此可利用枢纽点对电动公交车进行统一电力补充。

电动出租车的车辆行驶具有一定的随机性，其出行没有固定的起讫点和运行路线。根据已有研究文献可知，出租车出行在全局分布上具有较强的空间正自相关性，与中心城区高度集中的活动分布有关。以在北京延庆、昌平和怀柔投入示范运营的福田迷迪纯电动出租车为例，充满电后可匀速行驶 200 km，但由于起步和刹车时耗电较大，正常可行驶里程大概为 120 km，再考虑到必须剩有足够回返至充电站的电量，所以每天至少进行一次的电力补充才能保证正常运营。由于电动出租车的出行无较为明显的规律，因此其电力补充的地点根据其地理位置可发生在任意充换电设施处，全天 24 小时均可以进行电力补充。

公务车在未执行公务时即可进行电力补充，因此有充足的停驶时间在公务车的停车地点进行充电方式的电力补充。时间分布大致起始于机关行政部门的下班时间至第二天上班，即 18:00 至第二天上午 9:00。为满足第二天的公务出行需求，公务车需每天进行连续充电。

社会私人用车的主要出行目的，根据交通年报统计数据显示主要分为刚性出行，包括上下班、上下学、接送人，以及生活类出行，包括购物、休闲娱乐、个人私务和外出就餐。上班、上学出行占全部出行量的 56.88%，生活类出行达到 34.73%。根据其出行目的，相应的充电地点主要包括单位停车场，居民小区停车场，商场、超市停车场等。其充电时间主要分布在上班时间，即 9:00—18:00，以及下班回家后到次日早晨上班之前。

本书中的充电需求即采用充电方式即插即充时的充电电量需求和充电负荷需求，换电需求即采用换电方式时储备电池组的充电电量需求和储备电池组数量。因此，分析预测电动汽车的充电需求和换电需求时首先需要分析影响充电电量需求、充电负荷需求及储备电池组数量的因素。

充电需求影响因素包括以下几个。

① 电动汽车出行距离。电动汽车的出行是其耗电的主要原因，出行距离决定了电动汽车的耗电量。因此电动汽车的每日充电需求可以通过电动汽车的出行行为来反映。不同城市规模，车辆的出行距离都是具有不同规律的，出行距离的不同决定了耗电量的不同，进而影响了电动汽车的充电需求。

② 电动汽车入网时间。电动汽车的充电需求发生于电动汽车整车通过充电桩或充电机接入电网的时刻。在该充电模式下，认为电动汽车的充电入网时间只发生在某段行驶过程结束以后，且电动汽车使用者会在行驶过程结束后根据是否需要补充电能及停驶时间长短进行判断并选择接入电网的时刻。

电动汽车的入网时刻若发生在电网负荷的高峰期，则对电网系统的需求压力较大，且对充电设施的建设选址有着一定的电网负荷能力要求。若通过电价等措施引导，入网时刻选择在电网负荷低谷期，则能有效地缓解电网系统的需求压力，起到一定的削峰填谷的作用。

③ 电动汽车的剩余电量。电动汽车的剩余电量是决定充电电量的最主要因素，决定了电能的需求量和充电的持续时间。通常该变量用电池荷电状态（state of charge，SOC）来表示。电池荷电状态表示电池剩余电量占总电量的百分比。产生充电需求的电动汽车在接入电网时的剩余电量是随机不确定的，但通过调研、统计分析可以得知电池荷电状态值是服从一定分布规律的，该分布规律由电动汽车的行驶规律决定，从而决定了充电需求的规律。

④ 电动汽车停驶时间。电动汽车是否接入电网产生充电需求主要由电池剩余电量和停驶时间决定，使用者只有在剩余电量较低且停驶时间较长时才考虑入网进行充电。若停驶时间较短，则根据目前的充电技术认为不能够对电动汽车进行电量补充，因此认为停驶时间较短时不会发生充电需求。只有在停驶时间较长时，才有可能产生有效的充电需求。

⑤ 充电设施的配置。在充电模式下，电动汽车通过集中式充电站和充电桩满足充电需求。将充电设施分为家用充电机和公共场所（比如充电站和公共停车场等）的充电桩。使用家用充电机时，电动汽车可根据安排选择任意时段接入电网满足充电需求。使用公共场所的充电桩时，由于公共场所不可能随时为电动汽车配备停车位进行充电，因此电动汽车的充电入网时间和充电持续时间有所限制，进而影响到对电网的电量需求和负荷需求等有所不同。

换电需求影响因素包括以下几个。

① 储备电池数量。电动汽车通过换电方式补充电能时，其实际操作为在产生换电需求时，选择进入换电站，换电站通过换电设备将电动汽车的电池组拆卸下来，更换新的已充满电的电池组。考虑到更换来的电池组需要进行充电的时间和换电站内的服务频率，换电站应该储备一定量的电池组来满足换电需求。储备电池的规模决定了换电站的电能储存能力和运营能力，也决定了该换电站对电网产生电量需求的最大值。

② 电动汽车剩余电量。由于电动汽车接受换电服务时间较短且相对固定，因此认为可停驶时间对换电需求影响较小，换电需求是否产生的主要原因取决于电动汽车的剩余电量。剩余电量用电池荷电状态来表示，根据换电站内储备电池的 SOC 分布情况决定电池组接入电网进行电能补充的时间，SOC 的分布规律同样受到电动汽车的行驶规律影响。

③ 电池容量。电池容量会随着技术进步而不断增加，容量的大小决定了电动汽车的电力需求产生的频率和换电站储备电池的数量。在车辆电能转化率等条件不变的情况下，车辆的续驶里程也会随着电池容量的变化而变化。电池容量越低，产生换电需求的时间越早，对电网需求的高峰时间越早。电池容量增加会导致换电次数的降低，减缓需求的高峰，但对储备电池数量影响较小，因为电池容量增加导致充电时间变长进而降低了电池的循环使用。

④ 电动汽车规模。电动汽车的规模是影响电网电力供应的最主要原因，随着电动汽车规模的增大，储备电池的数量越多，电网对电池进行延时充电或利用电池储备电量进行削峰填谷的作用就越明显。

以上分析了影响充电需求和换电需求的因素，以及不同分类标准下电力需求产生的时间和地点分布特点。从分析结果可知，按照用途类型分类时各类电动汽车的需求特点最为明显，便于区分。若按照使用者分类进行预测，其中习惯式用户的需求特点并不统一，差异性还是较为明显。若按照充电设施类型分类进行预测，不管是换电站的换电需求还是充电站的充电需求，被服务的电动汽车的行驶规律仍无统一特征，充满了不确定性。只有按照用途类型分类进行预测时，由于公交车、出租车、公务车和私家车具有明显的出行特征，其出行目的、时间、距离及停驶地点均有一定的规律性从而使电力需求差异较为明显，有利于更为精确地进行规模预测和需求预测。因此，本书采用按照电动汽车用途类型的分类标准进行电动汽车市场规模和电力需求的预测。

本书将以 TEI@I 方法论为理论指导，建立对电动汽车市场规模预测的理论框架和分析方法。由于电动汽车属于近几年新兴发展的行业，其规模情况受到多种因素的影响，具有复杂性和不确定性，因此在选取预测模型时，需要考虑其规模变化的线性趋势和非线性特征。

在选取预测模型分析其规模变化的线性趋势时，由于历史数据的缺乏，无法直接建立预测模型。本书将电动汽车看作投入市场的新产品，建立了间接预测模型，通过对汽车市场规模发展趋势的预测和新产品扩散理论进而得到电动汽车市场规模的变化趋势。因此，本书将首先选取组合预测模型来分析汽车市场规模的线性变化趋势，然后利用灰色系统预测模型 GM（1，1）来拟合时间序列中的非线性特征，再结合新产品扩散理论得到电动汽车市场规模情况。而对于影响电动汽车市场规模发展的非结构化因素，通过文本挖掘思想，利用德尔菲专家意见法综合各相关领域内专家的意见来量化对于电动汽车市场规模的影响。最后将三者进行综合，得到集成结果。图 2-1 是基于 TEI@I 方法论的电动汽车市场规模预测。

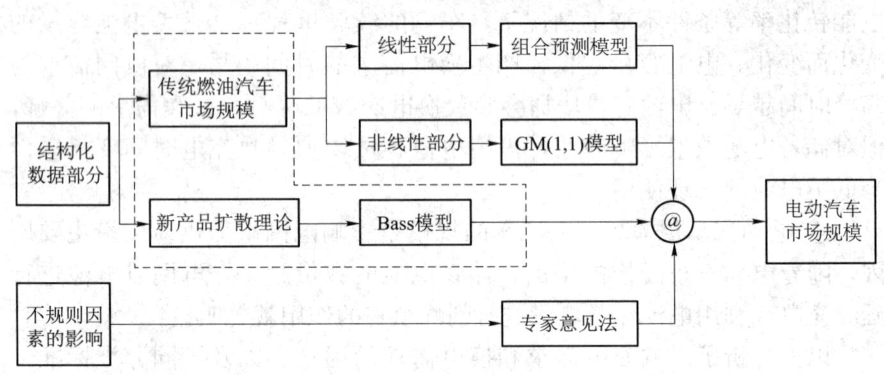

图 2-1　基于 TEI@I 方法论的电动汽车市场规模预测

假设传统汽车市场规模数据为$\{C_t, t=1,2,\cdots\}$，根据以下步骤进行分析和预测。

① 首先用经济计量模型来拟合汽车市场规模数据序列的线性部分，采用 ARMA 模型和组合预测模型，进行简单的权重集成，得到预测值结果$\{Z_t, t=1,2,\cdots\}$。

② 利用灰色系统模型来拟合非线性趋势部分，采用 GM（1，1）模型得到预测结果$\{G_t, t=1,2,\cdots\}$。

③ 利用新产品扩散 Bass 模型得到电动汽车保有比例 $f(t)$。

④ 得到电动汽车市场规模结构化数据部分的预测结果$\{E_t, t=1,2,\cdots\}$。

⑤ 对于不规则事件等影响因素，通过分析对结果的影响和专家意见法来量化，这些不规则因素的影响结果记为$\{\hat{T}_t\}$。

⑥ 最后将预测结果按照一定方法进行集成，得到最终预测结果。

电动汽车虽然属于因为技术进步和环境原因催生的新产品，但其作为汽车的主要属性仍是交通工具，其产生充电需求或换电需求的原因均来源其出行的目的和出行情况。通过上文中分类标准的讨论，已确立按照用途类型分类的标准，不同用途类型的电动汽车由于使用目的不同，导致出行目的和出行距离不同，具有一定的规律性。

由于电动汽车的电力需求缺乏相关历史数据积累，无法运用传统的电力需求预测方法直接建立预测模型，因此本书提出全新角度的预测方法，从电动汽车的出行规律和电力补充行为规律出发，计算由于出行导致的电力需求情况。图 2-2 是电动汽车车辆行为模型。

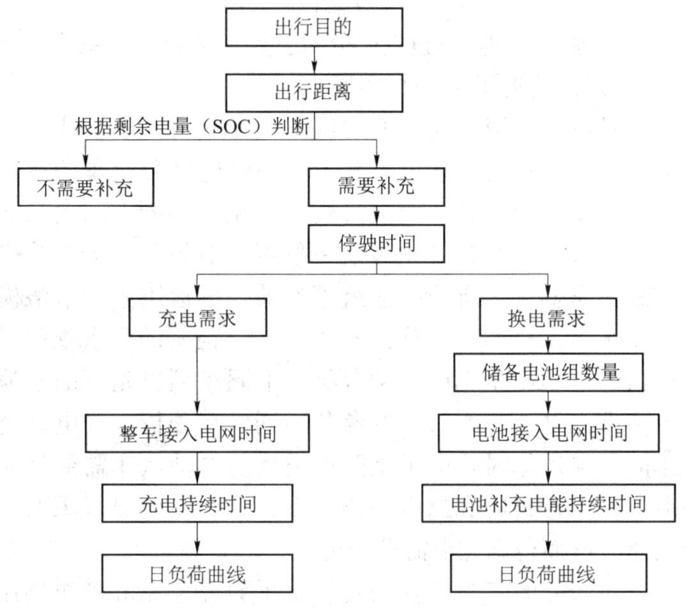

图 2-2 电动汽车车辆行为模型

在预测一定规模的电动汽车的电力需求规律时，由于每辆电动汽车的行为均是相互独立的，因此要得到所有电动汽车行为产生的需求规律，需要对一辆电动汽车进行多次状态模拟。蒙特卡洛模拟是一种随机模拟方法，是指通过设定随机过程，反复生成时间序列，计算参数估计量和统计量进而研究其分布特征的方法。由于充电需求和换电需求是由行为相互独立的多辆电动汽车共同模拟产生的，因此蒙特卡洛模拟方法具有非常好的适用性。

蒙特卡洛模拟方法的原理是当问题或对象本身具有概率特征时，可以用计算机模拟的方法产生抽样结果，根据抽样计算统计量或者参数的值。随着模拟次数的增多，可以通过对各次统计量或参数的估计值求平均的方法得到所求解的近似值，以该近似值作为问题的最终结论。蒙特卡洛模拟方法需要进行多次抽样模拟，假设所要求的 x 是随机变量 ξ 的数学期望，那么对 ξ 进行抽样的次数越多，所得最终数学期望误差就越小。在抽样过程中产生的多个相互独立的序列 $\xi_1, \xi_2, \cdots$，对该序列求期望值为

$$\bar{\xi} = \frac{1}{N}\sum_{n=1}^{N}\xi_n \tag{2-1}$$

根据大数定律，$\xi_1, \xi_2, \cdots$独立同分布且期望值有限，那么当抽样次数 N 充分大时，$E(\xi)$趋近于 x 的真实值。

本书在对具体某种用途类型电动汽车进行电力需求规律预测时采用了相应的预测办法。针对电动公交车，考虑到电动公交车的投放均以线路进行，且同一线路上投放的电动公交车车型均相同，因此在分析预测电动公交车的需求规律时，可先对某一条线路上的所有电动公交车计算其线路所需最少车辆数、所需电池组等参数，再运用蒙特卡洛模拟得到整体电动公交车需求规律。在分析预测电动出租车的需求规律时，可根据市场上运营的电动出租车的车型分类，不同车型出租车的电池参数不同，导致电池补充电能时的时间等参数不同。在分析预测电动公务车和电动私家车的需求规律时，由于这两种类型的电动汽车需要补充的电力需求主要取决于出行目的和出行距离，因此选择按照出行距离来计算所需补充的电量，进而得到充电需求的规律。

本部分针对研究的三个主要问题提出了研究思路和解决办法。首先分析了影响电力需求的因素，同时对比了在三种分类标准下，电力需求产生的时间和地点分布特点。经过分析对比，由于按照用途类型分类下公交车、出租车、公务车和私家车的出行目的特征较为明显，因此以该分类标准为基准，进行后续市场规模和电力需求的预测。

接着提出了基于 TEI@I 方法论的电动汽车市场规模预测模型，介绍

了 TEI@I 方法论的内涵和目前的应用情况，认为该方法论对解决电动汽车市场规模这一较为复杂的动态问题提供了很好的思路。把该系统问题分解为可以通过结构化数据分析的部分和通过文本挖掘需要参考专家意见的部分。其中，对于可通过结构化数据分析的部分考虑到电动汽车新兴产品的特性，间接利用传统汽车市场规模和新产品扩散理论进行分析。对传统汽车市场规模问题的解决将通过组合预测模型分析线性趋势部分，通过灰色系统模型解决非线性趋势部分，再结合新产品扩散模型得到保有比例情况，最终解决电动汽车市场规模预测问题。

最后针对电动汽车的需求预测问题提出了车辆行为模型，分析了电动汽车产生电力需求的行为特征，基于此行为特征对不同用途类型的电动汽车按照相应的特点进行充电需求或换电需求的预测。

2.3.2 充换电选址定容研究

1. 电动汽车充换电布局截流选址模型与算法

国内外关于电动汽车充换电站选址的文献中，学者们从定性和定量两个角度对充换电站如何选址进行研究。定性方面，主要总结了充换电站在选址过程中需要考虑的建设成本、便捷性、交通状况等因素；定量方面，主要利用数学语言建立模型，并运用相关算法对模型进行计算，进而确定充换电站建设位置组合。针对本书研究的电动汽车充换电站选址问题，需借鉴定性分析文献中充换电站选址需要考虑的因素，如初期建设成本、电网允许充电负荷等，同时在建模过程中借鉴定量分析文献中模型的建立方法，将这些因素用数学语言表示出来，进而完成对电动汽车充换电站选址模型及算法的研究。

在能源设施类选址问题的文献中，主要包含四种理论（P-center 理论、P-median 理论、覆盖理论和截流理论），对于需求的分类也大致划分为流需求和点需求两种。本书对电动汽车充换电站选址布局进行研究的过程中所运用的模型是在截流理论基础上加以改进而建立的，需求类型为流需求，算法也采用文献中提到的粒子群优化算法，对模型进行计算。

本书主要基于前人文献和本国电动汽车发展现状，了解电动汽车消费者的需求特征，针对目前因电动汽车充换电站选址布局不完善而导致电动汽车难以普及的问题进行研究。

与传统选址模型多在研究服务设施网络节点上的需求不同，截流问题将消费者需求区分为点需求和过路需求两部分。其中点需求为消费者在一定区域内产生的需求，而过路需求为消费者在日常行驶路线上产生的需求。针对消费者在日常行驶路线上产生的过路需求，Hodsgon 等在1990 年最早提出了截流问题，该问题是研究在需求路线及需求流量确定且服务设施数量给定的条件下，如何对服务设施进行选址才能使得通过服务设施的需求量总和达到最大化的问题。在此问题的基础上，Hodsgon 等学者构建了截流选址模型。

粒子群优化算法的基本思想是将每一个粒子视为函数的一个可行解，随机初始化一群粒子，确定该群粒子的位置和速度，并用适应值，即目标函数来表示粒子位置是否达到最优。每个粒子在可行解空间中按照一个事先设定的速度变量决定的方向和距离进行运动，并在运动过程中不断追随当前最优个体粒子和全局粒子，经过迭代计算，不断接近最优解。

假设由 N 个粒子组成的粒子群在 D 维搜索空间以一定的速度、方向运动，其每个粒子 i 在 t 时刻的状态属性如下。

位置：$\boldsymbol{x}_{it}=[x_{i1t},x_{i2t},\cdots,x_{idt}]^{\mathrm{T}}$

速度：$\boldsymbol{v}_{it}=[v_{i1t},v_{i2t},\cdots,v_{idt}]^{\mathrm{T}}$

个体最优位置：$\boldsymbol{p}_{it}=[p_{i1t},p_{i2t},\cdots,p_{iDt}]^{\mathrm{T}}$

全局最优位置：$\boldsymbol{p}_{gt}=[p_{g1t},p_{g2t},\cdots,p_{gDt}]^{\mathrm{T}}$

其中，个体最优位置 $\boldsymbol{p}_{it}$ 表示当前迭代计算中的最优解；全局最优位置 $\boldsymbol{p}_{gt}$ 表示 t 时刻全局的最优解。同时，$1\leqslant d\leqslant D$，$1\leqslant i\leqslant N$，N 个粒子表示模型有 N 个可行解。

粒子在 $t+1$ 时刻的速度更新为

$$\begin{cases}v_{id(t+1)}=\alpha v_{idt}+c_1r_1(p_{idt}-z_{idt})+c_2r_2(p_{gdt}-z_{idt})\\ z_{id(t+1)}=z_{idt}+v_{id(t+1)}\end{cases}\tag{2-2}$$

其中，α 为惯性因子，决定了当前速度对粒子的影响程度，用来权衡全局和局部寻优能力；r_1 和 r_2 为均匀分布在（0，1）区间的随机数；c_1 和 c_2 为学习因子，为正常数。

利用粒子群优化算法求解服务设施选址规划的最优值，通过用代表服务设施位置组合的粒子进行不断寻优，来模拟各种服务设施规划方案，在交通网络中寻找最优位置组合方案。

本书基于 Hodsgon 等学者构建的截流选址模型，结合电动汽车充换电站具有服务、用电双重属性的特点，建立适合电动汽车充换电站选址的截流选址模型。在建立模型的过程中，将所有电动汽车消费者的充电需求产生点视为在行驶过程中产生，通过截获最大的需求流量来使电动汽车充换电站具有最高的利用价值，即布局最优。本书考虑电动汽车充换电站在选址过程中需要考虑的影响因素，以截获最大电动汽车消费者需求流量为目标函数，以充换电站初期建设成本、服务半径及电网允许充电负荷等影响因素为约束条件，从而确定在何处建立电动汽车充换电站。

在电动汽车发展的过程中，电动汽车充换电站建设位置的合理选择是保证电动汽车高速发展的一个具有战略意义的问题。简单来说，本书将要解决的问题如下所述。

某交通网络有 N 条路径，消费者在不同路径上产生对充换电服务的需求流，需求流量已知。现决定在此交通网络上拟建立若干个电动汽车充换电站，经考察确认候选点有 Q 个，考虑各候选点在初期建设成本、服务半径和电网允许充电电量等方面的限制，求解如何从 Q 个网络节点中选择 H 个节点建设电动汽车充换电站，使其能够截获的消费者需求流量达到最大。

由于在现实交通网络中，需要考虑的因素过多，导致充换电站选址问题过于复杂。因此本书适当对模型进行一些合理假设，来使问题简单化。具体假设如下。

假设 1：电动汽车充换电站无容量限制。

假设 2：电动汽车续航里程一定，且能够保证消费者完成到充换电站的旅程。

假设 3：交通网络一定，且网络中路径上的流量一定。

假设 4：消费者在所经过的路径上接受电能补充，不会绕路接受服务。

假设 5：网络中无论消费者经过几个充换电站，其只接受一次服务，且同一路径上的消费者在同一充换电站接受服务。

假设 6：电动汽车充换电站的初期建设成本由初期建设安装费用和征地费用组成。

假设 7：城市电网允许最大充电电量一定，且电动汽车每次充电需求量一定。

有关参数及符号如下。

a：交通网络的边，其中 $a \in \{1,\cdots,A\}$；

q：交通网络的节点，其中 $q \in \{1,\cdots,Q\}$；

v：通过消费者流量不为 0 的路径，其中 $v \in \{1,\cdots,V\}$；

h：电动汽车充换电站数量；

m：电动汽车充换电站的最大初期建设成本；

k：消费者愿意接受充换电服务的最大行驶距离；

c：同一时间段内城市电网允许的最大充电电量；

d_v：路径 v 上的消费者距充换电站的距离；

q_v：路径 v 上所有节点的集合；

f_v：路径 v 上的消费者需求量；

λ：每单位需求流每次充电需要的电量；

S_{q1}：节点 q 上充换电站的建筑工程费用、安装调试费用等初期建设安装费用；

S_{q2}：节点 q 上充换电站的征地费用；

$x_q = \begin{cases} 1, \text{在节点 } q \text{ 建立充换电站；} \\ 0, \text{在节点 } q \text{ 不建立充换电站；} \end{cases}$

$y_v = \begin{cases} 1, \text{路径 } v \text{ 上的需求被截获；} \\ 0, \text{路径 } v \text{ 上的需求未被截获。} \end{cases}$

$$\max f = \sum_{v=1}^{V} f_v y_v \tag{2-3}$$

约束条件：

$$\sum_{q=1}^{n} x_q = h \tag{2-4}$$

$$\sum_{q \in q_v} x_q \geqslant y_v \tag{2-5}$$

$$\sum_{q=1}^{n} (S_{q1} + S_{q2}) x_q \leqslant m \tag{2-6}$$

$$y_v d_v \leqslant k \tag{2-7}$$

$$\lambda \sum_{v=1}^{V} y_v f_v \leqslant c \tag{2-8}$$

$$x_q = \{0,1\}, q \in \{1,\cdots,Q\} \tag{2-9}$$

$$y_v = \{0,1\}, v \in \{1,\cdots,V\} \tag{2-10}$$

其中，目标函数（2-3）表示被电动汽车充换电站所服务的消费者需求流量总和最大。约束条件（2-4）表示在已知交通网络中，电动汽车充换电站的数量为 h 座；约束条件（2-5）表示只有路径 v 上有电动汽车充换电站时，才能够截获该条路径上的消费者需求流；约束条件（2-6）表示所有电动汽车充换电站的初期建设成本总和不超过 m 个单位，包括建筑工程费用、安装调试费用等建设安装费用，以及在不同地理位置建设的征地费用。约束条件（2-7）表示每个消费者距充换电站的距离不超过 k 个单位时才愿意接受电动汽车充换电服务，即充换电站的服务半径为 k 个单位。约束条件（2-8）表示同一时间段内电网允许的最大充电电量不超过 c 个单位。约束条件（2-9）、（2-10）定义了两个 0-1 决策变量。

在确定选址变量 X_i 后，可对目标函数值进行求解。模型的目标为截获最大的消费者需求流量，即所有被服务路径上的需求流量 f_v 达到最大，为 $\max f=\sum_{v=1}^{V} f_v y_v$ 。其中，v 为通过消费者流量不为 0 的路径，V 为全部通过消费者流量不为 0 的路径集合，y_v 为 0-1 变量，判断路径上的消费者需求流量是否被截获。

本书基于粒子群算法对电动汽车充换电站选址进行规划，具体步骤如下。

步骤 1：初始化粒子群。以 $X_i=[X_{i1},X_{i2},\cdots,X_{in}]$ 表示 i 个粒子的位置，$V_i=[V_{i1},V_{i2},\cdots,V_{im}]$ 表示该粒子在 m 维空间的速度，随机设定各粒子的初始位置 X_i 和初始速度 V_i，并根据粒子初始位置和初始速度产生各粒子的新位置。

步骤 2：计算每个粒子的适应度值，即目标函数值。

步骤 3：确定自身极值算子和全局极值算子。对于每个粒子，比较其适应度值和其经历过的最好位置 p_{id} 的适应度值，并更新最好位置 p_{id}；对于每个粒子，比较其适应度值和群体经历过的最好位置 p_{gd} 的适应度值，如果比 p_{gd} 更好，则更新全局最优解 p_{gd} 。

步骤 4：速度-位移模型操作算子。在粒子群算法中，每个粒子都有一个速度，通过对粒子速度的改变来更新粒子的位置，调整粒子速度和位置的公式如式（2-11）和式（2-12）。

$$V_{id(t+1)}=\alpha V_{idt}+c_1 r_1(p_{idt}-X_{idt})+c_2 r_2(p_{gdt}-X_{gdt}) \tag{2-11}$$

$$X_{id(t+1)}=X_{idt}+V_{id(t+1)} \tag{2-12}$$

步骤 5：如果达到结束条件（满足收敛条件或达到最大迭代次数），则输出结果，否则转步骤 2 继续迭代。

本书针对电动汽车充换电站截流选址模型的建立，分别进行了大、小规模的算例计算。求解结果证明，书中建立的截流选址模型能够得到最优的选址方案，使得充换电站截获最大的消费者需求流量。小规模算例中，通过分支定界法精确计算出的充换电站位置，使充换电站在考虑充换电站初期建设成本、服务半径、电网允许最大充电电量的情况下，得到了2座充换电站的最优位置组合，截获了76%的需求流量，证明该模型对现实生活中充换电站的建设能够起到辅助决策的作用。大规模算例计算过程中采用了粒子群优化算法，能够很好地模拟各个充电站组合所截获的消费者需求量，因算例已由Hodgson等多位学者验证了有效性，随机产生的路径使得数据具有随机性，贴近生活中实际交通网络，进而搜寻到最优充换电站选址组合，截获了90%的需求流量，确定了4座充换电站的具体位置，算法具有有效性。同时，模型中各参数可通过实际情况赋予不同的取值，用粒子群优化算法依次对可建设的充换电站数量求解，权衡数量递增带来的截获需求流量上升量与充换电站建设成本上升量，搜寻最优充换电站数量为4座，并标示出位置组合，具有实用性。

2. 基于排队论的电动汽车充电站选址定容研究

无论是商业领域还是生活领域，选址问题都频繁出现，选址问题是运筹学的一个分支，用于处理新的设施的选址问题，从而实现经济、安全、社会、环境或者其他指标中的某一个或某几个最优。例如，工业厂房、仓库、学校、医院、加油站、广告牌和应急设施等建筑的选址。选址问题最早由Alfred Weber于1909年提出，目的在于选择一个单一的仓库的地点，从而使得仓库到顾客之间总的行驶距离最小。之后，学者们将此问题进行延伸，通过考虑不同现实条件，提出不同的选址研究模型。根据目标函数和约束条件的不同，建立了不同的设施选址模型。目前，网络选址问题根据需求点的不同，主要分为基于点需求的选址模型和基于路径需求的选址模型。

本书主要研究考虑排队时间的电动汽车充电站的选址定容研究，根据实际情况构建电动汽车充电站排队系统，按照使用范围，将充电站建设分为高速公路网络上充电站建设和城区内充电站网络建设，并结合选址问题研究，提出基于点需求和基于路径需求的电动汽车充电站选址定容问题模型。通过数值实验分析，为电动汽车充电站建设提供管理洞察。

在电动汽车充电设施排队系统中，输入过程主要指的是电动汽车达到充电站的行为。由于电动汽车的充电行为具有较大的灵活性和随机性，假设电动汽车达到充电站服从参数为 λ 的泊松分布；电动汽车充电设施的排队规则为多服务窗等待制，且服从先进先出的规则，即假设系统有 m 个服务窗口（即充电桩），且各个充电桩的工作是相互独立的，电动汽车遵循先到先充的服务原则。假设充电桩每次给电动汽车充电的服务时间满足参数为 μ 的负指数分布。因此，电动汽车充电设施排队系统可表示为：电动汽车充电设施系统有 m 个服务窗口，且各窗口的工作是相互独立的；电动汽车按照泊松分布到达，到达的强度为 λ；电动汽车到达后，如果充电站内有空闲的充电桩，则直接接受充电服务，如果所有的充电桩都在使用，则进入排队队伍中等待，并按照先到先服务的原则进行排队，直到有空余的充电桩可以为自己充电；电动汽车接受充电桩服务的时间服从参数为 u 的负指数分布，具体如图 2-3 所示。

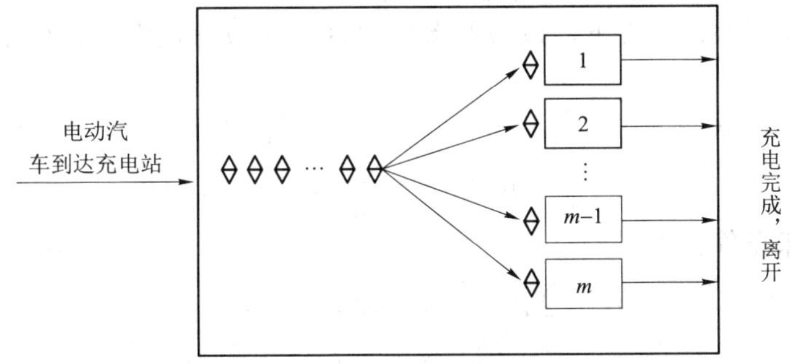

图 2-3　电动汽车充电站排队系统框图

3. 高速公路网络上的电动汽车充电站选址定容研究

高速公路网络上的充电需求可以看作是过路需求，即需求产生在网络路径上，因此可以参考基于路径需求的选址模型进行研究。基于路径需求的选址模型（假设服务需求产生在路径上，而非节点上），最早由 Hodgson（1990）提出，并建立了第一个基于路径流量需求的模型——截流选址模型（FCLM），但是 FCLM 假设只要在一条路径中存在一个服务设施点，则流量就能被截获，但在电动汽车选址应用中，由于电动汽车具有行驶里程的限制，因此有时候路径中只存在一个充电站无法满足充电需求。而 Kuby（2005）提出的 FRLM，则充分考虑了行驶范围的限制因素。由于电动汽车充电时间的要求，如果充电站内配备的充电桩数量较少，则会造成较大的排队等待时间。因此，本节数学模型在FRLM的基础上进行延伸，综合考虑行驶里程范围的限制和排队等待时间的限制，建立新的选址定容模型。

模型的假设条件主要有：

① 网络中每条路径上的电动汽车通过量是一定的；

② 每一对O-D之间的路径上的流量f_q全部被分配到最短路径上；

③ 电动汽车只能被建设在所经过的路径上的服务设施服务；

④ 电动汽车到达充电站后按照先到先服务的排队原则进行充电；

⑤ 电动汽车的电量与行驶距离呈线性关系；

⑥ 如果路径起点有充电站，电动汽车的电量是饱和的状态；如果路径起点没有充电站，假设电动汽车的电量是饱和状态下的一半，以致剩余的电量能够支撑返回到上一个充电站；

⑦ 不同充电站的充电桩服务时间服从同样的分布；

⑧ 不考虑不同节点处的地价的差异。

在上述假设条件下，以被服务的电动汽车数量最大为目标函数建立函数模型。

目标函数：

$$\max Z = \sum_{q \in Q} f_q y_q \tag{2-13}$$

约束条件：

$$\sum_{h \in H} b_{qh} v_h \geqslant y_q,\ \forall q \in Q \tag{2-14}$$

$$a_{hk} x_k \geqslant v_h,\ \forall h \in H, k \mid a_{hk} = 1 \tag{2-15}$$

$$m_k \leqslant U x_k,\ \forall k \in K, U \sim \infty \tag{2-16}$$

$$W_k \leqslant T,\ \forall k \in K \tag{2-17}$$

$$\sum_{k \in K} (c_1 + c_2 \cdot m_k) \leqslant B \tag{2-18}$$

$$x_k, v_h, y_q \in \{0,1\},\ \forall k \in K, h \in H, q \in Q \tag{2-19}$$

$$m_k \text{ 为非负整数}, \forall k \in K \tag{2-20}$$

符号和集合定义如下。

q：网络中的某一条线路；

Q：网络中所有线路的集合；

h：充电站组合；

H：所有的充电站组合集合；

k：充电站候选点；

K：所有的充电站候选点集合。

相关参数定义如下。

f_q：路线 q 上的流量；

W_k：电动汽车排队等待的平均时间；

T：最大能容忍的平均等待时长；

c_1：充电站建设的基本费用；

c_2：单个充电桩的成本及安装费用；

B：充电站建设总的预算费用；

λ_k：候选点 k 处电动汽车的到达率，即平均每小时到达的电动汽车数量；其中 λ_k 与被 k 点服务的流量有关，假设

$$\lambda_k = g \sum_{q \in Q} f_{qk} y_{qk} \tag{2-21}$$

其中，g 代表峰值单位时间段内经过的流量占总流量的百分比系数，根据实际数据调查可得到，y_{qk} 是一个 0-1 变量，$y_{qk}=1$ 表示路径 q 上的电动汽车被 k 点服务，否则为 0。

决策变量如下。

m_k：在候选点 k 处安装的充电桩个数；

$$a_{hk} = \begin{cases} 1, k \text{ 在组合 } h \text{ 内} \\ 0, \text{其他} \end{cases}$$

$$b_{qh} = \begin{cases} 1, \text{组合 } h \text{ 能够让车辆在路径 } q \text{ 上得到充电} \\ 0, \text{其他} \end{cases}$$

$$x_k = \begin{cases} 1, \text{在 } k \text{ 点建立充电站} \\ 0, \text{其他} \end{cases}$$

$$y_q = \begin{cases} 1, \text{在路径 } q \text{ 上的流量最截获} \\ 0, \text{其他} \end{cases}$$

$$V_h = \begin{cases} 1, \text{组合 } h \text{ 内的充电站全部开放} \\ 0, \text{其他} \end{cases}$$

目标函数（2-13）与 FRLM 一样表示被服务的电动汽车量最大；约束条件（2-14）表示如果路径 q 的电动汽车被服务，那么至少存在一个充电站组合满足路径 q 的充电需求；约束条件（2-15）表示只有当组合 h 里所有的充电站都开放的时候，v_h 才为 1，否则为 0；约束条件（2-16）表示只有在 k 点建设充电站，才能安装充电桩；约束条件（2-17）表示电动汽车排队等待的平均时间应低于最大能容忍的平均等待时长；约束条件

(2-18) 表示充电站网络规划的总费用不超过预算费用；约束条件 (2-19) 定义的变量为 0-1 变量；约束条件 (2-20) 定义 m_k 为非负整数。

上文提出的选址定容问题是一个 NP 问题，因此需要借助启发式算法进行求解。求解该模型时，可以将模型分解为三个子模型。第一个子模型需要提出方法确定能够服务路径上的所有充电站组合；第二个子模型需要确定充电站选址点；第三个子模型则需要确定各个充电站内充电桩的个数。我们可以借助遗传算法来确定电动汽车充电站地点，利用贪婪算法确定各个充电站应该配置的充电桩个数。因此，在求解该模型时，特别需要注意的是充电站组合的确定。

4. 城区内的电动汽车充电站选址定容研究

本节建立了非线性整数规划模型，并对该模型给出了相应的启发式算法。本节提出的模型，目标在于确定充电站的地址及站内配备的相应的充电桩数量，从而使得接受充电服务的电动汽车数量的期望值最大。因此，该模型的决策变量有两个：一个是选址决策，另一个是定容决策。由于预算费用的限制，如果选择多个充电站，那么相应的配备的充电桩数量就会减少，虽然减少了从需求点到充电站之间的旅行时间，但是却增加了充电站内排队等待的时间；如果选择在一个充电站内配备较多的充电桩，那么可选择建设的充电站数量就会减少，这样虽然减少了充电站内排队等待的时间，但是也相应增加了从需求点到充电站之间的旅行时间。Benedict、Daskin、ReVelle 和 Hogan 在拥挤情况下的服务系统最大覆盖问题中，建立了一个使服务站可以覆盖的期望需求量最大的模型，他们的研究为本书的研究提供了理论基础。本书通过建立相应的模型确保选址和定容两个决策变量最优。

为了简化模型，便于求解，本节所建立的模型基于以下几个假设条件。

① 充电站内的排队系统服从 $M/M/n$ 的多服务窗排队模型。各充电站单位时间内的电动汽车充电需求服从泊松分布，充电服务遵循先到先充的原则，充电桩的服务时间服从负指数分布。

② 不同充电站点内单个充电桩的建设和安装成本一致。

③ 所有充电桩的服务速率相等。

④ 电动汽车选择最近的充电站进行充电，且需求点到充电站之间的距离小于电动汽车在充满电情况下可行驶距离的 20%，即不考虑电动汽车的可行驶里程限制。

模型中需要用到的有关参数、符号定义如下。

I：需求点的集合；

K：设施候选点的集合；

d_i：需求点 i 处的需求量，服从参数为 λ 的泊松分布；

s_{ik}：需求点 i 到充电站 k 的旅行时间；

t_{ik}：需求点 i 到充电站 k 完成充电的响应时间；

T：最大能容忍的响应时长；

w_k：在充电站 k 处的平均逗留时间；

c_k：候选点 k 处建设充电站的基本建设费用；

c_2：单个充电桩的成本及安装费用；

B：充电站建设总的预算费用；

μ：充电桩平均服务速率，即单个充电桩平均每小时服务的电动汽车数量；

λ_i：电动汽车到达需求点 i 处的到达率，即平均每小时到达的电动汽车数量；

λ_k：充电站 k 处电动汽车的到达率，即平均每小时到达的电动汽车数量。

决策变量如下。

m_k：设施点 k 上安装的充电装置数量；

$$x_k=\begin{cases}1，在 k 点建立充电站\\0，其他\end{cases}$$

$$x_{ik}=\begin{cases}1，候选点 k 为 i 点的充电需求提供充电服务\\0，其他\end{cases}$$

根据前面的定义，基于点需求的电动汽车充电设施选址定容模型可表示如下。

目标函数：

$$\max Z=E(\sum_{i\in I}\sum_{k\in K}[d_i x_{ik}\cdot P(t_{ik}\leqslant T)]) \tag{2-22}$$

约束条件：

$$x_{ik}\leqslant x_k, \forall k\in K, i\in I \tag{2-23}$$

$$\sum_{k\in K}x_{ik}=1, \forall i\in I \tag{2-24}$$

$$m_k\leqslant Ux_k, \forall k\in K, U\sim\infty \tag{2-25}$$

$$\sum_{j\in K|d_{ij}\leqslant d_{ik}}x_{ij}\geqslant x_k, \forall k\in K, i\in I \tag{2-26}$$

$$\sum_{k\in K}(c_k + c_2 m_k) \leqslant B, \forall i \in I \tag{2-27}$$

$$t_{ik} = s_{ik} + w_k, \forall k \in K, i \in I \tag{2-28}$$

$$\lambda_k = \sum_{i\in I}\lambda_i x_{ik}, \forall k \in K \tag{2-29}$$

$$\lambda_k < \mu m_k, \forall k \in K \tag{2-30}$$

$$x_k, x_{ik} \in \{0,1\} \tag{2-31}$$

$$m_k \text{ 为非负整数} \tag{2-32}$$

目标函数（2-22）表示在响应时间不超过给定的时间范围内的系统所处理的充电需求量的期望最大；约束条件（2-23）表示防止充电需求被分配到没有建设充电站的候选点上；约束条件（2-24）表示确保所有需求点上的充电需求都能被且只能被一个充电站满足；约束条件（2-25）表示只有在候选点 k 处建立充电站之后才能安装充电桩；约束条件（2-26）表示各个需求点产生的充电需求在最近的充电站接受充电服务；约束条件(2-27)表示充电站网络设施建设的总费用不超过预算费用；约束条件(2-28)表示响应时间包括从需求点到充电站的旅行时间和到达充电站后逗留的时间；约束条件（2-29）表示充电站内到达的电动汽车充电需求率与各个需求点上的需求率之间的关系；约束条件（2-30）确保了系统的稳定性，避免排成无限长队的情形；约束条件（2-31）定义的两个决策变量为 0-1 变量；约束条件（2-32）定义候选点 k 处建设充电桩的个数为非负整数。

本节中提出的选址定容问题是个 NP 难题，需要利用启发式算法进行求解。求解主要包括两个部分：通过 $F(t, m)$的函数性质对充电桩进行分配和利用启发式算法寻找最优选址点。就本节中所提出的模型，利用贪婪算法对充电桩进行分配，通过遗传算法确定充电站地址。

5. 基于免疫克隆算法的电动汽车充换电站选址定容研究

当前的选址定容模型中，大多数只考虑充电或者换电某一方面的解决方案，这些方案对于单一功能（充或换电站）的建设有很好的借鉴价值。然而，在此基础上，综合型充换电站的建立对于设施密集的城市来说则更加高效、合理；同时也为用户充电或者换电的多样性选择提供了更广的空间。因此，本书针对综合型充换电站的选址定容问题建立一个单一目标、多变量、多限制条件的综合化模型。

模型的主要目标是建设运行相关成本最小化，分别考虑充电站、换电站的各项成本及限制条件，接着考虑两者综合运行起来对电网负荷等的影响。这里成本最小化包括三个方面：充换电站相关成本，包括初始固定建设成本（充电桩、与电网连接线、备用电池等）、运行可变成本、维护成本、土地占用成本等；用户使用成本，包括充电、换电费用，电池损耗折旧成本、到充换电站路途能量损失等；能量输送过程对电网造成的能量损耗。

本部分研究的综合型充换电站可分为充电站部分和换电站部分，两者由同一个配电站进行能源供给，同时又给电动汽车用户提供充电、换电两种不同的能量补充渠道。其主要功能是在考虑各项建设运行成本、区域充换电汽车数量、交通流量、需求点距离充换电站距离等各项成本的基础上，为电动汽车用户提供方便、快捷、高质量的能量补给服务。同时，由于该项设施的建设在投资规模上是巨大的，而我国当前的情况主要是以成本节约化为目标，在政府财力支持资金的预算下，建立可行、合理的设施系统。因此，本书从综合成本最小的角度建立数学模型，总目标函数如下。

$$F_{\min}=F_{\text{total}}+C^{\text{E}}+C^{\text{EVR}} \tag{2-33}$$

其中，F_{total}为充电站和换电站的建设运行总成本，C^{E}为电网损耗成本，C^{EVR}为用户充电过程能量损失成本。

约束条件包括：满足区域内最大充换电需求、满足服务半径要求、电网可靠性约束、电池存储数量约束、变压器功率对充电桩及充电机个数的约束。

免疫克隆算法正是受生物免疫系统的启发，在免疫学理论基础上发展起来的一种新兴的智能计算方法。它利用免疫系统的多样性产生和维持机制来保持群体的多样性，克服了一般寻优过程尤其是多峰函数寻优过程中难处理的“早熟”问题，最终求得全局最优解。与其他智能算法相比，免疫克隆算法的研究起步较晚，其发展历史只有短短二十几年。Farmer 等于 1986 年率先基于免疫网络学说构造了免疫系统的动态模型，并探讨了免疫系统与其他人工智能方法的联系，从而开创了免疫系统的研究。

该算法的具体步骤如下。

① 分析问题。对问题及其解的特性进行分析，设计解的合适表达形式。

② 产生初始抗体群。随机产生 N 个个体并从记忆库中提取 m 个个体构成初始群体，其中 m 为记忆库中个体的数量。

③ 对上述群体中各个抗体进行评价。在该算法中对个体的评价是以个体的期望繁殖率 P 为标准的。

④ 形成父代群体。将初始群体按期望繁殖率 P 进行降序排列，并取 N 个个体构成父代群体，再从记忆库中取出 m 个个体存入记忆库中。

⑤ 判断是否满足结束条件，是就结束；不是，则继续下一步操作。

⑥ 新群体的产生。基于步骤④的计算结果对抗体群体进行选择、交叉、变异操作得到新群体，再从记忆库中取出记忆的个体，共同构成新一代群体。

⑦ 转为执行步骤③。

算法设计如下。

（1）编码

当前编码方式分为三大类：符号编码、二进制编码、浮点数（真值）编码。由于电动汽车充换电站选址定容问题数据的多样性及约束条件的复杂性，同时为了达到表示上的直观，这里采用浮点数（真值）编码。同时，由于充换电站中各项设备具有不可分割性，因此采用整数编码。

（2）初始抗体群产生

在记忆库非空的情况下，初始抗体群从记忆库中选择产生；否则，从可行解空间随机产生初始抗体群。每套选址方案可被比作一个长度为 p 的抗体（p 为待选站址数量），每个抗体的编号代表被选为充换电站的需求区域的序列。例如，将整体研究范围划分为包含 21 个需求区域的问题，1～21 代表各个需求区域的编号，根据各约束条件选出其中 15 个站址。抗体［2，3，5，6，8，9，12，13，14，16，17，18，19，20，21］代表其中一组可行解，表示这些需求区域可被选为充换电站的站址，并且都满足所建模型的约束条件。

（3）解的多样性评价

① 抗体与抗原间的亲和力。抗体与抗原之间的亲和力用来表示抗体对抗原的识别程度，本书针对电动汽车充换电站选址定容模型设计亲和力函数 A_v，其表达式为

$$A_v = \frac{1}{F_v} = \frac{1}{(F_{\text{total}} + C^{\text{E}} + C^{\text{EVR}}) - C\sum_{i\in I}\min\left\{\left(\sum_{j\in J} g_{ij}\right) - 1, 0\right\}} \tag{2-34}$$

其中，F_v 为问题的目标函数；分母中第二项代表对超出充换电站服务半径约束的解给予的惩罚，C 为一个很大的正数。

② 抗体与抗体之间的亲和力。抗体与抗体之间的亲和力反映了抗体

之间的相似程度。这里利用 Forrest 等提出的 R 位连续方法计算抗体之间的亲和力。这种方法的关键是确定一个 R 值，代表亲和度判定的阈值。两种个体编码有超过 R 位或者连续 R 位的编码相同，则表示这两种抗体近似“相同”，反之表示两种抗体不同。这里抗原的编码方法，各位之间不需考虑顺序，可参考变形的 R 位连续方法计算抗体间的亲和度，即

$$S_{v,s}=\frac{k_{v,s}}{L} \tag{2-35}$$

其中，$k_{v,s}$ 表示抗体 v 与抗体 s 中相同的位数；L 为抗体长度。假如两个抗体［2，3，5，6，8，9，12，13，14，16，17，18，19，20，21］和［1，4，5，6，7，10，12，13，14，16，17，18，19，20，21］，其中有 11 个值是相同的，则亲和度为 0.73。

③ 抗体浓度。抗体的浓度 C_v 即群体中相似抗体所占的比例，即

$$C_v=\frac{1}{N}\sum_{j\in J}S_{v,s} \tag{2-36}$$

其中，N 为抗体总数；$S_{v,s}=\begin{cases}1, & S_{v,s}>T\\0, & \text{其他}\end{cases}$；$T$ 为预先设定的一个阈值。

④ 期望繁殖率。在群体中，每个个体的期望繁殖率由抗体与抗原间亲和力 A_v 和抗体浓度 C_v 两部分共同决定，即

$$P=\alpha\frac{A_v}{\sum A_v}+(1-\alpha)\frac{C_v}{\sum C_v} \tag{2-37}$$

其中，α 为常数。由上式可知，个体适应度越高，则期望繁殖率越大；个体浓度越大，则期望繁殖率越小。这样既鼓励了适应度高的个体，同时也抑制了浓度高的个体，从而确保了个体的多样性。

免疫算法在抑制高浓度个体时，与抗原亲和度最高的个体也可能因其浓度过高而受到抑制，从而导致已求得的最优解丢失。因此这里采用精英保留策略，在每次更新记忆库时，将抗原亲和度最高的若干个体存入记忆库，再按照期望繁殖率将剩余群体中优秀个体存入记忆库。

（4）免疫克隆操作

① 选择。按照轮盘赌选择机制进行选择操作，个体被选择的概率即为式（2-37）计算出的期望繁殖率。

② 交叉。本书采用单点交叉法进行交叉操作。

③ 变异。采用常用的变异方法，即随机选择变异位进行变异。

算法的基本思想是通过模型构建，对研究区域进行量化分析，将地

图坐标定位为算法可识别坐标。随后将研究区域划分为多个较小的需求区域，首先建立初步选址方案，作为免疫算法的初始抗体。在实际运算过程中，通过随机函数产生有充换电请求的目标，即抗体，从而组成算法的抗体群组合。在各个抗体组合产生时，算法通过对多组抗原（即问题的目标函数）进行比较运算，得到收敛结果。通过大量的组合运算，最终选定既能最大化地满足充换电需求又能符合各项约束条件的站点选址方案，并通过计算各个站点服务区域的需求信息，得到站点拟建设容量。

6. 电动汽车充放电影响研究

随着电动汽车的普及，充放电站的数量也逐渐增加。电动汽车将成为电网的一种新的重要负荷，充放电过程对于电网的影响日趋明显。主要体现在：随机性充电对电网的冲击、对电能质量的影响、对电网规划的影响。

在经济与工业快速发展的带动下，电网的用电负荷也快速增长。由于用户用电时间段较集中，造成电网峰谷波动较大。电网在低谷时期设备大量闲置，高峰时期拉闸限电，这样做不仅降低了整体的经济效益，还造成了资源浪费。

一般情况下，电动车保有者选择充电的时间均是在下班以后、上班之前这段时间。17：00—19：00 是下班高峰，同时也是高峰电价的执行时段。假设车主均是理性的，不会在此阶段进行充电，而是会向电网反向供电，直至低谷电价开始时段才进行充电。对于峰谷电价，各地均有相关标准。由于 V2G 技术是新兴技术，对于放电价格缺少相关规定，作为模型的决策变量，设高峰充电电价为 P_1，低谷充电电价为 P_2，高峰放电电价为 P_3，其中 P_1 和 P_2 已知，且 $P_1>P_2$，$P_3>P_2$。

电动汽车在高峰时段的放电量为 F，在低谷时段的充电量为

$$D=q+P_1a-P_2b+P_3c \tag{2-38}$$

其中，D 为电动汽车在低谷时段的充电量；q 为无价格影响时电动汽车最大需求；a 为保有者对价格 P_1 的响应参数，$a>0$；b 为保有者对 P_2 的响应参数，$b>0$；c 为保有者对放电价格 P_3 的响应参数，$c>0$。

本书不考虑放电行为对电池的损失成本。

对电力公司而言，高峰时供电的成本为 C_1，低谷时供电的成本为 C_2。

为了表示 V2G 技术对电网错峰填谷的作用，现考虑在不向电网放电条件下，电动汽车保有者的充电需求 D'。

$$D'=q+P_1a-P_2b \tag{2-39}$$

对于电动汽车保有者而言，参与 V2G 之后，必须在保障日常出行的前提下权衡收益，日出行最低电量要求为 W。因此充电量和放电量要满足以下约束条件：

$$D \geqslant W \tag{2-40}$$

对于放电量，需满足以下约束：

$$F \leqslant D - W \tag{2-41}$$

假设电动汽车保有者的出行规律一定，每日的充电量均相同，则保有者归家后将电动汽车的全部剩余电量（为放电量的最大值）反向供给电网，这个最大值为昨日充电量与今日使用电量之差。

V2G 市场是一个以电力公司为主导者、以电动汽车保有者为跟随者的主从博弈模型。首先电力公司根据市场信息决策放电价格 P_3，电动汽车保有者在观测到放电价格信息后，决策放电量 F。

电力公司的收益函数 π_1 为

$$\pi_1 = D(P_2 - C_1) - FP_3 + \lambda(F + P_3 c) \tag{2-42}$$

即

$$\pi_1 = (q + P_1 a - P_2 b + P_3 c) \times (P_2 - C_1) - FP_3 + \lambda(F + P_3 c) \tag{2-43}$$

电动汽车保有者的收益函数 π_2 为

$$\pi_2 = FP_3 - DP_2 \tag{2-44}$$

即

$$\pi_2 = FP_3 - (q + P_1 a - P_2 b + P_3 c) \times P_2 \tag{2-45}$$

并且满足

$$D \geqslant W \tag{2-46}$$

$$F \leqslant D - W \tag{2-47}$$

首先求解第二阶段的博弈均衡。给定放电价格 P_3，电动汽车保有者选择 F 来使自己的收益最大化。由式（2-45）可以看出，π_2是关于 F 的单调增函数，当 F 取最大时，电动汽车保有者能取得最大 π_2。由式(2-46)和式（2-47）联立可得

$$F^* = q + P_1 a - P_2 b + P_3 c - W \tag{2-48}$$

$$\max \pi_2 = (q + P_1 a - P_2 b + P_3 c - W) \times P_3 - (q + P_1 a - P_2 b + P_3 c) \times P_2 \tag{2-49}$$

将式（2-49）代入式（2-43）求得

$$\max \pi_1 = (q + P_1 a - P_2 b + P_3 c) \times (P_2 - C_1 - \lambda - P_3) + (\lambda - W) \times P_3 + W\lambda \tag{2-50}$$

$$P_3^* = \frac{(P_2 - C_1) \times c - (q + P_1 a - P_2 b - W) + 2\lambda c}{2c} \tag{2-51}$$

当取 F^* 和 P_3^* 时，电动汽车保有者和电力公司均获得最大收益，此时获得博弈均衡。保有者的放电量随着 P_3 上升而增加，同时又受到剩余电量的限制。在计算电力公司收益时，不仅要考虑显性收支，同时要将电网避免的电网损耗计为收益一部分，使得在博弈过程中达到错峰填谷的目的。

2.4 主要观点

2.4.1 电动汽车充换电需求分析与预测

在目前国家大力支持、推广电动汽车发展的背景下，新增大规模的电动汽车带来的电力能源需求对于电网的影响值得分析和研究，对影响电动汽车发展推广的因素值得讨论。对电动汽车电力需求的分析和预测可以更好地辅助电力部门应对未来新增电动汽车带来的电力需求，为充换电设施规划建设和运营决策提供理论参考，因此具有非常重要的理论和现实意义。

本书的研究工作主要如下。

① 本书对电力需求预测及电动汽车充换电需求预测研究领域进行了整理和补充，分析了影响充电需求和换电需求的因素；对电力需求产生的时间和地点按照电动汽车用途类型不同、使用者不同及充电设施不同进行了介绍和对比，确立了按照用途类型的分类标准对电动汽车的市场规模和电力需求进行预测，研究证明了该分类标准适用性良好。

② 本书在 TEI@I 方法论的基础上建立了电动汽车市场规模预测模型。该模型将复杂的问题分解为结构化数据可以解释的部分和不规则影响因素可以解释的部分。考虑到电动汽车属于新兴产品，结构化数据较为缺乏，因此建立了间接的分析预测关系，通过对传统汽车市场的结构化数据分析及对新产品扩散模型的分析，间接得到电动汽车的主要发展趋势。其中对传统汽车市场的结构化数据分析过程，采用了组合预测模型，包括多元回归分析、指数平滑模型和 Logistic 模型，来分析汽车市场的线性变化趋势。采用了灰色系统模型来分析非线性趋势，并基于误差率进行了集成。对不规则影响因素的解释，通过文本挖掘归纳整理出影

响电动汽车市场规模的内外部影响因素，采用德尔菲法吸取各领域内专家的意见，得到不规则影响因素对电动汽车市场规模的影响范围。

③ 本书采用了全新的计算思路：预测电动汽车的电力需求，建立了基于车辆行驶规律的车辆行为模型。按照用途类型的分类标准，对电动公交车和电动出租车进行了换电需求的预测，对电动公务车和电动私家车进行了充电需求的预测。采用蒙特卡洛模拟方法得到电力需求曲线，通过与电力系统的日负荷曲线对比，指出预测结果对于电力系统规划和调控的意义。

本书的分析和预测研究具有一定的实用性，但因历史数据稀少，且目前电动汽车市场正处于政府调控的巨大影响之下，因此本书的研究是在一定假设条件下得出的结论，某些因素的影响考虑得略有不足，比如书中提到油价对于消费者购买行为及保有比例的影响，事实上创新系数和模仿系数会随着油价的变化而变化。因此在解决具体问题时，应进行更深入的分析。

2.4.2 充换电选址定容研究

1. 电动汽车充换电布局截流选址模型与算法

本书以电动汽车充换电站规划选址问题作为研究背景，利用截流选址理论，对城市电动汽车充换电站选址进行研究。

① 建立了适合电动汽车充换电站选址的数学模型。本书以截流选址模型为理论基础，并在此基础上加以改进，考虑了电动汽车充换电站不仅是服务设施，同时也是用电设施的特性，在约束条件中加入了充换电站初期建设成本、消费者接受的最大充电距离、电网允许充电负荷，以此建立了适合于电动汽车充换电站选址的数学模型。

② 截流选址模型及算法具有实用性及有效性。本书通过大、小两个规模的算例对已建立的数学模型进行求解，模型中的参数可通过实际情况赋予不同数值，大、小规模的两个算例都得到了充换电站位置的最优组合，因此本书设计的模型具有实用性及有效性。在模型求解过程中，小规模求解采用分支定界法，大规模求解采用粒子群优化算法。在大规模算法中，以充换电站可能位置组合为粒子，不断更新其位置和速度，在满足约束条件的情况下，达到截获最大消费者需求流量的目标，进而确定了电动汽车充换电站在交通网络中的建设位置。

③ 对电动汽车充换电站选址方案提出合理建议。在电动汽车充换电站进行选址建设时，需要对其选址原则进行考虑，同时还要与交通路网和城市电网的规划相符，并考虑充换电站设施安装费用、征地费用、消费者接受服务成本和电网允许充电负荷等因素。本书基于以上考虑，对电动汽车充换电站位置进行选址，在求解过程中分析建设不同数量的电动汽车充换电站对截获消费者需求量的影响，权衡设施数量递增带来的截获需求流量上升量与充换电站建设成本上升量，进而找到最优充换电站建设数量，对现实生活中充换电站的建设起到辅助决策作用。

2. 基于排队论的电动汽车充电站选址定容研究

本书结合排队论相关知识和现有选址理论知识，分析不同场景下电动汽车充电站的选址定容问题，建立不同需求模式下的电动汽车充电站选址定容问题。本书的研究中，假设电动汽车充电需要的产生服从泊松分布，充电时间服从负指数分布，即电动汽车充电站排队系统为 $M/M/n$ 模式。基于充电站的排队模型，通过分析、建模和数值实验等步骤，研究了不同条件下的充电站选址定容问题。本书主要研究了基于路径需求和基于点需求的电动汽车充电站选址定容问题。

（1）高速公路网络上的电动汽车充电站选址定容问题

高速公路网络上的电动汽车充电站选址定容问题，是一种基于路径需求的选址定容问题，以网络中的起点到终点路径中的电动汽车流为需求对象，研究了如何决策充电站地点和站内配备的充电桩数量，使得在最大容忍排队等待时间范围内网络中服务电动汽车充电需求最大的问题。

首先，介绍了不考虑时间效率的能量再补充截流选址模型——FRLM。该模型是由 Kuby 等人于 2005 年提出的，主要用于解决燃料可选择性的车辆进行能量再补充问题，该模型在截流选址模型的基础上，考虑了车辆行驶里程限制的约束，对电动汽车充电站选择有较大的适用性。本书在 FRLM 的基础上，给出最大容忍电动汽车充电排队等待时间，以此为约束条件，同样以服务的电动汽车数量为目标函数，建立了一个新的电动汽车充电站选址定容模型。利用启发式算法求解，并通过数值实验得到各个影响因子对实验结果的影响。

通过数值实验，可以看出：网络中被服务的电动汽车服务覆盖率先随着预算费用的增加而增加，随后保持不变，而且最大的服务覆盖率与电动汽车行驶范围直接相关，其结果与单纯的选址模型结果相等；在相同的预算费用条件下，充电桩服务速率越大，电动汽车的服务覆盖水平越高，即充电时间越快，站内需配备的充电桩数量将会减少，可建设的充电站数量增加，因此服务覆盖率得到提升。

（2）城区内的电动汽车充电站选址定容问题

城区内的电动汽车充电站选址定容问题，电动汽车充电需求产生于网络中的节点上，假设产生充电需求的电动汽车选择最近的充电站进行充电服务，在此基础上，研究如何选择充电站地址和配备的充电桩数量，使得在响应时间内充电站所服务的电动汽车数量最大化。

本书利用排队论知识，引入期望值模型，建立了一个以最大容忍响应时间之内充电站网络所处理的电动汽车充电需求数量的期望值最大化为目标函数的选址定容模型。利用遗传算法和贪婪算法进行求解，得到不同影响因素对实验结果的影响。

根据数值实验，可以得出以下结论：随着预算费用的增加、充电设施服务质量的提高，可用于建设的充电站或充电桩数量增加，接受充电需求的电动汽车数量也相应增加；在预算费用固定的情况下，充电桩的服务速率越大，单个充电桩单位时间内服务的电动汽车充电需求越多，因此交通网络中接受充电服务的电动汽车数量的期望值越大。

3. 基于免疫克隆算法的电动汽车充换电站选址定容研究

世界各国正加紧对新能源交通工具进行探索，电动汽车充换电站的选址定容研究对于电动汽车的普及与发展起着至关重要的支撑作用。基于此，本书所做的工作总结如下。

① 提出了综合型电动汽车充换电站建设的概念，根据电动汽车自身的特点，综合考虑人口、地理环境、交通流量等自然环境因素，同时又进一步考虑建设运行经济性、电网运行安全性、充换电需求可满足性、用户充换电便利性等主观影响因素。

② 将上述因素综合考虑后，建立了以综合充换电站建设运行成本、电网损耗成本、用户充换电过程能量损失成本最小化为目标的数学模型，在满足区域最大充换电需求、服务半径能力、电网可靠性、电池存储数量、变压器功率的约束下设计算法，求解计算。

③ 根据模型的特点，采用近几年一种新兴的算法——免疫克隆算法进行设计、编程。实例仿真结果证明，该算法对于充换电站选址问题具有很好的适应性，与遗传算法相比，可以快速地收敛于全局最优解，又比遗传算法具有更好的适应度。

④ 本书最后选取的实例是以北京市五环以内为研究范围，运用所建

立的模型，结合北京市人口数量、地理环境等多方面因素进行选址分析，最终从划分的31个充换电需求区域选出15个站址，即为运算出的最优解，又进一步对电池存储数量进行模型的敏感度分析，为北京市未来5年电动汽车设施建设提供了新的思路和方案。

4. 电动汽车充放电影响研究

为降低电动汽车保有者的持有者成本，推动电动汽车的市场推广，提高电力公司利用电动汽车动力电池中电能作为辅助服务的水平，本书构建了电动汽车保有者与电力公司关于辅助服务交易的V2G市场模式。本书基于V2G技术，考虑电动汽车充放电与电力公司的博弈。电动汽车的大规模充电对于电网的影响不容小觑，而V2G技术使电动汽车反向放电成为可能，这对于电网的峰谷调节有很显著的作用。在峰谷电价及用户出行规律已知的情况下，放电价格对于影响电动汽车保有者的充放电决策，本书采用非合作的主从博弈，电力公司为主导者，制定放电价格，保有者为跟随者，决定充放电量，博弈的结果使双方收益均最优。

参考文献

[1] SUGANTHI L，SAMUEL A A. Energy models for demand forecasting：A review [J]. Renewable and Sustainable Energy Reviews，2012，16（2）：1223-1240.

[2] LEE D H，PARK S Y，HONG J C，et al. Analysis of the energy and environmental effects of green car deployment by an integrating energy system model with a forecasting model [J]. Applied Energy，2012.

[3] 温月振，仇伟杰．石家庄电力消费弹性系数特征分析 [J]. 经济研究导刊，2008（10）：230-232.

[4] 周晖，陈丽萍，王玮．考虑经济周期影响的中长期电力需求分析与预测 [J]. 电力需求侧管理，2009，11（1）：8-12.

[5] 林伯强．结构变化、效率改进与能源需求预测：以中国电力行业为例 [J]. 经济研究，2003，5：57-65.

[6] LAKHANIAND H G，BUMB B. Forecasting demand for electricity in Maryland：An econometric approach [J]. Technological Forecasting and Social change，1978，11（3）：237-259.

[7] 蔡火娣，韩兆洲，马文超．对我国电力消费量的多元回归分析 [J]. 统计与决策，

2008 (14): 101-103.

[8] 戚岳，王玮，周辉．一种对计量经济学模型在应用中的改进办法 [J]. 工业技术经济，2008，27 (5): 91-94.

[9] AL-FAREIS A R. The demand for electricity in the GCC countries [J]. Energy Policy，2002，30 (2): 117-124.

[10] ERDOGDU E. Electricity demand analysis using cointegration and ARIMA modeling: A case study of Turkey [J]. Energy Policy，2006，15 (4): 107-114.

[11] 何晓萍，刘希颖，林艳苹．中国城市化进程中的电力需求预测 [J]. 经济研究，2009，1 (44): 118-130.

[12] ABRAHAM A，NATH B. A neuro-fuzzy approach for modeling electricity demand in Victoria [J]. Applied Soft Computing，2001，1 (2): 127-138.

[13] 姚李孝，宋玲芳，李庆宇．基于模糊聚类分析与 BP 网络的电力系统短期负荷预测 [J]. 电网技术，2005，29 (1): 20-23.

[14] DRUITT J，FRÜH W G. Simulation of demand management and grid balancing with electric vehicles [J]. Journal of Power Sources，2012，216: 104-116.

[15] TSAI-HSIANG C，RIH-NENG L. Analysis of charging demand of electric vehicles in residential area [C]. The International Conference on Remote Sensing，Environment and Transportation Engineering (RSETE 2013)，Atlantis Press，2013.

[16] KAZEROONI M，KAR N C. Impact analysis of EV battery charging on the power system distribution transformers [C]. Electric Vehicle Conference (IEVC)，2012 IEEE International，IEEE，2012: 1-6.

[17] VAN ZOEST P，LUKSZO Z，VELDMAN E，et al. Analysis of future electricity demand and supply in the low voltage distribution grid [C]. Networking，Sensing and Control (ICNSC)，2014 IEEE 11th International Conference on，IEEE，2014: 619-624.

[18] TOLOSANA-CALASANZ R，BANARES J A，CIPCIGAN L，et al. A distributed in-transit processing infrastructure for forecasting electric vehicle charging demand [C]. Cluster，Cloud and Grid Computing (CCGrid)，2013 13th IEEE/ACM International Symposium on IEEE，2013: 538-545.

[19] 张明霞，田立亭．一种基于需求分析的电动汽车有序充电实施架构 [J]. 电力系统保护与控制，2013，41 (3): 118-122.

[20] HONG X，PENG H，XIN A. Review of the research on the load demand analysis model of EVs charging [J]. Modern Electric Power，2012.

[21] PENG H，HONG X，XIN A. Comparative analysis about day-charge load demand model of EV [J]. Journal of Electric Power，2012.

[22] RASSAEI F, SOH W S, CHUA K C. A Statistical modeling and analysis of residential electric vehicles' charging demand in smart grids [C]. 2015 IEEE Conference on Innovation Smart Grid Technologies. pp. 1-5, Washington. D C, 2015.

[23] 张曦予，李秋硕，陶顺．电动公交车电站功率需求影响因素分析及建模 [J]. 现代电力，2014，31（1）：23-27.

[24] ZHANG X Y, XIAO X N. State Key Laboratory of Alternate Electrical Power System with Renewable Energy Sources, Charging power demand of electric taxi modeling and influence factors analysis [J]. Advanced Technology of Electrical Engineering and Energy, 2014.

[25] 吴春阳，黎灿兵，杜力．电动汽车充电设施规划方法 [J]. 电力系统自动化，2010，34（24）：36-39.

[26] QIAN K, ZHOU C, ALLAN M, et al. Load model for prediction of electric vehicle charging demand [C]. Power System Technology (POWERCON), 2010 International Conference on IEEE, 2010：1-6.

[27] QIAN K, ZHOU C, ALLAN M, et al. Modeling of load demand due to EV battery charging in distribution systems [J]. Power Systems, IEEE Transactions on 2011, 26（2）：802-810.

[28] TIAN L, SHI S, JIA Z. A statistical model for charging power demand of electric vehicles [J]. Power System Technology, 2010, 34（11）：126-130.

[29] 杨冰，王丽芳，廖承林．大规模电动汽车充电需求及影响因素 [J]. 电工技术学报，2013（2）：22-27.

[30] 刘蓰，刘继春．纯电动公交车充电需求特性分析 [J]. 科技传播，2013（12）.

[31] XYDAS E S, MARMARAS C E, CIPCIGAN L M, et al. Forecasting electric vehicle charging demand using support vector machines [C]. Power Engineering Conference (UPEC), IEEE, 2013：1-6.

[32] BAE S, KWASINSKI A. Spatial and temporal model of electric vehicle charging demand [J]. Smart Grid, IEEE Transactions on, 2012, 3（1）：394-403.

[33] JEWELL N, BAI L, NABER J, et al. Analysis of electric vehicle charge scheduling and effects on electricity demand costs [J]. Energy Systems, 2014, 5（4）：767-786.

[34] HADLEY S W, TSVETKOVA A A. Potential impacts of plug-in hybrid electric vehicles on regional power generation [J]. The Electricity Journal, 2009, 22（10）：56-68.

[35] LI G, ZHANG X P. Modeling of plug-in hybrid electric vehicle charging demand in probabilistic power flow calculations [J]. Smart Grid, IEEE Transactions,

2012, 3 (1): 492-499.

[36] GALUS M D, ANDERSSON G. Demand management of grid connected plug-in hybrid electric vehicles [C]. Energy 2030 Conference, ENERGY 2008, IEEE, 2008: 1-8.

[37] LEE J, PARK G L. Demand forecast for electric vehicle sharing systems using movement history archive [C] //KIM T H, RAMOS C, et al. Computer applications for modeling, simulation and automobile. Springer Berlin Heidelberg, 2012: 116-121.

[38] BEGGS S, CARDELL S, HAUSMAN J. Assessing the potential demand for electric cars [J]. Journal of econometrics, 1981, 17 (1): 1-19.

[39] DAZIANO R A, CHIEW E. Electric vehicles rising from the dead, Data needs for forecasting consumer response toward sustainable energy sources in personal transportation [J]. Energy Policy, 2012.

[40] BUNCH D S, BROWNSTONE D, GOLOB T F. A dynamic forecasting system for vehicle markets with clean-fuel vehicles [J]. University of California Transportation Center, 1995.

[41] BROWNSTONE D, BUNCH D S, GOLOB T F, et al. A transactions choice model for forecasting demand for alternative-fuel vehicles [J]. Research in Transportation Economics, 1996 (4): 87-129.

[42] GOLOB T F, BROWNSTONE D, BUNCH D S, et al. Forecasting electric vehicle ownership and use in the California South Coast Air Basin [R]. 1996.

[43] GLERUM A, STANKOVIKJ L, THÉMANS M, et al. Forecasting the demand for electric vehicles: accounting for attitude s and perceptions [R]. Technical report TRANSP-OR 120217, Transport and Mobility Laboratory, ENAC, EPFL, 2012.

[44] KURANI K S, TURRENTINE T, SPERLING D. Demand for electric vehicles in hybrid households: an exploratory analysis [J]. Transport Policy, 1994, 1 (4): 244-256.

[45] BARTH M, TODD M. User behavior evaluation of an intelligent shared electric vehicle system [J]. Transportation Research Record: Journal of the Transportation Research Board, 2001, 1760 (1): 145-152.

[46] KANG J E, RECKER W W. An activity-based assessment of the potential impacts of plug-in hybrid electric vehicles on energy and emissions using 1-day travel data [J]. Transportation Research Part D: Transport and Environment, 2009, 14 (8): 541-556.

[47] KIHM A, TROMMER S, HEBES P, et al. Maximum economic market potential

of PHEV and BEV vehicles in Germany in 2015 to 2030 under different policy conditions [C]. Institute of Vehicle Concepts, German Aerospace Center (DLR), International Advanced Mobility Forum, 2010.

[48] SHEPHERD S, BONSALL P, HARRISON G. Factors affecting future demand for electric vehicles: A model based study [J]. Transport Policy, 2012 (20): 62-74.

[49] SHRESTHA G B, ANG S G. A study of electric vehicle battery charging demands in the context of Singapore [C]. Power Engineering Conference, IPEC, International, IEEE, 2007: 64-69.

[50] YU Qiangqiang, HAN Xueshan, HAO Guangtao, et al. Battery Swapping Demand Analysis Considering Reserve Threshold [J]. Automation of Electric Power Systems, 2014, 10: 49-54.

[51] ZHANG C, MENG J, CAO Y. The adequacy model and analysis of swapping battery requirement for electric vehicles [C]. Power and Energy Society General Meeting, IEEE, 2012: 1-5.

[52] INAKI G, PANAGIOTIS P, SKARVELIS-KAZAKOS S, et al. Electric vehicle battery swapping stations, Calculating batteries and chargers to satisfy demand [C]. 3rd International Conference on Urban Sustainability, Cultural Sustainability, Green Development, Green Structures and Clean Cars, Barcelona, Spain, 2012: 119-124.

[53] GAO C, WU X, XUE F, et al. Demand planning of electric vehicle battery pack under battery swapping mode [J]. Power System Technology, 2013, 7: 1.

[54] 邓中伟，季民河．上海市出租汽车出行时空分布规律研究 [J]. 城市交通，2012，10 (1).

[55] WANG S Y. TEI@I: A New Methodology for Studying Complex Systems [Z]. The International Workshop on Complexity Science, Tsukuba, Japan, 2004.

[56] WANT S Y. Crude oil price forecasting with TEI@I methodology [J]. 系统科学与复杂性学报（英文版），2005，18 (2)：145-166.

[57] 汪寿阳，余乐安，黎建强．TEI@I 方法论及其在外汇汇率预测中的应用 [J]. 管理学报，2007 (1).

[58] 肖仁俊，李秀婷，吴迪．新疆能源需求总量预测：基于 TEI@I 方法论 [J]. 新疆财经大学学报，2012 (4)：19-24.

[59] 许利枝，汪寿阳．港口物流预测研究：基于 TEI@I 方法论 [J]. 交通运输系统工程与信息，2012 (2).

[60] 田歆，曹志刚，骆家伟．基于 TEI@I 方法论的香港集装箱吞吐量预测方法 [J]. 运筹与管理，2009，18 (4)：82-89.

[61] 范艳玮，杨莉，赵晓光．房地产市场预警体系研究及展望：局限性、研究方向及

基于 TEI@I 的预警构想 [J]. 商业研究，2007 (4).

[62] 郭琨，崔啸，王珏，等. “京十二条”房地产调控政策的影响：基于 TEI@I 方法论 [J]. 管理科学学报，2012 (4).

[63] 闫妍，许伟，部慧. 基于 TEI@I 方法论的房价预测方法 [J]. 系统工程理论与实践，2007，27 (7)：1-9.

[64] 李萌萌. 基于 TEI@I 方法论的青岛西海岸经济新区商品住宅价格预测研究 [D]. 青岛：青岛理工大学，2013.

[65] 张嘉为，索丽娜，齐晓楠. 基于 TEI@I 方法论的通货膨胀问题分析与预测 [J]. 系统工程理论与实践，2010，30 (12)：2157-2164.

[66] 田歆，余明珠，罗春林. 基于 TEI@I 方法论的零售物流系统绩效测度与综合评价方法 [C]. 中国系统工程学会学术年会，2014.

[67] MARE N. A note on long run automobile demand [J]. Journal of Marketing，1957，22 (1)：57-64.

[68] MOGRIDGE M J H. The prediction of car ownership [J]. Journal of Transport Economies and poliey，1967，1 (1)：52-75.

[69] 陈道平，刘伟. 中国汽车市场需求及其弹性和预测分析 [J]. 重庆大学学报，2005，28 (12)：138-142.

[70] 陈勇，孔峰. BP 神经网络预测全国私人汽车拥有量 [J]. 计算技术与自动化，2003，22 (3)：45-47.

[71] 李乃伟，卫海燕. 中国私人汽车拥有量灰色建模和动态预测：灰色建模和动态预测中模型波动分析 [J]. 山西师范大学学报：自然科学版，2005，19 (1)：108-112.

[72] 王旖旎. 中国汽车需求预测：基于 Gompertz 模型的分析 [J]. 财经问题研究，2005 (11)：43-50.

[73] 韦保仁，八木田浩史. 中国汽车保有量及年产量预测模型研究 [J]. 城市车辆，2004 (4)：21-24.

[74] 金赛男，苏良军. 我国轿车保有量的预测研究 [J]. 统计与决策，2006 (2)：50-60.

[75] 德勤公司. 全球消费者对电动汽车的购买意愿调查 [R]. 上海：德勤有限公司，2010.

[76] VIJAY M，MULLER E，BASS F M. Diffusion of new products：Empirical generalizations and managerial Uses [J]. Marketing Science，1995，14 (3).

[77] BECKER T A，SIDHU I，TENDERICH B. Electric vehicles in the United States：A new model with forecasts to 2030 [J]. Center for Entrepreneurship and Technology，University of California，Berkeley，2009，1.

[78] EWING G，SARIGÖLLÜ E. Assessing consumer preferences for clean-fuel

vehicles: A discrete choice experiment [J]. Journal of Public Policy & Marketing, 2000, 19 (1): 106-118.

[79] HIDRUE M K, PARSONS G R, KEMPTON W, et al. Willingness to pay for electric vehicles and their attributes [J]. Resource and Energy Economics, 2011, 33 (3): 686-705.

[80] 徐国虎，许芳．新能源汽车购买决策的影响因素研究 [J]. 中国人口资源与环境，2010，20 (11)：91-95.

[81] 马钧，冯庆．影响消费者购买纯电动车的因素研究 [J]. 上海汽车，2010 (2)：54-58.

[82] KATZ M L, SHAPIRO C. Network externalities, competition and compatibility [J]. American Economic Reciew, 1985 (3): 424-440.

[83] QIAN K, ZHOU C, ALLAN M, et al. Load model for prediction of electric vehicle charging demand [C]. International Conference on Power System Technology (POWERCON), 2010, 2.

[84] 靳莉．电动公交车电池状态与运营匹配关系研究 [D]. 北京：北京交通大学，2011.

[85] 刘明君，郭继孚，高利平．私人小汽车出行行为特征分析与建模 [J]. 吉林大学学报：工学版，2009 (S2).

[86] 石飞，陆振波．出行距离分布模型及参数研究 [J]. 交通运输工程学报，2008 (2)：110-115.

[87] 田立婷，史双龙，贾卓．电动汽车充电功率需求的统计学建模方法 [J]. 电网技术，2010，34 (11)：126-130.

[88] 罗卓伟，胡泽春，宋永华．电动汽车充电负荷计算方法 [J]. 电力系统自动化，2011，35 (14)：36-42.

[89] 郭春林，肖湘宁．电动汽车充电基础设施规划方法与模型 [J]. 电力系统自动化，2013，37 (13)：70-75.

[90] 寇凌峰，刘自发，周欢．区域电动汽车充电站规划的模型与算法 [J]. 现代电力，2010，27 (4)：44-48.

[91] 李海峰，康中敏．基于混合遗传神经网络的电动汽车充电站最优选址的研究 [J]. 四川电力技术，2012，35 (4)：49-52.

[92] 熊虎，向铁元．电动汽车公共充电站布局的最优规划 [J]. 电力系统自动化，2012，36 (23)：65-70.

[93] 张国亮．城市内和城市间电动汽车充电站的选址布局研究 [D]. 天津：天津大学，2011.

[94] 中国电力企业联合会电动汽车充电设施调研组 [R]. 我国电动汽车充电设施发展研究报告．2011.

[95] 周洪超，李海锋．基于博弈论的电动汽车充电站选址优化模型［J］. 科技和产业，2011，11（2）：51-54.
[96] 杨渊，张红霞．我国电动汽车消费者态度的测量和改变［J］. 科技情报开发与经济，2011，26（21）：144-146.

第3部分　北京市发展绿色建筑的激励政策与保障体系研究

3.1　研究背景与意义

3.1.1　研究背景

可持续发展、节约资源、保护环境是当今世界各国发展的重要战略目标之一。大力发展绿色建筑是实现可持续发展、节约资源、保护环境的重要战略途径，也是当前实现低碳城市建设、低碳城市运行的重要战略举措。绿色建筑是指在建筑的全寿命周期内，最大限度地节约资源（节能、节地、节水、节材）、保护环境和减少污染，为人们提供健康、适用和高效的使用空间，与自然和谐共生。目前，我国绿色建筑正处于快速发展阶段。截止到2014年12月31日，全国共评出2 538项绿色建筑评价标识项目，总建筑面积达2.9亿平方米，其中设计标识项目2 379项，占总数的93.7%，建筑面积为2.7亿平方米；运行标识项目159项，占总数的6.3%，建筑面积为1 954.7万平方米。根据国家《"十二五"建筑节能专项规划》，"十二五"期末新建绿色建筑达8亿平方米，城镇新建建筑20%以上达到绿色建筑标准的要求。

目前，北京市提出实施"人文北京、科技北京、绿色北京"的发展战略和建设"世界城市"的发展目标。根据《北京市国民经济和社会发展第十二个五年规划纲要》，"十二五"时期要全面实施"绿色北京"战略，把资源节约型和环境友好型社会建设作为转变经济发展方式的重要着力点，加快形成绿色生产体系和绿色消费体系，大幅提高首都生态文明水平和可持续发展能力；其中，要通过大力推广绿色建筑等手段大幅度提高建筑节能水平。《北京市"十二五"时期民用建筑节能规划》明确提出，2015年当年建设的绿色建筑面积占当年开工建筑面积的比例达到10%，"十二五"时期累计新建绿色建筑3 500万平方米；绿色建筑从单体建筑向绿色园区扩展，重要功能性园区建成绿色低碳园区，园区建筑应达到绿色建筑标准。近年来，北京频频出现雾霾天气，对人民群众的生命健康造成了严重影响，北京市政府面临越来越大的治理大气污染压力，而建筑耗能所排放的污染物是造成大气污染的重要来源之一。加快绿色建筑规模化发展，将会对北京市生态文明建设、绿色北京建设和治理大气污染产生积极作用。因此，绿色建筑规模化发展将成为北京“十二五”时期实施“绿色北京”发展战略的重要任务之一。

由于绿色建筑的开发建设需要增加额外成本，致使房地产开发商（或建设单位）不会主动开发绿色建筑，购房者（使用者）不会主动购买（使用）绿色建筑。因此，北京市“十二五”时期绿色建筑规模化发展面临着绿色建筑供给动力不足、消费需求不旺的“两难”困境。

3.1.2 研究意义

鉴于上述背景，本项研究对北京市绿色建筑开发建设与使用阶段的增量成本、绿色建筑全寿命期内的增量经济与环境效益进行了系统分析，对北京市发展绿色建筑的经济激励机制进行了系统研究，提出了北京市鼓励绿色建筑发展的经济激励政策及保障体系，为北京市政府制定发展绿色建筑相关政策提供理论基础和参考依据。

3.2 文献综述

目前，国内外有许多学者致力于绿色建筑效益评价、激励政策等方面开展研究，研究领域主要集中在以下方面。

1. 绿色建筑经济、环境与社会效益分析

Nalewaik、Alexia 等认为绿色建筑会带来有形和无形的效益，随着资源能源价格的提高，资源能源成本节约将会使绿色建筑产生显著的经济效益。Ries Robert 以新建绿色工厂为案例，定量分析了绿色工厂带来的经济环境效益，主要包括提高工作效益、增强人体健康、减少运营成本、节省能源、减少维修成本等。案例研究表明绿色工厂能提高工作效率 25%，节约能源 25%。Kats 认为绿色建筑带来的效益包括节能、节水、减少废物排放，提高室内环境质量，提高员工的舒适度和工作效率，减少健康成本和降低设备运行和维修成本，并重点研究了绿色建筑的节能效益、健康效益和提高工作效率的效益。

2. 绿色建筑技术应用增量成本问题

Kats 等通过对美国的 33 栋绿色建筑与同类型的常规建筑成本进行对比研究，发现绿色建筑平均增量成本仅为每平方英尺 3～5 美元，平均绿色成本增加率仅为 1.84%，如表 3-1 所示。

表 3-1 绿色建筑认证等级与平均绿色成本增加率

认证等级	平均绿色成本增加率
1 级——认证级	0.66%
2 级——银级	2.11%
3 级——金级	1.82%
4 级——铂金级	6.50%
33 栋建筑平均	1.84%

Peter Morris 收集了 221 个建筑物的建造成本数据（包括教学楼、实验室、图书馆、社区中心等建筑），通过比较单位建造成本，发现即使是同一类型的建筑物，建造成本差别也很大；建造成本差别主要取决于物业类型；通过 LEED 认证的绿色建筑和未实施 LEED 认证的建筑物都存在高成本和低成本之分。Zhang 等对中国绿色建筑发展实践中的绿色技术应用成本和障碍问题进行了研究，通过开展 3 个案例分析，得出采用被动设计策略比采用主动设计策略的绿色技术应用成本要相对便宜，认为当前高初始投入成本是阻碍绿色建筑技术应用和推广的最大障碍。孙大明等对 18 个参与绿色建筑认证项目（9 个公共绿色建筑、9 个居住绿色建筑）的增量成本进行了统计分析，发现影响增量成本较大的因素分别为：可再生能源应用（48.20%）、围护结构节能（23.20%）、建筑智能化（16.10%）、室内环境控制（7.50%）、中水利用与雨水收集（2.60%）。程志军等采用“单位面积增量成本”和“增量成本比”这两个成本指标计算分析了绿色建筑的增量成本，得出一星级、二星级、三星级绿色建筑的单位面积增量成本分别为 41 元/m^2、111 元/m^2、242 元/m^2，同时一星级、二星级、三星级绿色建筑的增量成本比分别为 1.0%、2.2%、3.4%。柴宏祥等提出了绿色建筑节水项目全生命周期增量成本构成及其计算模型，并通过案例研究得出某绿色建筑住宅小区节水示范项目的单位建筑面积直接增量成本为 21.0 元/m^2，单位建筑面积

全生命周期增量成本为 31.5 元/m^2。李云舟等建议采用被动式节能技术优化绿色建筑设计，以低建造成本增量实现理想状态下低建筑运行能耗的目的，在保证良好的居住舒适度的前提下，降低建筑全寿命周期中的资源及能源消耗量，实现绿色建筑成本增量的短期回收。

3. 绿色建筑技术应用成本效益评价

Kats 等对通过 LEED 认证的 33 个绿色建筑在 20 年研究期内的增量效益现值与增量成本进行分析（见表 3-2），得出绿色建筑的增量效益是其增量成本的 10 倍以上，认为绿色建筑具有明显的财务效益。

表 3-2　绿色建筑财务效益调查汇总　　单位：ft^2

序号	种　类	20 年 NPV
1	节约能源价值	$5.79
2	减排污染物价值	$1.18
3	节约水资源价值	$0.51
4	废弃物价值（仅建设期）——1 年	$0.03
5	试运转、运行及维修价值	$8.47
6	生产效率和健康价值（认证级和银级）	$36.89
7	生产效率和健康价值（金级和铂金级）	$55.33
8	减去绿色成本费用	$4.00
9	总计 20 年的 NPV（认证级和银级）	$48.87
10	总计 20 年的 NPV（金级和铂金级）	$67.31

武倩仪系统地研究了绿色建筑的成本和效益，构建了绿色建筑经济效益评价框架及评价指标体系，推导了绿色建筑节能技术和节水技术的经济效益测算公式，最后以万科四期项目经济效益分析为实例，对示范项目进行增量成本、经济效益的测算和经济性评价，评价结果显示出绿色建筑存在良好的经济效益。李静等从全生命周期角度出发，从节地、节能、节水、节材、室内、运营 6 个方面对绿色建筑的增量成本与增量效益进行研究，构建了绿色建筑全生命周期增量成本与效益模型，提出绿色建筑全生命周期的综合效益由综合效益净现值和增量成本效益比两个指标体现，并运用实例对绿色建筑综合效益进行了分析，表明绿色建筑具有经济可行性。刘玉明运用建设项目经济评价理论对绿色建筑节能技术应用的成本效益评价问题构建了理论模型，并进行了实际案例分析，

并依据评价结果判断绿色建筑节能技术应用的经济可行性。

3.3 我国绿色建筑发展概况

3.3.1 我国绿色建筑评价相关政策法规

我国绿色建筑起步较晚。2001年10月我国第一部生态住宅评估标准《中国生态住宅技术评估手册》出台；2004年，在科技部和北京市科委的领导和支持下，清华大学建筑学院等8个单位完成了《绿色奥运建筑评估体系》；2006年，住房和城乡建设部组织编制了《绿色建筑评价标准》；2007年8月出台了《绿色建筑评价技术细则（试行）》和《绿色建筑评价标识管理办法》；2008年4月，由住房和城乡建设部科技发展促进中心与绿色建筑专委会共同成立绿色建筑评价标识管理办公室，负责绿色建筑评价标识的管理工作；2012年住建部和财政部联合出台了《关于加快推动我国绿色建筑发展的实施意见》（财建〔2012〕167号），建立健全了发展绿色建筑的体制机制。2013年1月，国家发展改革委、住房和城乡建设部联合发布《绿色建筑行动方案》（国办发〔2013〕1号），明确绿色建筑行动方案的主要目标是新建建筑和既有建筑节能改造，其中“十二五”期间，要完成新建绿色建筑10亿平方米；到2015年年末，20%的城镇新建建筑达到绿色建筑标准要求。2013年4月住房和城乡建设部发布《“十二五”绿色建筑和绿色生态城区发展规划》（建科〔2013〕53号），提出“十二五”时期绿色建筑发展的主要目标，具体包括：实施100个绿色生态城区示范建设；政府投资的保障性住房及大型公共建筑，2014年起率先执行绿色建筑标准；2015年起，直辖市及东部沿海省市城镇的新建房地产项目力争50%以上达到绿色建筑标准等。

1. 绿色建筑评价标准

2006年，住房和城乡建设部组织中国建筑科学研究院、上海市建筑科学研究院、中国城市规划设计研究院等单位编制了《绿色建筑评价标准》（GB/T 50375—2006）。《绿色建筑评价标准》用于评价住宅建筑和办公建筑、商场、宾馆等公共建筑，是按照全寿命周期原则制定。绿色建筑要求在建筑全寿命周期内，最大限度地节能、节地、节水、节材与保护环境，同时满足建筑功能。

绿色建筑评价指标体系由节地与室外环境、节能与能源利用、节水与水资源利用、节材与材料资源利用、室内环境质量和运营管理六类指标组成。各大指标中的具体指标分为控制项、一般项和优选项三类。其中，控制项是评为绿色建筑的必备条款；优选项主要指实现难度较大、指标要求较高的项目。对同一对象，可根据需要和可能分别提出对应于控制项、一般项和优选项的指标要求。根据建筑所在地区、气候与建筑类型等特点，符合条件的项数可能会减少，对一般项数和优选项数的要求可按比例调整，这具有较大的灵活性。

2. 绿色建筑评价标识

2007 年 10 月，住房和城乡建设部发布了《绿色建筑评价标识管理办法》及《绿色建筑评价技术细则》，正式启动了我国绿色建筑评价工作，结束了我国依赖国外标准进行绿色建筑评价的历史。该评价标识工作是经过官方认可的，具有唯一性。自此以后，我国绿色建筑的称号要经过权威评价并颁发标识。

依据《绿色建筑评价技术细则》，绿色建筑评价标识要根据六大技术体系对住宅与公共建筑进行考核，即节地与室外环境、节能与能源利用、节水与水资源利用、节材与材料资源利用、室内环境质量及运营管理，并且根据考核内容对这六个方面执行标准的情况予以判定，对六个方面的权重系数选择适宜的数据，最后予以归纳评价。

绿色建筑评价标识分为“绿色建筑设计评价标识”和“绿色建筑评价标识”。其中，“绿色建筑设计评价标识”是对处于规划设计阶段和施工阶段的住宅建筑和公共建筑，按照《绿色建筑评价标识管理办法》进行评价标识，标识有效期为两年。“绿色建筑评价标识”是对已竣工并投入使用 1 年的住宅建筑和公共建筑，按照《绿色建筑评价标识管理办法》进行评价标识，标识有效期为 3 年。

3.3.2 我国绿色建筑评价标识实践

第一批获得绿色建筑设计评价标识的 6 个项目分别是：上海市建筑科学研究院绿色建筑工程研究中心办公楼工程、深圳华侨城体育中心扩建工程、中国 2010 年上海世博会的世博中心工程、绿地汇创国际广场准甲办公楼工程、金都·汉宫工程和金都城市芯宇工程。这标志着由政府部门主导的绿色建筑评价正式启动，结束了我国依赖国外标准进行绿色建筑评价的历史。

2009 年 6 月，绿色建筑评价标识管理办公室出台了《一、二星级绿色建筑评价标识管理办法（试行）》，针对有一定发展的绿色建筑工作基础，依据《绿色建筑评价标准》，制定出台了当地绿色建筑评价相关标准的省、自治区、直辖市、计划单列市，均可开展本地区一、二星级绿色建筑评价标识工作。

截止到 2014 年 12 月 31 日，全国共评出 2 538 项绿色建筑评价标识项目，总建筑面积达 2.9 亿平方米。其中，设计标识项目 2 379 项，占总数的 93.7%，建筑面积为 2.7 亿平方米；运行标识项目 159 项，占总数的 6.3%，建筑面积为 1 954.7 万平方米。2014 年取得绿色建标识的有 1 092个项目，总建筑面积达 1.28 亿平方米。根据 79 个已获得我国绿色建筑标识项目的主要技术指标，住宅小区平均绿地率达 38%，平均节能率约为 58%，非传统水资源平均利用率约为 15.2%，可再循环材料平均利用率约为 7.7%，综合效益显著。截止到 2010 年年底，我国绿色建筑实践的主要技术指标如表 3-3 所示。

表 3-3　我国绿色建筑发展的主要技术指标

项目数量/个	79 个，其中 42 个公建项目，37 个住宅项目
星级	一星级项目 17 个，二星级 38 个，三星级 24 个
面积/万 m^2	697.6
开发利用地下空间/万 m^2	151.1
住区平均绿地率	37.6%
建筑平均节能率	58.34%
节能量①	0.45 亿 kW·h（折合标煤 1.54 万 t/a）
减排 CO_2	4.04 万 t/a
非传统水源平均利用率	15.2%
非传统水源利用量/（万 t/a）	140.05
可再循环材料平均利用率	7.74%
可再循环材料平均利用量/(万 t)	1 812.62

续表

一星级	住宅项目的增量成本/(元/m^2)	60
	公共建筑项目的增量成本/(元/m^2)	30
	静态回收期	1～3 年
二星级	住宅项目的增量成本/(元/m^2)	120
	公共建筑项目的增量成本/(元/m^2)	230
	静态回收期	3～8 年
三星级	住宅项目的增量成本/(元/m^2)	300
	公共建筑项目的增量成本/(元/m^2)	370
	静态回收期	7～11 年

注：① 与节能 50%的"参照建筑"相比较。

数据来源："十二五"建筑节能专项规划（征求意见稿）（建办科函〔2012〕25 号）。

根据住房和城乡建设部办公厅《关于 2012 年全国住房城乡建设领域节能减排专项监督检查建筑节能检查情况的通报》（建办科函〔2013〕202 号），截止到 2012 年年底，全国共有 742 个项目获得了绿色建筑评价标识，建筑面积为 7 543 万平方米，其中 2012 年当年有 389 个项目获得绿色建筑评价标识，建筑面积达 4 094 万平方米。上海、江苏、深圳等省市在保障性住房建设中，全面强制推广绿色建筑。天津市中新生态城、河北省唐山市唐山湾新城、江苏省无锡市太湖新城、湖南省长沙市梅溪湖新城、重庆市悦来生态城、贵州省贵阳市中天未来方舟生态城、云南省昆明市呈贡新区、深圳市光明新区等被确定为首批示范绿色生态城区。

3.3.3 《绿色建筑评价标准》与美国 LEED 评价体系的对比

1. LEED 评价体系

LEED 主要通过 6 个方面对绿色建筑进行考察，包括：可持续发展场地（sustainable sites）、水资源利用效率（water efficiency）、能源与大气（energy and atmosphere）、材料与资源（materials and resources）、室内环境质量（indoor environmental quality）、创新与设计（innovation & design process）。总得分是 69 分，分 4 个认证等级。一个 LEED 评估项目如果满足了所有评估前提的要求，根据所得分数情况，可以分为四个级别：认证级，26～32 分，满足至少 40%的评估要点要求；银级，33～

38 分，满足至少 50%的评估要点要求；金级，39～51 分，满足至少 60%的评估要点要求；铂金级，52 分以上，满足至少 80%的评估要点要求。

2. 我国的绿色建筑评价体系

我国的《绿色建筑评价标准》的指标体系由节地与室外环境、节能与能源利用、节水与水资源利用、节材与材料资源利用、室内环境质量、运营管理六类指标及创新项组成，每类指标包括控制项、一般项和优选项。绿色建筑等级的项数要求如表 3-4 和表 3-5 所示。

表 3-4　划分绿色建筑等级的项数要求（居住建筑）

等级	一般项数（共 40 项）						优选项数（共 9 项）
	节地与室外环境（共 8 项）	节能与能源利用（共 6 项）	节水与水资源利用（共 6 项）	节材与材料资源利用（共 7 项）	室内环境质量（共 6 项）	运营管理（共 7 项）	
★	4	2	3	3	2	4	—
★★	5	3	4	4	3	5	3
★★★	6	4	5	5	4	6	5

表 3-5　划分绿色建筑等级的项数要求（公共建筑）

等级	一般项数（共 40 项）						优选项数（共 14 项）
	节地与室外环境（共 6 项）	节能与能源利用（共 10 项）	节水与水资源利用（共 6 项）	节材与材料资源利用（共 8 项）	室内环境质量（共 6 项）	运营管理（共 7 项）	
★	3	4	3	5	3	4	—
★★	4	6	4	6	4	5	6
★★★	5	8	5	7	5	6	10

注：标注三星级的比例，以说明这一级别满足条款数量的难易程度。

我国的《绿色建筑评价标准》在整体框架上借鉴了美国的 LEED 评价体系，但在具体内容和评分机制、评价方法等方面又与 LEED 截然不同，表 3-6 对二者进行了简单的对比分析。我国的《绿色建筑评价标准》在建筑物六大系统上是有权重要求的，每一个系统只有满足控制项要求才能继续参评，否则不予考虑，综合考虑了建筑物的各个层面要求。而LEED评价体系是以总分制参评，如果在节能方面做得不够好，可以在其他方面弥补，就有可能出现通过LEED认证的建筑不节能的情况。

表3-6 《绿色建筑评价标准》与LEED评价体系比较

项目	LEED评价体系	《绿色建筑评价标准》
特点	• 具有透明性和可操作性 • 指标要素考虑了可持续的要求 • 对管理方面的规划、方案要求较高	• 重点突出“四节”和“一环保” • 定性与定量相结合 • 体现过程控制
评价对象	• 新建和已建的商业住宅、公共住宅和高层住宅建筑	• 住宅建筑和公共建筑中的办公建筑、商场建筑和旅馆建筑（如果是新建建筑，要求使用一年以后才能进行评价）
评分机制	• 共69个得分点，分四级：通过，26～32分；银级，33～38分；金级，39～51分；铂金级，52～69分	• 绿色建筑必须满足控制项的要求。按照满足一般项和优选项的程度，绿色建筑被划分为三个等级

3.4 北京市绿色建筑发展现状及存在的主要问题

3.4.1 北京市绿色建筑发展现状

1. 北京市发展绿色建筑的政策法规

北京市发布的与绿色建筑相关的地方标准主要有：《绿色建筑评估标准》（DBJ/T 01-101—2005）、《绿色建筑评价标准》（DB11/T 825—2011）、《北京市绿色施工管理规程》《节约型居住区指标》《绿色照明工程技术规程》《村镇住宅太阳能采暖应用技术规程》《“绿色北京”行动计划》（2010—2012）、《北京市“十二五”时期绿色北京发展建设规划》《北京市“十二五”时期民用建筑节能规划》等。其中，《北京市绿色施工管理规程》是国内建设工程绿色施工管理领域中的第一部地方级标准规程；《北京市“十二五”时期绿色北京发展建设规划》是北京市“十二五”时期国民经济和社会发展规划体系的综合专项规划之一。该规划提出：“十二五”时期，新建居住建筑实施75%的节能设计标准，推行绿色建筑标准，政府投资的新建、改建建筑和新规划的重点功能园区原则上全部采用绿色建筑标准，推动绿色建筑由单体向园区集群扩展，最大限度地节能、节水、节地、节材，力争绿色建筑规模达到3 500万平方米。《北京市“十二五”时期民用建筑节能规划》是北京市“十二五”时期一般专项规划，该规划提出：2015年当年建设的绿色建筑面积占当年开工建筑面积的比例达到10%，“十二五”时期累计新建绿色建筑3 500万平方米；绿色建筑从单体建筑向绿色园区扩展，重要功能性园区建成绿色低碳园区，园区建筑应达到绿色建筑标准。

2. 北京市发展绿色建筑的实践

目前，北京市绿色建筑处于由点向面发展阶段。2009年，金隅上河名居小区通过低能耗建筑测评，中石化大楼、密云县建委办公楼被住房和城乡建设部授予星级能效标识，北京国际花卉物流港被批准为绿色建筑示范工程。“十一五”时期，北京市19个项目获得国家绿色建筑设计标识和LEED绿色建筑认证，14个项目被批准为全国绿色建筑示范工程和低能耗示范工程项目，总面积161.84万平方米。其中，奥运村通过了LEED绿色建筑认证。未来科技城、丽泽金融商务区和海淀北部新区等重要功能区启动了绿色建筑园区的试点示范。截止到2009年年底，累计采用浅层地能和热泵技术采暖的新建城镇民用建筑2 000万平方米，太阳能采暖的民用建筑30万平方米，民用建筑安装太阳能集热器500万平方米。建成600余座农村太阳能公共浴室，解决了京郊20万农民冬季洗浴问题。2013年，北京市通过绿色建筑评价标识认证的项目共17项，总建筑面积209.44万平方米，其中公建项目9项，住宅项目8项。截止到2013年12月，北京市累计通过绿色建筑评价标识认证的项目达59项，建筑面积637.96万平方米；其中公建项目32项，建筑面积239.39万平方米；住宅项目27项，建筑面积398.57万平方米；设计标识52个，运行标识7个，26个项目为三星级标识项目。

3.4.2 北京市绿色建筑发展存在的主要问题

纵观北京市绿色建筑发展现状，主要存在以下问题。

1. 消费者对绿色建筑的有效需求不足

首先，北京市当前的城市发展水平决定了绿色建筑不是消费者购房时的重要参考依据。北京作为一个国际特大型城市，其目前城市发展水平的基本现状是：交通比较拥堵，城市基础设施分布不太均衡，城市不同区域的工作、上学、生活、医疗等配套设施差别较大。因此，消费者在进行购房决策时，主要考虑建筑物区位、交通状况、基础设施、周围环境等因素，至于建筑物本身是否是绿色建筑不是一个重要参考依据。

其次，消费者购买使用绿色建筑的经济激励机制没有有效形成。由于与绿色建筑相关的配套政策和制度没有建立和有效实施，导致购买使用绿色建筑的经济激励作用得不到有效发挥。主要表现如下：目前建筑物运行的资源能源价格偏低，供热计量收费制度没有全面推开，建筑资源能源消耗存在平均主义，导致绿色建筑节约资源和能源的优点对消费者缺少足够的吸引力；目前对建筑物运行过程中产生的污染物收费较低，同时没有对建筑物运行给环境造成的生态影响和破坏征收环境税或生态税，导致绿色建筑的环保生态效益得不到发挥。

最后，消费者的“绿色理念”比较淡薄，对市场上的绿色建筑持怀疑态度。目前，政府和相关社会机构对绿色建筑理念与基础知识的宣传、推广严重不足，消费者在购买住房时的节能、节水、节地、节材、环保、生态等“绿色理念”普遍比较淡薄。同时，许多房地产开发商的虚假宣传和过度宣传，导致消费者对绿色建筑存在怀疑心态，于是就不愿意出更高价格购买绿色建筑。

由此可见，制定绿色建筑经济激励政策时，在绿色建筑需求端，应重点考虑如何有效地刺激消费者购买绿色建筑，这是解决绿色建筑有效需求不足、推广绿色建筑规模化发展的关键前提。

2. 绿色建筑供给端动力不足

首先，绿色建筑开发的关键技术与设计标准、绿色建材、工艺设备、施工方法等尚处于发展阶段，距大规模的市场推广有待时日。目前，推广绿色建筑的设计、施工等方面的相关技术标准体系还不完善和成熟，绿色建筑开发建设还处于起步阶段，与绿色建筑相关的设备材料供给不足，且价格一般会比普通建材增加10%～30%。同时，绿色建筑发展的关键技术之一——节能技术，如建筑物用能系统（主要是采暖、空调和照明系统）尚未方便、实用、经济地实现。因此，北京市目前还缺乏大规模推广绿色建筑的技术与物质基础。

其次，“劣币驱赶良币”效应导致房地产开发商没有动力开发绿色建筑。假如有些房地产开发商可能真正按照绿色建筑标准进行房地产开发建设，并把绿色建筑作为广告营销的一个卖点而提高房屋销量；而另外一些房地产开发商看到“打绿色建筑牌”能够促进房地产销售，于是将自己开发的非绿色建筑也宣传为绿色建筑，这样既可以省去绿色建筑开发的增量成本，又可以增加房地产销售业绩，于是会有越来越多的房地产开发商纷纷效仿，将自己开发的非绿色建筑在广告宣传中标榜为绿色建筑，进行虚假宣传，误导消费者购房。由于在房屋买卖市场中，买卖双方存在严重的信息不对称，消费者无法鉴别真正的绿色建筑和虚假宣传的绿色建筑，导致消费者对开发商宣传的绿色建筑存在怀疑心态，于是就不愿意出更高价格购买绿色建筑。房地产开发市场这种博弈的结果是：对虚假宣传的房地产开发商而言，既不会因为虚假宣传而被惩罚，又可以获得虚假宣传带来的好处，于是会有越来越多的房地产开发商虚假宣传自己开发的就是绿色建筑；而对真正开发绿色建筑的开发商而言，既要承担开发绿色建筑的增加成本，又不能获得开发绿色建筑的增量收益（因为消费者无法鉴别是否是绿色建筑，从而不愿意付出更高的购买价格），于是真正开发绿色建筑的开发商会越来越少。上述博弈结果导致“劣币驱赶良币”效应发生，开发商不愿意开发真正的绿色建筑，而虚假宣传开发的是绿色建筑的会越来越多，导致开发商没有动力开发绿色建筑。

由此可见，制定绿色建筑经济激励政策时，在绿色建筑供给端，应重点考虑如何有效激励绿色建筑的关键技术标准与规范体系、绿色建材与设备的供给，以及如何对真正的绿色建筑提供权威的评价标识，这是解决绿色建筑供给不足、推动绿色建筑规模化发展的关键前提。

3.5 国外发展绿色建筑的经济激励体系

3.5.1 美国绿色建筑经济激励体系

美国的住宅建筑全部采用以煤气为燃料的分户供暖空调措施，房屋本身的节能水平与消费者的日常支出具有极大的关系。因此，在美国建筑节能是一个非常市场化的指标。美国把市场引导放在更为重要的位置，大量采用经济激励措施推动建筑节能及绿色建筑的推广。美国政府颁布了绿色建筑标准，成立了美国绿色建筑委员会（USGBC），推出了领先性能源与环境设计评估体系（LEED评估体系），为绿色建筑发展提供了一部可度量、具体化的市场解决方案。美国发展绿色建筑的主要经济激励措施如下。

1. 税收优惠政策

根据建筑采用的节能型设备能效指标的不同，减税额度分别为10%和20%。比如，节能型洗衣机、热水器减免50～200美元，地热采暖、太阳能热水和采暖系统最多可减免1 500美元。此外，美国各州政府还根据当地的实际情况，分别制定了地方节能产品税收减免政策。比如，美国纽约州就设有绿色建筑税收优惠政策，纽约“宽频”建筑和发展公司在哈莱姆区修建了一栋有129个单位的“绿色智能公寓”，所有购买这些公寓的业主在5年内可以获得2.4万美元的退税。

2. 抵押贷款政策

美国一些贷款机构在居民购买经“能源之星”认证的建筑时，采取抵押贷款、返还现金、降低利息等措施，刺激居民购买经“能源之星”认证的住宅。美国住房和城市发展部也提供了便于独户住宅翻新或装修时节省能源的高能源效率房屋抵押贷款。在可再生能源利用方面，美国各州也采取了相应措施，比如加利福尼亚州为安装太阳能系统的居民提供占成本7.5%的贷款。

3. 财政补贴政策

2001年，美国有56个州级政府部门和公用事业等组织实施高效家用电器和照明器具补贴，补贴总额达1.133亿美元。太平洋燃气电力公司2001年用于补贴（折让）的费用达2 500万美元。每件器具的补贴金额为：电冰箱75～125美元，房间空调器50美元，洗衣机75美元，紧凑型荧光灯3.50～6.25美元，细管荧光灯2.30～4.25美元。在纽约州向商业组织和个人征收的绿色建筑税为建筑一体化太阳能光伏发电（BIPV）项目提供100%的增量成本补贴，向非BIPV项目提供25%的增量成本补贴，上限是额定功率每瓦补贴3美元。宾夕法尼亚州的能源成果补贴计划则是为可再生能源的推广拨出500万美元的预算，并且对项目的规模没有限制。

美国绿色建筑推动示意图如图3-1所示。

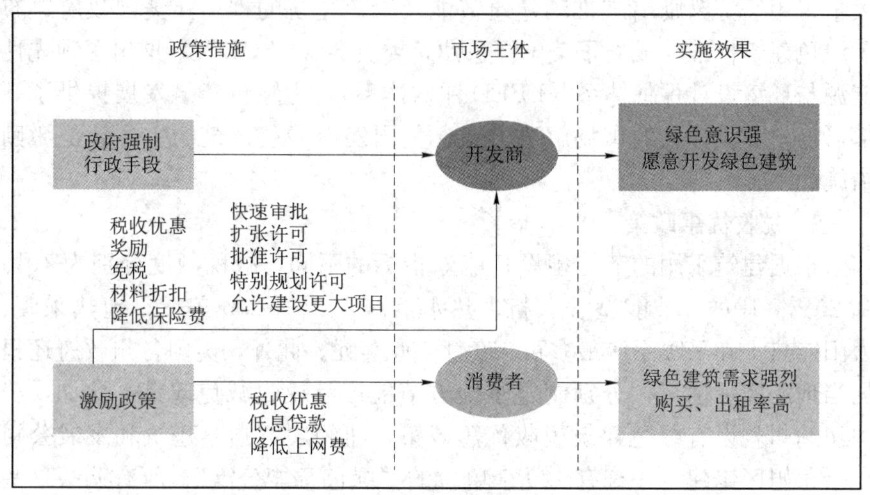

图 3-1 美国绿色建筑推动示意图

3.5.2 德国绿色建筑经济激励体系

1. 发展绿色建筑措施

目前，德国并未单独针对绿色建筑制定相关法律，而是主要依靠绿色建筑节能信息传播和宣传、技术研究及发展，此外还采取了经济激励措施。德国积极发展低能耗和超低能耗的绿色建筑，如供热能耗为 15 kW·h/(m^2·a)的太阳能被动式房屋，以零能耗、零排放建筑为未来的目标。德国的被动房屋研究所一直致力于“被动房屋”(passive house) 的研究和设计，提供技术支持，为德国被动房屋颁发证书，并建立了德国被动房屋数据库网站。为了使房屋达到低能耗，被动房屋应从保温性能、三层玻璃、通风系统的热回收率、围护结构的气密性、防止热桥效应五个方面进行控制。通过以上几个方面，达到被动房屋最终的基本衡量指标。

2. 经济激励措施

德国采取的经济激励措施包括以下几种。

① 提高年租金政策。为了减少室内采暖能耗而修改了租金条例，条例规定按照投资金额确定以一定的百分比来提高年租金，使房主能从节能方面的投资中得到足够的补偿。

② 低息贷款政策。国家银行系统提供低息贷款，资助节能技术的应

用。例如，UFW银行支持的“十万住宅太阳能发电项目”，特别是对于低收入社会群体给予较大资助；DTA银行支持环保节能措施的项目；各州政府的支持计划；建筑师以优惠价格向老建筑提供节能措施的咨询；私人企业支持科研和节能应用等。

③ 税收政策。1999年，德国开始实行生态环保税收改革，目的是降低能耗，鼓励新电源技术的研发，并创造面向未来的新就业机会。1999年，政府适当地提高了汽油和建筑采暖用油的税率。环境税收改革通过逐步降低雇主和雇员的养老保险金——完全退还给纳税人开始进行的。生态税的制定减轻了企业和个人的税收负担，而加强了能源消耗的税收。实行这样一套相当复杂而巧妙的税收政策，大大提高了能源的价格，提高了社会各界节约能耗的积极性，促进了各种节能技术的研发应用，同时又不增加广大民众的负担。

3.5.3 英国绿色建筑经济激励体系

英国采用经济和政策的手段对绿色建筑进行扶持。一方面，政府对没有达到设计规范所规定的环保要求的新建项目进行处罚；另一方面，对于积极使用绿色技术的建设项目给予审批上的优先权和一定的经济资助，包括减免土地增值税和发放低息贷款等。英国早先制订了“洁净天空和太阳能”计划，2006年更名为“低碳建筑”计划，对安装太阳能蓄热、小型风力发电、地热和生物能源等装置的项目给予一次性的财政补贴。该计划的预算每年达600万英镑。

3.5.4 日本绿色建筑经济激励体系

日本政府为了鼓励对新能源的使用，推行住宅用太阳能发电补助金制度。另外，日本在保证生态空间、有效利用能源、废弃物处理、关心人的健康、材料的选择和规划方面都有一系列的政策和措施，具体包括：日本经济产业省每年都有专项资金用于补贴家庭能源管理系统、能源服务公司（ESCO）及采用高效热水器等；对节能、环保、绿色产品（包括建筑物）实行特别折旧（包括加速折旧）和税收减免的优惠；制定相关政策，可以享受银行的政策性低息贷款；精神奖励；政府投入开发节能、环保、绿色等新技术。

3.5.5 国外绿色建筑经济激励政策总结

1. 国外绿色建筑经济激励政策汇总

国外发展绿色建筑的经济激励政策汇总如表 3-7 所示。

表 3-7 国外绿色建筑经济激励政策汇总

政策措施	特 点
税收减免	实行低税，甚至给予一定时期和范围的免税
加速折旧	加大对固定投资的前期应纳税扣除额，以延期纳税的优惠方式
开征新税	对不同能耗产业、耗能和环境污染行为相应地开征能源税或者环境税，通过征税或差异税率来加大其生产成本，促使企业工艺和设备更新和优化
低息贷款	通过政策性银行贷款或给予财政贴息
现金回扣补贴	对购买、使用节能、节水和环保产品和设备的用户直接给予财政补贴
政府采购	通过直接购买的方式，引导和示范相关产品的使用，促进技术商业化和快速普及，提供一定的市场，通过扩大生产规模和降低产品流通和营销成本，降低技术的成本
抵押贷款	购买和使用大型、符合一定认证标准的产品（包括建筑物）时，购买者可向有关机构申请抵押贷款
科研资助	对节能、节水和环保技术的研究开发与推广使用给予一定的资金支持与政策优惠，分担一定的技术研究与推广方面的风险
收费	提高生产成本，促使外部成本内部化，促进相应的投资，改善生产和消费
中介机构扶持	对咨询、服务、信息处理与传播及产品能效标准认证等有关节能的中介机构，提供一定的经费资助或税收优惠，以促进相关技术、意识和信息的规范化与普及
资源协议	工业界整体或单个企业在自愿的基础上，为提高能效、水资源利用率和环保与政府签订的一种协议，政府给予承诺方某种形式的激励

2. 国外绿色建筑经济激励政策的特点

（1）制定行政法案和强制性行业规范

很多国家都通过立法手段来制定建筑业必须达到的最低标准。当然，发达国家的建筑行业大多是由私有性质的协会来领导的，因此任何强制性的措施只有和自愿性很好地结合才是有效的。

（2）运用财政补贴、税收调节等经济杠杆

一些国家政府采取了必要的鼓励措施，补偿绿色建筑的初期投入是适当的。相对于建筑业的巨大投资，补助和减免税收的数额是微不足道的，但是经济补偿可以影响投资者的行为，可以用来作为减少负面行为的工具。

（3）绿色建筑标志和建筑物分级计划

很多国家开展了建筑物分级计划，用来区分各种建筑物的性能水平。这些本质上都是一种分类标志，用来向消费者传递重要信息。如果市场认同，那么就可以发掘建筑物设计和运行方式重大改善的潜力。这是公共管理有效施加于私有领域的有益尝试。

（4）吸引社会投资，建立示范计划

吸引社会资金参与绿色建筑计划是把社会关注的问题和个人价值有效整合的一种投资方式。具体是指由私人承包能源改善方案，其回报从节能收益中收取。这样可以使政府部门不花钱或少花钱，避免预算上的麻烦。另外，政府可以建立示范项目，推广使用新技术和新材料，通过实实在在的例子展示绿色建筑的性能优势，降低发展绿色建筑中的不确定性和风险。

3.6 北京市发展绿色建筑的经济激励与保障体系现状

3.6.1 我国发展绿色建筑的经济激励政策现状

《中华人民共和国固定资产投资方向调节税暂行条例》是唯一出台的与绿色建筑相关的优惠政策的法规，即节能建筑可以减免固定资产投资方向调节税。但该法规于2001年1月1日停止执行，此税种也随之终止。2008年4月1日起施行新修订的《节约能源法》，第四十条规定：国家鼓励在新建建筑和既有建筑节能改造中使用新型墙体材料等节能建筑材料和节能设备，安装和使用太阳能等可再生能源利用系统。该条款是鼓励在建筑中应用可再生能源的规定，但不属于强制性规定；同时，《节约能源法》没有明确提到关于鼓励发展绿色建筑的相关规定。2004年建设部制定了《全国绿色建筑创新奖管理办法》和《全国绿色建筑创新奖实施细则》。从2006年开始，建设部会同财政部开展了可再生能源在建筑中的应用工作，中央财政对示范项目给予资金补助，建立了可再生能源建筑应用示范管理办公室，全面推进可再生能源在建筑中的应用工作。2007年，建设部颁布了《绿色建筑评价标识管理办法》（试行）和《绿色建筑评价标识实施细则》（试行），对于那些经过评审、认证获得绿色建筑评价标识的申请单位，将会给予一定的鼓励措施和激励政策。

2012年住房和城乡建设部及财政部联合出台《关于加快推动我国绿色建筑发展的实施意见》（财建〔2012〕167号），该文件规定：建立健全绿色建筑标准规范及评价标识体系，引导绿色建筑健康发展，包括健全绿色建筑标准体系，完善绿色建筑评价制度，加强绿色建筑评价能力建设；建立高星级绿色建筑财政政策激励机制，引导更高水平绿色建筑建设，具体包括建立高星级绿色建筑奖励审核、备案及公示制度，对高星级绿色建筑给予财政奖励，对经过上述审核、备案及公示程序且满足相关标准要求的二星级及以上的绿色建筑给予奖励，2012年奖励标准为二星级绿色建筑45元/m^2（建筑面积，下同），三星级绿色建筑80元/m^2。该政策的出台对加快推动我国绿色建筑发展将起到非常积极的推动作用。

2014年国家发布了《关于在政府投资公益性建筑及大型公共建筑建设中全面推进绿色建筑行动的通知》《国家新型城镇化规划（2014—2020年）》《能源发展战略行动计划（2014—2020年）》和《关于印发2014—2015年节能减排降碳发展行动方案的通知》等文件，均强调绿色建筑的重要性，进一步保障了绿色建筑的推广发展。2014年是全面落实国家绿色建筑行动方案的一年，全国共有28个省市发布地方绿色建筑行动实施方案。2014年国家颁布了新版的《绿色建筑评价标准》（GB/T 50378—2014）。

3.6.2 北京市发展绿色建筑的经济激励政策现状

目前，北京市提出实施“人文北京、科技北京、绿色北京”的发展战略和建设“世界城市”的发展目标。其中，发展绿色建筑是北京实施“绿色北京”发展战略的重要任务。2010年7月1日施行的《北京市实施〈中华人民共和国节约能源法〉办法》是北京市目前唯一鼓励发展绿色建筑的地方法规。该法规第四十四条规定：本市推广绿色建筑标准；鼓励、支持新建民用建筑执行绿色建筑标准；鼓励、支持既有民用建筑通过改造达到绿色建筑标准。同时，北京市住建委将发展绿色建筑列为建筑节能的六大领域之一。

2013年，北京市发布《北京市人民政府办公厅关于印发发展绿色建筑推动生态城市建设实施方案的通知》，提出四个全国“率先”的发展目标：率先新建项目执行绿色建筑标准，率先实现居住建筑75%的节能目标，率先将绿色生态指标纳入土地招拍挂，率先要求编制和实施绿色生态规划；计划“十二五”期间创建至少10个绿色生态示范区、至少10个5万平方米以上绿色居住区，并推动绿色生态村镇试点。

2014年，北京市政府办公厅向全市转发市住房和城乡建设委等部门制定的《北京市绿色建筑行动实施方案》，要求相关部门结合实际全面开展绿色建筑行动。该方案提出了抓好新建建筑节能工作、推进既有建筑节能综合改造、开展城镇供热系统节能、加快绿色建筑相关技术研发推广等10项重点任务。

3.6.3 北京市发展绿色建筑保障体系现状

1. 保障体系基本现状

（1）法规、标准保障体系

目前，北京市发布的与发展绿色建筑相关的地方法规、标准情况如下：《北京市实施〈中华人民共和国节约能源法〉办法》《绿色建筑评价标准》（DB11/T825—2011）《北京市绿色施工管理规程》《节约型居住区指标》《绿色照明工程技术规程》《村镇住宅太阳能采暖应用技术规程》《“绿色北京”行动计划（2010—2012）》《北京市“十二五”时期绿色北京发展建设规划》《北京市“十二五”时期民用建筑节能规划》《北京市人民政府办公厅关于印发发展绿色建筑推动生态城市建设实施方案的通知》（2013）、《北京市绿色建筑行动实施方案》（2014）等。其中，《北京市实施〈中华人民共和国节约能源法〉办法》是北京市目前唯一鼓励发展绿色建筑的地方法规，该法规第四十四条规定：本市推广绿色建筑标准；鼓励、支持新建民用建筑执行绿色建筑标准；鼓励、支持既有民用建筑通过改造达到绿色建筑标准；同时，北京市住建委将发展绿色建筑列为建筑节能的六大领域之一。另外，《北京市绿色施工管理规程》是国内建设工程绿色施工管理领域中的第一部地方级标准规程。

(2) 体制机制保障体系

“十一五”期间，北京市与绿色建筑发展相关的体制机制保障体系情况如下：实行了固定资产投资项目节能评估审查制度、公共建筑空调温度调控的监督检查制度、新建工程施工图设计文件建筑节能审查结果备案制度、建筑节能专项验收备案制度、房屋销售过程建筑节能信息公示制度；进一步加强了对新建工程设计与施工环节执行建筑节能设计标准的监督执法，加强了对建筑节能材料与产品质量的监督执法；出台了对既有建筑和供热系统节能改造的资金补助政策、对农民新建抗震节能型住宅与既有住宅节能改造的资金补助政策、对可再生能源建筑应用项目的资金补助政策及对合同能源管理项目的资金补助政策；在 2 200 万平方米公共建筑、191 万平方米居住建筑开展了供热计量收费改革的试点。

(3) 材料技术保障体系

“十一五”期间，北京市与绿色建筑发展相关的材料技术保障体系情况如下：公共建筑用电分项计量数据远传监测技术、气候补偿烟气热回收等集中供热系统节能技术、太阳能辅助采暖与建筑一体化应用技术、浅层地能与污水源热泵建筑供热技术规模化推广；承重保温复合混凝土砌块、木塑模板墙板和再生混凝土骨料及制品等建筑材料在工程中成功应用，墙体材料革新工作向进一步保证建筑节能需求和促进资源循环利用方向发展；断桥铝合金、玻璃钢等节能门窗的性能进一步提高；住宅产业化综合技术研究取得成果，启动了规模化的工程示范。

2. 北京市绿色建筑发展保障体系存在的主要问题

“十一五”期间，北京市虽然出台了一些与鼓励绿色建筑发展相关的政策措施，但目前仍面临以下主要问题。

① 当前北京市政府出台的许多保障措施主要是针对推动建筑节能工作的，对鼓励发展绿色建筑的保障作用有限，这会导致这些保障措施对鼓励绿色建筑发展的激励作用不足。

② 当前北京市发展绿色建筑的保障体系很不健全，而且有些是临时性的保障措施，难以支持目前北京市绿色建筑的发展形势。

③ 如果“十二五”时期北京市不针对发展绿色建筑制定系统有效的保障措施，将难以实现《北京市“十二五”时期民用建筑节能规划》所提出的绿色建筑发展战略目标与任务。

3.7 北京市“十二五”时期发展绿色建筑激励政策的总体思路与框架

3.7.1 绿色建筑政策设计的总体思路

鼓励发展绿色建筑的政策体系设计的总体思路是以“胡萝卜政策”为主，辅以“大棒政策”。首先，政府要实施绿色建筑经济激励措施，包括对绿色建筑供给端（包括绿色建筑开发商、绿色建筑技术与设备等）的激励和对绿色建筑消费端（绿色建筑与设备的购买者、使用者）的激励等，培养绿色建筑市场，发挥市场调节和配置绿色建筑的基础性作用；其次，要加强对绿色建筑的开发、评价与标识等过程的监管，严格控制绿色建筑的评价标识和等级评定，避免滥竽充数者扰乱绿色建筑市场秩序；最后，随着绿色建筑市场的逐步成熟，政府将逐步降低对发展绿色建筑的扶持力度，加大对高能耗建筑在开发、使用过程中的惩罚力度，从反向对发展绿色建筑进行激励。

3.7.2 绿色建筑经济激励政策的设计原则

（1）目标导向性原则

目标导向性原则是指绿色建筑经济激励政策的设计应围绕经济激励目标展开，一切措施都应以调动相关主体参与绿色建筑开发、运营、使用的积极性和培育绿色建筑房地产市场为目标。

（2）灵活性原则

灵活性原则是指绿色建筑经济激励政策应能够随着公众节能环保意识、节能技术和产品、绿色建筑市场开发及运营成本等因素的变化及政策实施效果的反馈，及时进行调整和修改，不能一成不变。

（3）有效性原则

有效性原则是指必须确保绿色建筑经济激励政策是有效的，即通过政策的实施能够有步骤、按计划地达到经济激励政策的阶段性目标，以期最终实现全社会的可持续发展。

（4）可行性原则

可行性原则是指绿色建筑经济激励政策是可行的，政策的制定应符合市场经济运行机制、适合建筑节能和社会经济发展现状，并充分考虑实施过程中可能遇到的风险及解决办法，确保能够顺利推行。

3.7.3 绿色建筑激励政策框架体系

绿色建筑激励政策体系的基本框架如下：首先从激励主体、激励对象、激励方法、激励模式和激励强度五个方面设计绿色建筑激励政策内容；其次区分绿色建筑市场不同发展阶段来设计绿色建筑政策内容。绿色建筑激励政策的基本框架如图 3-2 所示。

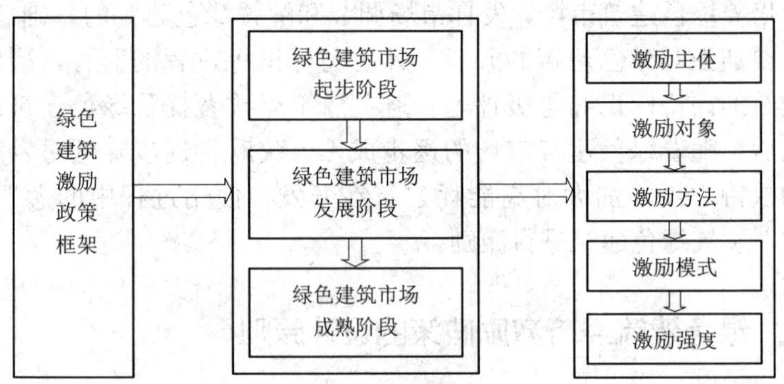

图 3-2　发展绿色建筑激励政策的基本框架

下面主要介绍激励主体、激励对象和激励模式三个方面。

1. 发展绿色建筑的激励主体

在绿色建筑市场起步阶段，激励主体主要是政府；在绿色建筑市场发展阶段，激励主体主要是政府与市场；在绿色建筑市场成熟阶段，激励主体以市场为主、政府为辅。

2. 发展绿色建筑的激励对象

绿色建筑开发与运营涉及诸多环节的相关利益主体，包括政府、房地产开发商、规划设计单位、施工单位、监理单位、材料设备供应商、绿色建筑购买者与消费者、物业管理单位等，如图 3-3 所示，其中房地产开发商（建设单位）、绿色建筑购买者与消费者是核心激励对象，规划设计单位、材料设备供应商、施工单位、监理单位、物业管理单位等是辅助激励对象。

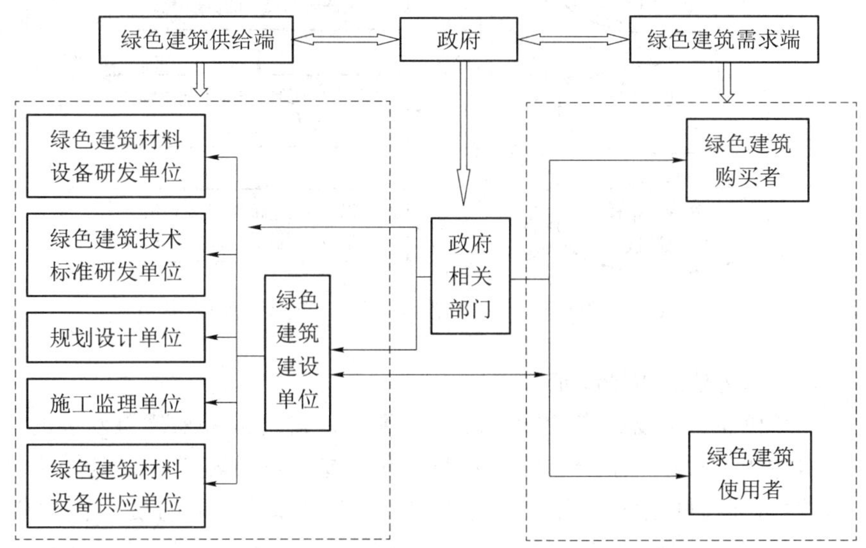

图 3-3　绿色建筑各利益相关主体关系示意图

从北京市绿色建筑的发展现状看，一方面缺乏有效需求，另一方面缺乏供给动力，因此导致绿色建筑刚刚起步。可能的激励政策类型主要有两类：一类是需求拉动型激励政策，即对消费者（购房者）实施激励，引导消费者购买绿色建筑，从而形成对绿色建筑的较强需求，通过市场需求拉动开发商开发绿色建筑；另一类是供给推动型激励政策，即直接对房地产开发商实施激励，通过行政手段和经济手段相结合的方式，促使开发商开发绿色建筑，增加绿色建筑的市场供给量。

消费者从本质上来说是绿色建筑产品的最终投资者、最终需求者，是建筑市场的重要主体，其对绿色建筑产品的需求引导着建筑市场提供绿色建筑产品，需求拉动供给，是发展绿色建筑最直接的市场引导方式，因此消费者应作为激励对象的重点。

3. 发展绿色建筑的激励模式

在绿色建筑市场发展的不同阶段，供给端和需求端对绿色建筑的需求和动机不同，激励政策对供给端和需求端的激励效果也会不同，因此应根据绿色建筑市场发展的不同阶段采取不同的激励模式，如图 3-4 所示。

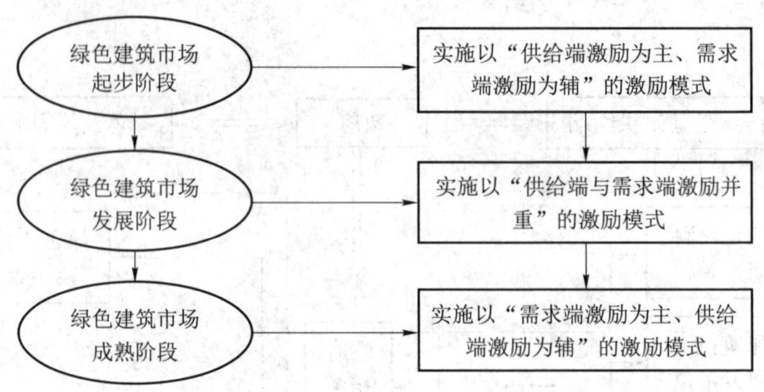
绿色建筑市场
起步阶段
实施以“供给端激励为主、需求端激励为辅”的激励模式
绿色建筑市场
发展阶段
实施以“供给端与需求端激励并重”的激励模式
绿色建筑市场
成熟阶段
实施以“需求端激励为主、供给端激励为辅”的激励模式

图 3-4　基于“三个阶段”的绿色建筑激励模式

（1）绿色建筑市场起步阶段

在绿色建筑市场起步阶段，由于看到绿色建筑是未来建筑发展的方向，房地产开发商为了抢占绿色建筑先机，参与绿色建筑开发的积极性相对较高，同时房地产开发商相对于绿色建筑购买者，具有资金、技术、市场等方面的优势，开发绿色建筑的边际成本相对较低。因此，在绿色建筑市场起步阶段，应实施以“供给端激励为主、需求端激励为辅”的激励模式，重点考虑对绿色建筑开发商的激励，尤其要重点考虑对那些绿色建筑开发热情很高、具有一定经济实力但又急需国家支持的房地产开发商的激励，制定相应的激励政策，充分发挥“利益驱动”效应，增加绿色建筑产品的供给，启动绿色建筑开发市场。

（2）绿色建筑市场发展阶段

随着北京市供热计量收费制度的逐步实施和能源价格的不断上涨，以及消费者节能意识的不断提高，市场对绿色建筑的需求会不断增加。因此，在绿色建筑市场发展阶段，应实施以“供给端与需求端激励并重”的激励模式，同时对绿色建筑的供给端和需求端进行政策激励。

（3）绿色建筑市场成熟阶段

随着北京市建筑节能政策法规、技术标准、市场服务体系的不断完善，开发商和消费者对绿色建筑的偏好会越来越强，对绿色建筑的市场激励作用会不断增强，对高能耗建筑的市场惩罚作用也会不断增强。因此，在绿色建筑市场成熟阶段，应实施以“需求端激励为主、供给端激励为辅”的激励模式，通过加强对绿色建筑需求端的政策激励，拉动绿色建筑的市场需求。

3.8 北京市“十二五”时期发展绿色建筑的激励政策建议

3.8.1 绿色建筑供给端的激励政策建议

1. 实施“强制供给与激励供给”相结合的激励政策

（1）短期内的激励政策

基于北京市的城市发展现状、住房消费理念及房地产市场供求现状，绿色建筑在发展中存在供给动力不足、消费需求不旺的“两难”困境。在此背景下，短期内可实施“低星级绿色建筑强制供给、高星级绿色建筑激励供给”的激励政策模式，即在北京市有条件的区（县）开展强制性推广绿色建筑的试点工作，要求新建建筑至少达到绿色建筑一星级评价标识，其他区（县）至少要在政府投资建筑、保障房建设项目和大型公建项目全面推行绿色建筑标准；同时对建成后达到高星级（二、三星级）绿色建筑评价标识的，给予适当的经济奖励。通过实施“强制供给与激励供给”相结合的激励政策模式，发挥行政机制和市场机制的联动效应，能加快形成北京市绿色建筑规模化供给的良好局面，对北京市生态文明建设、绿色北京建设和治理大气污染尽快发挥积极作用。

（2）长期内的激励政策

从长期看，当北京市绿色建筑达到一定规模且发展绿色建筑的关键技术条件已经成熟时，则应该实施“强制供给”的激励政策，即北京市所有城镇的新建建筑全面推行绿色建筑标准，至少达到绿色建筑一星级评价标识；对北京市核心城区、近郊区（县）的三星级绿色建筑开发建设给予适当的财政、信贷和税收优惠政策；对北京市远郊区（县）的二、三星级绿色建筑开发建设给予适当的财政、信贷和税收优惠政策。

2. 设立发展绿色建筑专项资金

财政专项资金是指由财政部门安排的具有专门指定用途或特殊用途的资金。鉴于发展绿色建筑的重要性及其在北京市还处于最初的发展阶段，绿色建筑的市场化程度较低，资金缺口较大，可考虑从土地出让金或房地产销售环节的税费中按照适当比例提取，设立发展绿色建筑专项资金，利用发展绿色建筑专项资金加大对绿色建筑开发与使用环节的补贴或奖励。绿色建筑专项资金的具体使用方向如下。

① 以科研经费的形式鼓励相关主体从事与绿色建筑有关的研究工作。一是研究绿色建筑技术，比如外墙外保温技术体系、可再生能源利用技术体系、非传统水源利用技术体系、节水绿化灌溉技术体系等，并形成绿色建筑技术体系目录；二是开发绿色建筑产品，比如节水器具、节能电器、Low-E玻璃等，并形成绿色建筑产品目录；三是资助建立绿色建筑技术产品认证机构；四是搭建绿色建筑技术产品推广平台，通过开展技术产品博览会、业务洽谈会等形式，推动绿色建筑技术产品的推广。

② 对使用绿色建筑技术产品推荐使用目录的房地产开发项目，给予适当的贷款贴息、担保补贴等。

3. 墙改专项基金使用向发展绿色建筑倾斜

"墙改专项基金"是发展新型墙体材料专项基金的简称，它从1986年开始就设立了。征收墙改基金的目的在于增加使用黏土质墙材的成本，引导和支持非黏土质新墙材的研发、生产和应用。由于绿色建筑具有节地、节材、节水、节能与环境保护的特点，符合墙体材料专项资金的使用范围。因此，"十二五"时期北京市应将墙改专项基金更多地向符合绿色建筑标准的墙体材料使用倾斜，利用墙改专项基金支持绿色建筑技术研发和高星级（如二星级、三星级）绿色建筑开发；同时，绿色建筑作为低耗能建筑，可以享受墙改专项基金的部分或全部返还。

4. 在土地出让金上给予高星级绿色建筑开发优惠政策

鉴于绿色建筑的特征之一是节地，房地产开发企业开发绿色建筑会少交部分土地出让金。为进一步激励开发商节地，政府可以规定：在建设项目的立项、规划、土地出让阶段将绿色建筑开发要求纳入项目批复的前置条件；针对开发商应交纳的土地出让金，可根据开发项目节地多少给予一定比例的土地出让金的优惠。若房地产开发企业在建筑设计阶段较好地满足了绿色建筑设计要求，主管部门将降低一定额度的土地出让金；对建成后获得绿色建筑高星级评价标识（如三星级标识）的绿色建筑，在土地出让金上给予适当的返还，以此来鼓励房地产开发商重视绿色建筑开发。

5. 对高星级绿色建筑开发给予税收优惠政策

房地产开发项目涉及的税收种类包括营业税、土地增值税、城市维护建设税、教育附加费、企业所得税等。对房地产开发项目竣工后按照绿色建筑标准进行检测认证达到高星级绿色建筑评价标识的，房地产开发商（或建设单位）可以享受营业税和土地增值税等方面的优惠政策。

（1）营业税优惠政策

房地产开发商（或建设单位）享受营业税优惠政策的内容如下。

① 对于新建绿色建筑，按照房地产开发商开发绿色建筑相对于开发节能率为65%新建建筑的增量成本为基数，给予一定比例的营业税优惠。

② 对于既有建筑节能改造达到绿色建筑标准的，按照房地产开发商开发绿色建筑相对于改造节能率为50%既有建筑的增量成本为基数，给予一定比例的营业税优惠。

对于新建建筑，营业税优惠额的具体计算公式如下。

营业税优惠额=(绿色建筑增量成本−节能率为65%的新建建筑增量成本)×开发面积×优惠比例

对于既有建筑，营业税优惠额的具体计算公式如下。

营业税优惠额=(绿色建筑增量成本−节能率为50%的既有建筑改造增量成本)×改造面积×优惠比例

建议在绿色建筑市场起步阶段，营业税优惠比例可以高一些，比如为10%；随着绿色建筑市场的不断发展和成熟，营业税优惠比例逐步降低。

（2）城市维护建设税、教育费附加

房地产开发商（或建设单位）缴纳的城市维护建设税、教育费附加按照下列计算公式给予优惠。

城市维护建设税优惠额=(正常营业税额−优惠后的营业税额)×适用税率

教育费附加=(正常营业税额−优惠后的营业税额)×3%

（3）土地增值税、城镇土地使用税

对房地产开发商开发的高星级绿色建筑，增值额未超过扣除项目金额20%的，在出售时免征土地增值税。对房地产开发商（或建设单位）开发的高星级绿色建筑，建议在绿色建筑市场起步阶段，免征城镇土地使用税；在绿色建筑市场发展阶段，减征城镇土地使用税；在绿色建筑市场成熟阶段，全额征收城镇土地使用税。

6. 对高星级绿色建筑开发给予信贷优惠政策

根据《北京市实施〈中华人民共和国节约能源法〉办法》第六十一条的相关规定，为了鼓励市场主体利用信贷资金进行高星级绿色建筑开发，“十二五”时期北京市应根据实际情况，与政策性银行、商业银行等金融机构合作在地方政府权限范围内制定鼓励绿色建筑发展的信贷优惠政策，主要内容应包括：优惠方式，如低息贷款、无息贷款和贴息贷款等；优惠对象，针对绿色建筑的投资建设主体；资金来源，优惠贷款的资金来源主要是通过政府公共财政预算予以解决，也可以通过建立绿色建筑基金予以解决；政府提供信贷担保，政府应为绿色建筑投资建设主体提供信贷担保，以便其能够方便地获得信贷资金。

3.8.2 绿色建筑需求端的激励政策建议

北京市绿色建筑规模化发展最终要靠市场对绿色建筑的大量有效需求来拉动，同时绿色建筑节电、节水、节能等综合效益主要是通过运营期绿色消费来实现的。如果没有很好的绿色建筑消费激励政策引导，即便是绿色建筑也可能出现“绿色建筑不绿色”现象。从长远看，应实施“强化需求激励、弱化供给激励”的绿色建筑消费激励政策，综合运用财税、金融、价格等经济手段，发挥市场配置绿色建筑供求的基础性作用，形成以市场有效需求拉动绿色建筑规模化发展的良性循环。

1. 增加政府对绿色建筑的采购

在政府工程类采购中，建筑物（指新建、改建、扩建、装修、拆除、修缮等）采购金额占较大的比重，为了引导市场行为主体积极开发绿色建筑，政府工程类采购中，在采购成本控制范围内应尽可能购买绿色建筑。这样既可以通过政府采购行为来扩大绿色建筑市场需求，也可以使政府发挥率先垂范的作用，从而实现推动绿色建筑市场发展的目的。

同时，北京市政府在积极推进经济适用房、保障性住房建设时，在选择开发商过程中，首先明确房屋在设计、施工、运营、管理等各个环节必须满足部分的绿色建筑要求，比如优先使用绿色建筑技术、产品等；同时，将绿色建筑的增量成本与绿色建筑所带来的节能效益、环境效益、社会效益三者之和进行比较，如果前者小于或等于后者，那么将优先采用绿色建筑方案进行开发。

2. 鼓励企事业单位建设绿色建筑或进行绿色建筑改造

鼓励北京市有关机关、企事业单位在本单位的新建建筑或既有建筑改造项目中，按照绿色建筑的标准进行规划、设计和施工，竣工后按照绿色建筑标准进行检测认证。政府主管部门对通过绿色建筑认证的项目给予奖励或承担检测认证费用。

3. 税收优惠政策

绿色建筑的购买、使用、出售与转让环节涉及的税收种类包括契税、房产税、印花税等。

(1) 契税优惠政策

契税是一种重要的地方税种。契税的计税依据为不动产的价格，在税率设计上采用3%～5%的幅度税率，各省、自治区、直辖市可以在这个范围内自行确定各自的适用税率。在消费环节，契税是消费者购买住房时必交的一个税种，而且这一税种与其他税种的相关性不强。因此，北京市在鼓励消费者购买高星级绿色建筑时，可在住房购买环节考虑实行优惠契税政策。

建议在绿色建筑市场起步阶段，对于购买绿色建筑的消费者给予增量成本一定比例的契税减免，其具体计算公式如下。

契税减免额度=(绿色建筑增量成本－节能率为65%的新建建筑增量成本)×建筑面积×减免比例

建议在绿色建筑市场发展和成熟阶段，对购买绿色建筑的消费者给予增量成本一定比例的契税减免，其具体计算公式如下。

契税减免额度=(绿色建筑增量成本－节能率为75%的新建建筑增量成本)×建筑面积×减免比例

(2) 房产税优惠政策

对企事业单位开发使用的高星级绿色建筑，实行优惠的房产税政策。实行“从价计征”房产税的，按照下列公式给予税收优惠。

全年应纳房产税=应税房产原值×(1－扣除比例)×1.2%×优惠比例

实行“从租计征”房产税的，按照下列公式给予税收优惠。

全年应纳房产税=租金收入×12%×优惠比例

对消费者购买的高星级绿色居住建筑，建议在绿色建筑市场起步阶段，对买来自住或出租的，免征房产税；在绿色建筑市场发展和成熟阶段，实行优惠的房产税政策。

(3) 印花税优惠政策

对消费者购买的高星级绿色居住建筑，建议在绿色建筑市场起步阶段，对买来自住或出租的，免征印花税；在绿色建筑市场发展和成熟阶段，实行优惠的印花税政策。

4. 财政补贴优惠政策

对于绿色居住建筑购买及运营期内的房屋维修、设备更新给予适当的财政补贴。财政补贴可以考虑以下方式：一是基于绿色建筑增量成本的补贴；二是基于绿色建筑增量成本和节能效果的综合补贴；三是基于绿色建筑节能效果的补贴；四是根据绿色建筑房屋维修支出费用给予适当比例的补贴。

（1）绿色建筑市场起步阶段

建议在绿色建筑市场起步阶段，采用基于“增量成本”的财政补贴模式。对于高星级绿色建筑，财政补贴额度计算公式如下。

财政补贴额度＝(绿色建筑增量成本－节能率为65％的新建建筑增量成本)×建筑面积×补贴比例

对于既有居住建筑改造达到一星级绿色建筑评价标识的，财政补贴额度计算公式如下。

财政补贴额度＝(绿色建筑增量成本－节能率为50％的既有建筑改造增量成本)×改造面积×补贴标准

（2）绿色建筑发展阶段与成熟阶段

建议在绿色建筑市场发展阶段，采用基于“增量成本和节能效果”的财政补贴模式。建议在绿色建筑市场成熟阶段，采用基于“节能效果”的财政补贴模式。其中，基于“节能效果”的财政补贴额度计算公式如下。

财政补贴额度＝(节能率为75％的新建建筑能耗标准－绿色建筑能耗标准)×建筑面积×补贴标准

5. 信贷优惠政策

为了发挥信贷优惠政策在引导绿色建筑消费方面的激励作用，“十二五”时期北京市应根据《北京市实施〈中华人民共和国节约能源法〉办法》的相关规定，对高星级绿色建筑购买及运营期内的房屋维修、设备更新给予适当的信贷优惠。具体内容包括：在贷款额度、年限、利率等方面给予优惠；对于购买者申请公积金贷款的，降低贷款条件，缩短贷款审批时间，提高贷款额度，降低贷款利率，延长贷款期限。

6. 价格优惠政策

为了发挥价格政策在引导绿色建筑消费方面的调节作用，“十二五”时期北京市应根据《北京市实施〈中华人民共和国节约能源法〉办法》

的相关规定，制定相关价格政策，通过价格杠杆作用推进绿色建筑发展，即对达到星级评价标识的绿色建筑的使用者，对其在使用阶段所消耗的水、电、气、热等能耗给予优惠的价格，降低绿色建筑的运行和使用成本。

3.8.3 加快构建北京地区的绿色建筑适宜性技术体系

绿色建筑发展涉及节能、节地、节水、节材、保护环境等领域中的众多技术，绿色建筑应该是这些技术的优化集成，而不是简单堆砌。当前，在我国各地绿色建筑发展实践中，已出现不结合本地实际条件、技术成熟度和技术经济应用效果，盲目追求高新技术在绿色建筑中的使用，结果造成绿色建筑的“高成本、低效益”现象，这对绿色建筑发展很不利。因此，应加强绿色建筑技术评价体系研究，尽快构建与北京地区自然、气候和经济发展水平相适应的绿色建筑适宜性技术体系，包括不同经济发展水平地区（核心城区、近郊区县、远郊区县）、不同气候区（西北部山区、东南部平原区）、不同建筑类型（居住建筑、公共建筑）的绿色建筑适宜性技术体系，为北京市绿色建筑规模化发展提供科学合理的技术路线。

3.8.4 建立绿色建筑消费的计量统计分析系统和资源能源消耗核算标准

绿色建筑资源能源消耗核算标准是核定绿色建筑节能减排效果的前提，也是政府实施绿色建筑消费激励政策的基础。建立绿色建筑消费的计量统计分析系统，形成“可监测、可量化、可核算”的绿色建筑消费统计指标体系，可以定量统计绿色建筑在运营期内资源能源消耗的实际数据，进而分析实际运行产生的节能减排效果，为实施绿色建筑消费激励政策提供基础数据，同时也是北京市今后实施“强化需求激励”政策的基本保证。

3.9 北京市“十二五”时期发展绿色建筑的保障体系构建

根据《北京市“十二五”时期民用建筑节能规划》《“绿色北京”行动计划》(2010—2012)、《北京市“十二五”时期绿色北京发展建设规划》《北京市节约能源条例》《国家“十二五”建筑节能专项规划》《民用建筑节能条例》等相关文献资料，北京市“十二五”时期发展绿色建筑的保障体系建设的主要内容如下。

3.9.1 完善绿色建筑发展的法律法规体系

为了提高推行绿色建筑工作的法律地位，“十二五”时期北京市应根据国家出台的《节约能源法》《民用建筑节能条例》和《公共机构节能条例》，制定《北京市民用建筑节能条例》和《北京市公共机构节能条例》，修改完善《北京市节约能源条例》，增加绿色建筑发展的相关内容，在即将出台的《北京市建筑市场管理条例》中增加推动绿色建筑发展的相关内容。同时，为了细化北京市推行绿色建筑工作的具体办法和规定，“十二五”时期北京市应以相关法规为基本依据，结合北京市推行绿色建筑工作的实际需要和形势发展，制定《北京市发展绿色建筑的实施细则》《北京市绿色建筑评价标识管理办法》《北京市鼓励绿色建筑发展的经济激励办法》《北京市区县绿色建筑发展考核管理办法》，以及《北京市新型墙体材料专项基金征收使用管理实施办法》《北京市建筑节能专项资金管理办法》等。

3.9.2 完善绿色建筑发展的技术标准体系

“十二五”时期，北京市应尽快完善绿色建筑发展的技术标准体系，制（修）定绿色建筑规划、设计、施工、验收、运行管理及相关产品的技术标准与实施细则。主要包括以下八个领域的技术标准体系：绿色建筑规划设计方面的技术标准体系，如制定《北京市民用建筑绿色建筑设计标准》；绿色生态城（区）的规划、设计、评价方面的技术标准体系；

绿色建筑产品、部件评价方面的技术标准体系；绿色建筑施工方面的技术标准体系；绿色建筑工程定额及造价标准方面的技术标准体系；绿色建筑评价标识方面的技术标准体系；绿色建筑节能减排效果与效益评价方面的技术标准体系；绿色建筑运行管理方面的技术标准体系。

3.9.3 完善绿色建筑发展的组织保障体系

1. 加强绿色建筑发展的组织机构和管理能力建设

发展绿色建筑需要强有力的组织保障和管理能力保障，尤其是在北京市绿色建筑发展的初期阶段。北京市各相关委办局主管绿色建筑发展工作的不同方面，如市发展改革委主管绿色建筑项目的审批、投资等方面工作，市规划委主管绿色建筑的规划设计工作，市住建委主管绿色建筑的施工、验收和运行管理等方面工作。加强各相关主管委办局与绿色建筑发展相关的组织机构和管理能力建设，是政府顺利推行绿色建筑发展向更高目标迈进的组织保障、制度保障和能力保障。

2. 将绿色建筑发展作为我市建筑节能联席工作会议的重要议题

根据《北京市"十二五"时期民用建筑节能规划》，"十二五"时期，北京市将完善由市政府领导，由发改委、规划委、住建委、市政管委、农委、科委、财政局、统计局、环保局、国土局、地勘局、质监局、工商局等有关委办局组成的建筑节能联席工作会议制度，明确工作联席会议在解决重大问题、交叉问题、涉及多部门利益问题、需要多部门协调等方面的重要作用，通过"多部门合作、多环节配套"形成合力，共同研究出台推进北京市建筑节能发展的管理规定和鼓励政策，建议将绿色建筑发展作为北京市建筑节能联席工作会议的重要议题。

3. 加强绿色建筑发展的中介机构与人才队伍建设

"十二五"时期，北京市应培育专门的绿色建筑评价机构，负责相关设计咨询、产品部品检测、单体建筑第三方评价、区域规划等。建立绿色建筑评价职业资格制度，加快培养绿色建筑设计、施工、评估、能源服务等方面的人才；将绿色建筑作为专业工程师继续教育培训、执业资格考试和相关企业资质申请的重要内容，鼓励在京高等院校开设绿色建筑相关课程。

3.9.4 完善绿色建筑发展的目标责任考核体系

1. 明确市、区（县）两级政府的绿色建筑发展任务分工与职责

“十二五”时期，北京市、区（县）两级政府相关部门应在北京市政府提出的建设“人文北京、科技北京、绿色北京”和“世界城市”的战略总目标下，明确市、区（县）两级政府在推进绿色建筑发展的任务分工与管理职责。北京市、区（县）两级政府应将绿色建筑发展目标、主要任务和重点工程纳入本级政府建筑节能工作的议事议程和市、区（县）级“十二五”建筑节能专项规划中，发挥市级政府在绿色建筑发展的总体策划、宏观控制、统筹协调、体制与制度建设等方面的优势，发挥区（县）政府在绿色建筑发展的任务落实、微观监管、组织安排、项目实施等方面的优势，形成分工合理、职责明确、运转高效的推动绿色建筑健康发展的行政管理体制。

2. 完善绿色建筑发展的目标责任体系

根据《北京市实施〈中华人民共和国节约能源法〉办法》和《北京市“十二五”时期民用建筑节能规划》等相关规定：北京市实行节能目标责任制和节能考核评价制度。“十二五”时期，北京市将建立“可量化、可监测、可考核”的建筑节能发展指标和建筑业施工能耗指标体系，完善建筑节能工作的责任目标考核制度。因此，应首先建立“十二五”时期北京市绿色建筑发展目标，把绿色建筑发展目标纳入北京市建筑节能目标总体规划中，将目标与任务分解到各区（县）政府。在市政府与区（县）人民政府签订的建筑节能发展目标责任书中，明确绿色建筑的发展目标与任务等相关内容，建立绿色建筑发展的目标责任体系，将绿色建筑发展的量化指标纳入区（县）政府节能目标责任考核指标体系，成为区（县）政府及其负责人业绩考核的重要内容，落实绿色建筑发展的目标责任制。

3.9.5 完善绿色建筑发展的激励体系

1. 制定绿色建筑发展的财政金融政策

“十二五”时期，北京市应将发展绿色建筑或绿色生态城（区）等纳入市级、区（县）级预算内投资和财政节能减排专项资金支持范围，加大对绿色建筑工作的资金支持力度，对符合相关规定的项目，给予资金补助或奖励；设立北京市绿色建筑发展专项资金，重点支持高星级绿色建筑和绿色生态城（区）建设；将绿色建筑新技术、新产品、新设备、新材料的研发与应用纳入新型墙体材料专项基金使用范围；改进和完善对绿色建筑的金融服务，金融机构可对购买绿色住宅的消费者在购房贷款利率上给予适当优惠。

2. 建立高星级绿色建筑财政激励政策

根据《关于加快推动我国绿色建筑发展的实施意见》（财建167号）的相关规定，对达到绿色建筑二星级及以上的绿色建筑给予奖励，其中2012年奖励标准为：二星级绿色建筑45元/m^2（建筑面积，下同），三星级绿色建筑80元/m^2。

“十二五”时期，北京市应建立高星级绿色建筑财政激励政策，对设计评价标识达到二星级及以上的绿色建筑项目组织专家进行程序性审核，对审核通过的绿色建筑项目予以备案，项目竣工验收后，其中大型公共建筑投入使用一年后，组织能效测评机构对项目的实施量、工程量、实际性能效果进行评价，并将符合申请预期目标的绿色建筑名单向社会公示，接受社会监督。对经过上述审核、备案及公示程序且满足相关标准要求的二星级及以上的绿色建筑给予一定标准的奖励，鼓励更高水平绿色建筑的建设。

3. 对保障性住房和公益性用房达到绿色建筑标准的，给予财政补助

“十二五”时期，北京市将在保障性住房和公益性用房率先推行绿色建筑。因此，“十二五”时期，北京市绿色建筑奖励及补助资金、可再生能源建筑应用资金将优先向保障性住房及公益性用房倾斜，达到高星级奖励标准的优先奖励，保障性住房发展一星级绿色建筑达到一定规模的也将优先给予定额补助。

4. 加大对绿色建筑的税收优惠政策

“十二五”时期，对政府投资为主的新建、改建、扩建民用建筑项目一般应达到国家和北京市发布的绿色建筑标准，其增量成本纳入固定资产投资。对达到绿色建筑评价二星级及以上标识的绿色建筑中使用的大型高效节能设备，允许实施加速折旧政策。

3.9.6 强化绿色建筑发展的监管体系

1. 完善与绿色建筑发展相关的全方位行政监管体系

“十二五”时期，北京市政府将完善与绿色建筑发展相关的行政监管体系包括三个层面：完善由市政府领导，由发改委、规划委、住建委、市政管委、农委、科委、财政局、统计局、环保局、国土局、地勘局、质监局、工商局等有关委办局组成的行政监管体系，明确各委办局对于建筑节能市场的监管任务与职责、分工与协调，进一步发挥北京市建筑节能工作联席会议机制在建筑节能市场监管中的作用；进一步明确市、区（县）两级政府在建筑节能市场监管中的任务与职责、分工与协调，发挥市级政府在总体策划、宏观控制、统筹协调、体制与制度建设等方面的优势，发挥区（县）政府在任务落实、微观监管、组织安排、项目实施等方面的优势；进一步优化市、区（县）住建委各职能部门之间在建筑节能市场监管中的任务与职责、分工与协调，形成监管职责合理、监管任务明确、监管信息共享的节能监管体系。通过上述三个层面的行政监管体系建设，把对绿色建筑发展相关的行政监管贯穿于项目规划、立项、审批、设计、施工、监理、竣工验收与备案、房屋销售、绿色建筑运行管理等建筑物的全寿命周期，建立相互衔接的绿色建筑发展行政监管体系。

2. 完善绿色建筑发展的建设全过程监管体系

“十二五”时期，北京市政府要在城镇新区建设、旧城更新、棚户区改造等规划中，严格落实各项绿色建设指标体系要求，实现绿色建筑发展建设全过程的监管体系。

① 城市规划管理部门在规划审查中增加对绿色建筑指标的规划审查，对达不到规划要求的不予审批。

② 发展改革部门在新建项目立项审查中增加对按绿色建筑标准建设的审查内容，对达不到绿色建筑标准要求的不予审批、核准和备案。

③ 国土管理部门要加强土地出让监管，对不符合绿色建筑土地出让规划许可条件要求的不予出让，对按照高标准建设绿色建筑的予以优先考虑。

④ 施工图设计审查管理部门要在施工图设计审查中增加绿色建筑设计专项审查内容，未通过审查的不得颁发施工图审查合格证书。

⑤ 建设主管部门应将绿色建筑项目前期审查结果纳入颁发施工许可证的条件之一，同时应建立绿色施工许可制度，对项目前期审查手续不全或不满足绿色建造要求的建筑，不予颁发施工许可证。

⑥ 建设主管部门应加强对绿色建筑的施工监管，主要内容如下：加强对绿色建筑材料、设备和产品的市场准入管理和信用系统建设；严格

实施有关绿色建筑工程施工质量验收规程，市、区（县）建委执法机构在日常巡查中，加强对绿色建筑有关规定、设计标准和施工质量验收规程执行情况的检查，对违法违规行为及时进行查处；工程质量监督机构将绿色建筑施工质量作为工程质量监督的专项内容进行检查；市、区（县）两级住建委的建材管理部门应完善绿色建筑材料的监督检查制度，加大执法力度；实行民用建筑绿色信息公示制度，建设单位在房屋施工、销售现场，根据审核通过的施工图设计文件，把民用建筑的绿色建筑方面的性能以张贴、载明等方式予以明示。

⑦ 建设主管部门应加强对绿色建筑的竣工验收监管，建立绿色建筑竣工验收与备案制度，对不按照绿色建筑标准建设或达不到绿色建筑验收标准的不予通过验收和办理竣工验收备案。

⑧ 建设主管部门应加强对绿色建筑评价标识工作的监管。获得绿色建筑设计标识的建设项目在竣工后一定时间，应委托具有相应资质的机构进行绿色建筑评价，建设单位依据评价结果申请绿色建筑标识，并将标识文件向建设行政主管部门备案。

3. 建立与完善绿色建筑的社会监督体系

随着建筑节能市场服务功能的不断建立与完善，“十二五”时期北京市应发挥相关机构对绿色建筑发展的社会监督作用。建筑节能市场的社会监督体系主要表现在以下方面：发挥建筑节能市场服务机构在提供绿色建筑咨询服务过程中所产生的监督作用；发挥建设单位、设计单位、工程监理单位、施工单位、节能运行管理单位、产权单位等在绿色建筑相关工作中所产生的监督作用；发挥群众举报、媒体曝光等在绿色建筑相关工作中所产生的监督作用。

3.9.7 建立绿色建筑发展的市场服务体系

1. 建立绿色建筑发展的技术支撑体系

“十二五”期间，北京市应大力开展绿色建筑技术研究，重点攻克绿色建筑规划与设计、可再生能源建筑应用、节水与水资源综合利用、废弃物资源化、环境质量控制等方面的技术，加强绿色建筑技术标准规范研究，开展绿色建筑技术的集成示范；加快绿色建筑共性和关键技术研发，开发具有自主知识产权的关键技术、产品和设备，实现重点技术领域的突破，建立完整的绿色建筑发展技术支撑体系。

2. 建立绿色建筑发展的服务产业

充分发挥北京地区大专院校、科研单位、管理部门智力资源优势，加快发展绿色建筑服务产业。支持和鼓励节能服务机构承接政府和企事业单位的绿色建筑政策研究、标准编制、科研攻关、策划咨询、设计施工、融资监理、检测认证、中介交易、能耗审计、运行管理等项目。力争“十二五”期间培育一批技术实力强的建筑节能服务机构，培育一批在国内外享有盛誉、拥有自主知识产权和绿色建筑专利技术的名牌建筑节能服务机构，培育一大批在国内外有影响力的建筑节能技术专家、管理专家和绿色建筑认证专家，使绿色建筑技术服务产业成为北京市的高端产业和软实力之一。

3.9.8 建立绿色建筑的宣传与教育体系

1. 加强宣传教育，提高全民绿色建筑认知水平

北京市应充分利用媒体广泛宣传绿色建筑的法律法规和政策措施，普及绿色建筑基本知识，树立绿色建筑理念，提高对绿色建筑的认知水平；将绿色建筑相关内容纳入北京市节能宣传周、科技活动周、城市节水宣传周、世界环境宣传日、世界水日等活动的重要内容；编写绿色建筑科普读物，开展经常性的宣传活动。新闻媒体要积极宣传绿色建筑法律法规、政策措施、典型案例、先进经验，加强舆论监督，营造绿色建筑发展的良好氛围。

2. 加强培训教育，培养绿色建筑的管理和技术人才

北京市住建委等政府部门要充分利用首都各高等院校、科研院所的科研、技术、人才优势，联合开办与绿色建筑有关的政策、法律法规、技术标准、研究开发、应用技术、示范项目等方面的专业培训或课程，要把建筑能耗、建筑节能、环境保护、绿色建筑等作为培训的重点内容，重点培训对象应包括：北京市与绿色建筑发展相关的各相关部门管理人员；建筑行业相关企业的从业人员，包括注册建筑师、结构师、建造师和监理工程师等，提高建筑节能管理和技术人员的专业素质，培养一批高素质的绿色建筑技术研究和管理人才。

3.10 主要观点

根据研究成果，本书提出北京市推进绿色建筑规模化发展及保障体系建设的主要政策建议如下。

① 短期内可实施“低星级绿色建筑强制供给、高星级绿色建筑激励供给”的激励政策模式，加快形成北京市绿色建筑规模化发展的供给体系，尽快对北京市生态文明建设、绿色北京建设和治理大气污染发挥积极作用。

② 从长远看，建议实施“强化需求激励，弱化供给激励”的激励政策模式，形成以市场有效需求拉动绿色建筑规模化发展的良性循环，综合运用财税、金融、价格等经济手段，发挥市场配置绿色建筑供求的基础性作用，对北京市生态文明建设、绿色北京建设、宜居城市与农村建设做出重要贡献并发挥长效作用。

③ 应加强绿色建筑技术评价体系研究，尽快构建与北京地区自然、气候和社会环境相适应的绿色建筑适宜性技术体系，为北京市绿色建筑规模化发展提供科学合理的技术路线。

④ 应加快建立绿色建筑消费的计量统计分析系统和资源能源消耗核算标准，为实施绿色建筑消费激励政策提供基础数据，也是北京市今后实施“强化需求激励”政策的基本保证。

⑤ 应从法律法规体系、技术标准体系、组织保障体系、责任目标考核体系、经济激励体系、市场监管体系、市场服务体系、宣传与教育培训体系八个方面逐步建立和完善绿色建筑规模化发展的保障体系。

参考文献

[1] 中国城市科学研究会．中国绿色建筑．北京：中国建筑工业出版社，2015：13.

[2] 住房和城乡建设部．“十二五”建筑节能专项规划（建科〔2012〕72 号）.

[3] 北京市发展和改革委员会．北京市国民经济和社会发展第十二个五年规划纲要[Z]，2011.

[4] 北京市住房和城乡建设委员会，北京市发展和改革委员会．北京市“十二五”时期民用建筑节能规划[Z]，2011.

[5] NALEWAIK A, VENTERS V. Cost benefits of building green [J]. Cost Engineering, 2009, 51 (1): 28-34.

[6] RIES R, BILEC M, GOKHAN M, et al. The economic benefits of green buildings: A comprehensive case study [J]. The Engineering Economist, 2006, 51 (3): 259-295.

[7] KATS G H. The costs and financial benefits of green buildings. Capital E., Washington, D. C., 2003.

[8] KATS G H. The costs and financial benefits of green buildings: A report to California's sustainable building task force. Sacramento, CA: Sustainable Buildings Task Force, 2003.

[9] MORRIS P. Cost of green revisited: reexamining the feasibility and cost impact of sustainable design in the light of increased market adoption, 2007.

[10] ZHANG X L, PLATTEN A, SHEN L. Green property development practice in China: Costs and barriers. Building and Environment, 2011 (46): 2153-2160.

[11] 孙大明，邵文晞，李菊．我国绿色建筑成本增量调查分析．建设科技，2009 (6): 34-37.

[12] 程志军，叶凌，王清勤．我国绿色建筑标识项目及技术发展现状．中南大学学报：自然科学版，2012，43 (1): 283-289.

[13] 柴宏祥，胡学斌，彭述娟．绿色建筑节水项目全生命周期增量成本经济模型．华南理工大学学报：自然科学版，2010，38 (11): 59-63.

[14] 李云舟，何少剑，朱惠英．绿色建筑住宅小区的建造成本增量控制分析．建筑科学，2009，25 (4): 76-81.

[15] 李静，田哲．绿色建筑全生命周期增量成本与效益研究．工程管理学报，2011，25 (5): 487-492.

[16] LIU Y M, GUO X, HU F L. Cost-benefit analysis on green building energy efficiency technology application: A case in China [J]. Energy and Buildings, 2014 (82): 37-46.

[17] 刘玉明．北京市发展绿色建筑的激励政策研究．北京交通大学学报：社会科学版，2012，11 (2): 46-51.

[18] 刘玉明．北京市发展绿色建筑的保障体系建设研究．建筑经济，2013 (5): 20-23.

[19] 刘玉明. 以绿色建筑规模化推进北京生态文明建设//王鸿春．2013 北京健康城市建设研究报告．北京：北京日报报业集团，同心出版社，2013.

第4部分　北京市地铁脆弱性及应急管理研究

4.1　研究背景与意义

4.1.1　研究背景

1. 中国轨道交通发展现状

随着我国经济社会的发展，特别是城市化进程的加快，城市人口急剧增加，机动化水平不断提高，居民出行强度和频次不断增加，物资流通越来越频繁，交通需求不断加剧等，对城市交通功能提出了更高的要求和挑战。目前，世界各地都存在城市交通拥堵、交通不安全等现象，尤其是北京、上海、广州、深圳、南京等大城市的人口膨胀、交通拥堵、交通安全、空气和噪声污染等问题日益严重，成为阻碍大城市经济发展的“瓶颈”。目前虽采取了一系列措施，但仍无法从根本上解决交通拥堵问题。实践表明，优先发展公共交通，形成以地铁为骨干的城市综合交通体系，是解决大城市交通问题的必由之路。

地铁以其运量大、速度快、平稳、准点、噪声小、无污染、保护环境、节约能源及安全等特点，有效地缓解了城市地面的交通压力，并将城市外延不断拓宽。修建城市地铁已成为带动城市发展与经济社会繁荣的重要选择。截止到2013年年底，我国已有19个城市拥有85条城市轨道交通运营线路，运营里程达到2 509.52 km，北京、上海、广州的年客运总量分别达到32.09亿人次、25.06亿人次、19亿人次。据不完全统计，共有40多个城市正在筹建城市轨道交通，其中36个城市的轨道交通建设规划已经获得国务院的批复，在建里程2 000 km以上。在未来几年，我国城市轨道交通还将处于快速发展时期，投入运营的城市不断增多，线网规模不断增大，到2020年，我国城市轨道交通运营里程将达到7 200多km。

2. 北京地铁发展现状

自1969年1月15日开通由公主坟到北京火车站的第一条地铁线路以来，截至2013年年底，北京地铁已开通的线路包括1号线、2号线、4号线、5号线、6号线、8号线、9号线、10号线、13号线、14号线、15号线、八通线、昌平线、大兴线、房山线、亦庄线和机场线17条线路，运营线路总里程达460.2 km，共有276座运营车站。与2002年相比10年间增加了388 km。北京地铁主要线路概况如表4－1所示。

表4－1 北京地铁运营里程统计表

线路名称	线路走向	运营里程/km	运营车站
1号线	苹果园站—四惠东站	31.0	23
2号线	西直门站—复兴门站—西直门站（环线）	23.0	18
4号线	安河桥北站—公益西桥站	28.2	24
5号线	天通苑北站—宋家庄站	27.5	23
6号线	海淀五路居站—草房站	30.4	20
8号线	朱辛庄—南锣鼓巷站	26.6	17
9号线	国家图书馆站—郭公庄站	16.5	13
10号线	西局站—首经贸—西局站（环线）	57.1	45
13号线	西直门站—东直门站	40.5	16
14号线	张郭庄站—西局站	12.4	6
15号线	望京西站—俸伯站	31.6	12
机场快线	东直门站—首都机场2号及3号航站楼	27.3	4
八通线	四惠站—土桥站	17.2	13
大兴线	公益西桥站—天宫院	21.8	11
昌平线	西二旗站—南邵站	21.0	7
亦庄线	宋家庄站—次渠站	23.3	13
房山线	苏庄站—郭公庄站	24.8	11
小计	17条线	460.2	276

地铁线网不断扩大也带来了客运量的增加。2002年，北京地铁的日均客运量仅为132.17万人次，而在2012年，北京地铁线路总客运量最高达到了800万人次左右。到了2013年3月1日，地铁日均客运量首次突

破了 900 万人次大关。到了 2013 年 3 月 8 日，日均客运量突破了 1 000 万人次，达到 1 027.6 万人次，创历史新高，超过了莫斯科日均 800 万至 900 万人次的客运量，成为世界上最繁忙的城市地铁网络。

3. 国内外地铁典型事故统计

地铁运营安全保障是一项极为复杂的工作，它涉及轨道、车辆、机电、信号、运输组织等多个系统，任何一个环节稍有疏忽，就有可能造成重大事故。从 1856 年伦敦第一条地铁修建至今，各个国家的地铁系统都发生过不同程度的事故。据统计，国内外地铁典型事故共发生 99 起。其中，火灾事故 24 起，恐怖袭击事故 16 起，设备故障事故 38 起，客流事故 17 起。各类事故统计情况如表 4－2 所示。

表 4－2　地铁事故分类统计表

类别	火灾	恐怖袭击	设备故障	客流事故	自然灾害	总计
事故数量	24	16	38	17	4	99
比例	24.2%	16.2%	38.4%	17.2%	4.0%	100%

图 4－1 中，从事故数量的比例来看，火灾事故占 24.2%，设备故障事故占 38.4%，两类事故合计占事故总数的一半以上。

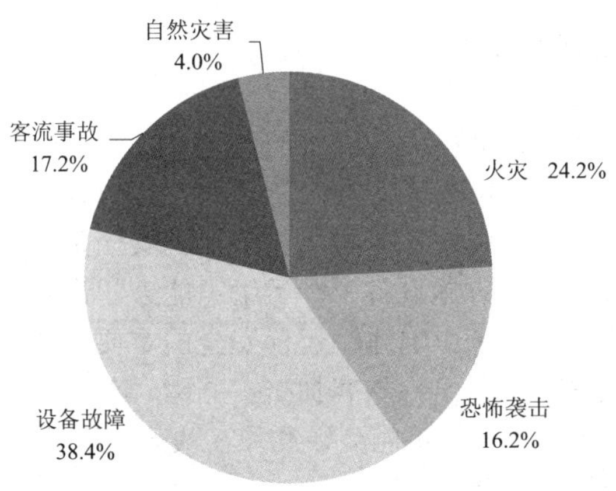

图 4－1　地铁事故分类统计图

地铁死亡人数分类统计如表 4－3 所示。本书所收集的事故中死亡人数共 1 432 人，其中火灾事故造成 887 人死亡，恐怖袭击事故造成 411 人死亡，火灾和恐怖袭击事故是导致死亡人数最多的两类事故。

表 4-3　地铁事故死亡人数分类统计表

类别	火灾	恐怖袭击	设备故障	客流事故	总计
死亡人数	887	411	68	66	1 432
比例	61.9%	28.7%	4.8%	4.6%	100%

图 4-2 是死亡人数统计图，从事故造成死亡人数的比例来看，火灾事故占 61.9%，恐怖袭击事故占 28.7%。

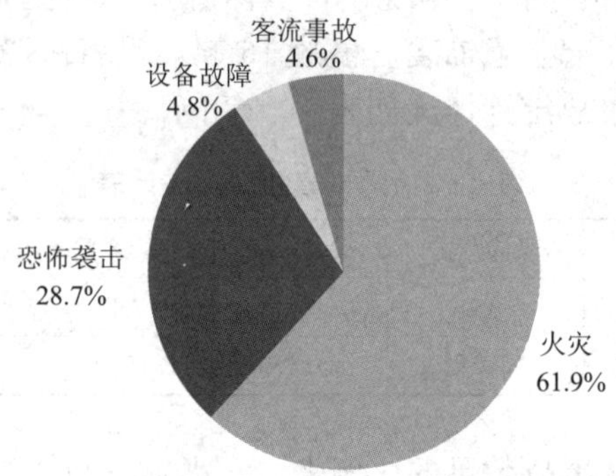

图 4-2　地铁事故死亡人数分类统计图

4. 地铁安全风险现状

(1) 大客流冲击下的安全问题

伴随着北京市规模的扩大与经济的繁荣，公众的出行需求大幅度增加。由于地铁的准时、快捷等特点，吸引了大量的客流，地铁线路客流量不断攀升，线路负荷强度不断增大，给运营安全带来了巨大隐患。地铁大客流会导致车站内设施设备、客运组织能力超出正常水平，车站服务水平下降。大客流成了影响地铁运营安全的重要因素之一。地铁站内人流量一旦超负荷，就易出现乘客拥挤、踩踏、车厢门无法正常关闭等事故。此外，站台过度拥挤可能会导致乘客跌落至轨道，引起触电事故。图 4-3 是北京地铁拥挤的场景。

根据地铁车站大客流形成的因素，可将大客流事件分为以下三类。

① 大型活动大客流事件。这是一类由诸如大型展览会、大型体育盛会、大型庆典（如国庆庆典）、演唱会等城市大型活动举办引起的连发事件。例如，2009 年国庆期间，北京天安门广场周边轨道交通车站客流量大幅增加，其中王府井站的客流量最高增幅超过 700%，造成站内乘客拥

图 4-3　北京地铁拥挤的场景

挤，存在安全隐患。

② 事故或故障大客流事件。在地铁正常运营时若发生一些事故或故障，将导致相关线路运行中断，乘客在车站内大量滞留、积压也会引发大客流事件，称为事故或故障大客流事件。例如，2012 年 7 月 2 日，上海轨道交通 2 号线、1 号线在短时间内先后发生列车故障和道岔故障，致使部分车站一度出现客流积压，存在站内乘客拥挤、踩踏等安全隐患。

③ 高峰时段大客流事件。随着地铁在中国大城市的快速发展，它所承担的客流迅猛增长，特别是早晚通勤时段，这在北京地铁运营中表现得尤为突出。

(2) 火灾安全问题

近年来，国内外多次发生地铁火灾事故（图 4-4），造成了不可估量的人员伤亡及经济损失。一旦地铁站内突发火灾事故，深埋地下的地铁站台与地铁隧道环境处于相对封闭状态，内部整体空间狭窄且通往地面的出入口有限，除进出口作为安全疏散通道外，地铁站内部既没有可供乘客使用的垂直电梯（方便残障人士使用的垂直电梯不能用作紧急疏散），也没有可供人员紧急避难的场所，同时固定检票机、安检仪器将成为人员逃生的障碍。

地铁火灾安全问题主要包括地铁火灾安全防控和现场救援，其中地

图 4-4　地铁火灾现场

铁建筑的特殊性使得其救援难度较大，主要表现如下。

① 地铁火灾燃烧蔓延速度更快。地铁隧道由于有多个出口，通风条件好，燃烧速度快，火势极易蔓延扩大。例如 1987 年 8 月 16 日，日本名古屋地铁发生火灾，瞬间就扩大到 3 000 平方米的范围，在救火过程中三名消防员死亡，三名救援队员受伤；1987 年 11 月 18 日，英国伦敦地铁君王十字车站发生火灾，由于当时列车正在运行，扰动气流使火势迅速扩大，仅 9 分钟大火就顺着自动扶梯烧到票房，燃烧面积扩大迅速，最终造成 30 人死亡，180 人严重烧伤。

② 缺氧、高温、浓烟危害更严重。地铁火灾发生时，氧含量急剧下降，由于隧道的相对封闭性，大量的新鲜空气难以迅速补充。此外，地铁内有大量电缆，列车内大多采用塑料、橡胶等化学材料，特别是顶棚等一旦起火，由于地下供氧不足，往往处于不完全燃烧状态，容易产生大量有毒烟雾，加上地铁出口有限，与地面空气对流速度缓慢，并且地下洞口固有的“吸风”效应，向外扩散的烟雾部分又被卷吸回去，严重威胁人员安全。

③ 疏散救援难度更大。地铁客流大、人员集中，一旦发生火灾极易造成群死群伤。因为地下空间限制，大型的灭火设备无法进入现场，导致扑救困难，再加上浓烟、高温、缺氧、有毒、视线不清、通信中断等原因，使得人员的救援非常困难。

（3）恐怖袭击问题

近年来，国内外政治斗争形势复杂，恐怖袭击事件常有发生，地铁车站人流密度大、空间相对密闭，一直是恐怖分子袭击的主要目标之一。例如，东京地铁沙林毒气案、巴黎地铁爆炸案、伦敦地铁爆炸案等国际上发生的一系列恐怖袭击事件都造成了重大的人员伤亡和财产损失。1995 年 3 月 20 日，东京地铁发生了著名的“沙林毒气案”（图 4－5），该恐怖袭击共造成 13 人死亡，约 5 500 人中毒，1 036 人住院治疗。事件发生后，日本政府所在地及国会周围的几条地铁主干线被迫关闭，26 个地铁站受到影响，东京交通陷入一片混乱。

图 4－5　东京地铁沙林毒气案现场

到目前为止，地铁面临的恐怖袭击威胁主要有以下方面。

① 爆炸活动。表现为恐怖分子故意在地铁安置炸弹，伤害生命，形成政治影响，给有关方面施加压力。长期以来爆炸都是最普遍的恐怖袭击方式，1968 年以来发生的所有国际恐怖主义袭击中，爆炸占到 46%。2005 年 7 月 7 日早上繁忙时间，伦敦连续发生至少 7 起爆炸事件，死亡人数共 52 人，伤者逾百，人员伤亡惨重。

② 生化及放射性恐怖袭击。表现为不法分子及邪教分子施放化学毒剂、投放放射性材料或使用“脏弹”，制造惊人事件。美国政府部门及相关研究机构发布的全球恐怖活动的统计数据与今后发展形势预测的报告

一致指出：今后的恐怖袭击活动除传统的爆炸方式外，还包括生化及放射性恐怖袭击等方式。

③ 纵火。表现为不法分子在地铁车厢内故意纵火，酿成严重社会后果。2003 年 2 月 18 日，韩国大邱市地铁由于恐怖分子蓄意纵火，造成 134 人死亡，136 人受伤。此外，恐怖分子也可能利用地铁安全措施不完善、阻塞轨道制造混乱等手段发动突然袭击。

（4）设备故障问题

整个地铁系统的正常运营，必须要以设备安全运行为前提和保障。地铁车站内送风机、排风机、电动机、制动系统等用电设备繁多，隧道内铺设各种电缆，列车上也有各种用电设备，如果站内这些设备存在质量问题或对其缺乏保养，则可能会出现设备故障问题，导致运行不畅，从而发生安全事故。

虽然 1、2 号线先后进行了技术改造和消隐工程，但北京地铁目前仍存在车辆老化、设备老化、稳定性差等现象。特别是地铁 1、2 号线受到建设时期历史条件的限制，未设置作为地下公共交通设施应具备的安全防范系统设施，这些都给北京地铁的运营造成了极大的安全隐患，直接影响到地铁的安全运营。2005 年 8 月 28 日早上 7 点，北京地铁环线崇文门方向和平安门方向行驶的地铁列车由于设备老化起火，幸好疏散及时，没有造成人员伤亡。

2011 年 7 月 5 日 9 时 36 分，动物园站自动扶梯发生设备故障，本来上行的电梯突然静止，又变成下行，且速度不断加快，导致正在搭乘电梯的乘客摔倒挤压，造成一名 13 岁男孩死亡，30 人受伤，其中 2 人重伤（图 4－6）。

（5）人因事故问题

人因安全也是影响地铁安全运营的重要因素之一。地铁运营人因事故分为两类：一是由工作人员违章操作引发的事故，二是乘客的违章行为导致的事故。

地铁车站内的设施设备、办公用品中存在一定数量的可燃物。如果工作人员违章操作，生产生活中用电用火不慎，将会引发火灾或其他事故。1994 年上海地铁新客站在施工中因违章动火，引发火灾。

乘客擅自携带易燃易爆物品乘车或在地铁车站内及列车上吸烟用火等行为，都会造成安全隐患，一着不慎，将导致安全事故的发生。1987 年 11 月 18 日，英国伦敦金克罗斯地铁车站由于乘客丢弃未熄灭的火柴梗

图 4-6　北京地铁 4 号线动物园站扶梯事故现场

引燃自动扶梯下面的油脂脏物引起大火，导致 32 人死亡，80 人受伤（图 4-7）。

图 4-7　英国伦敦金克罗斯地铁车站事故现场

在大客流、火灾、恐怖袭击、极端天气、设备故障、人的不安全行为等情况下，当城市地铁没有足够的能力去承受这些事件的影响时，这些事件就会产生巨大的影响，这时系统所产生和暴露出的特征也就是地铁脆弱性所要研究的问题。地铁的脆弱性问题不断地暴露出来，它所产生的影响也越来越多地引起了人们的广泛关注。因此，研究地铁的脆弱性问题非常重要，它能够增强地铁对灾难和应急事件的预防能力和应对能力，从地铁的规划、设计和运营等多方面对地铁进行整合，降低道路交通运输网络的脆弱性，减轻突发性事件的影响后果。

脆弱性（vulnerability）是风险管理研究中使用的分析方法，其相关概念也被运用于各学术领域。但是，虽然不同研究领域对脆弱性这一概念的认识日趋接近，但是对脆弱性的要素尚没有达成统一认识。不同的研究领域关于脆弱性的定义及构成要素与其研究对象相关联，在脆弱性的本质及构成要素等方面仍然存在较大的分歧致使脆弱性的应用研究进展比较缓慢。北京交通大学宋守信教授认为，脆弱性是风险的三要素之一（危害的大小、资产、脆弱性），风险的其他两个方面国内外的学者已经做了大量的研究，但是对于风险管理最重要的因素——脆弱性的相关理论研究相对不足，这是导致脆弱性应用发展相对缓慢的重要原因。

本书的地铁脆弱性主要是指地铁受到扰动情况下，由于缺乏相应的应对能力，从而导致地铁性能或服务水平下降的性质。当前，关于大客流、火灾、恐怖袭击、极端天气、设备故障、人的不安全行为等对地铁的预测、运营和组织管理等方面影响的相关研究已经很多了，对于这些情况发生时地铁的可靠性的研究也逐渐在进行。然而，关于地铁的脆弱性问题近几年才开始引起学界的广泛关注，对于地铁脆弱性问题的研究也才刚刚起步，地铁脆弱环节的识别方法还不成熟，其评估方法也还需要进行深入的研究。地铁脆弱性是一个比较基础的问题，是研究地铁风险管理理论发展的需要。目前，在地铁规划、设计、运营和实践中，地铁脆弱性方面的考虑都没有得到足够的重视。因此，利用经验、模型、数据和决策支持工具来分析和评估并减少地铁的脆弱性是迫切需要的。

基于以上所述，本书以北京地铁为研究对象，拓展和应用脆弱性的相关理论，充分认识北京地铁脆弱性的特殊性、复杂性和重要性，提出与北京地铁脆弱性相关的概念、分析框架、评估模型及风险管理的对策建议，为构建“平安地铁”奠定理论基础。

4.1.2 研究意义

地铁的脆弱性是客观存在的，它会随着时间、空间的变化而变化。正确地分析和评价地铁车站的脆弱性对地铁车站的设计规划、日常管理乃至应急管理都有重要的意义。能够科学地评价地铁脆弱性程度，并采取相应的措施降低地铁的脆弱性，将会促进地铁的稳定运行和发展。地铁脆弱性的评估是从车站、线路和系统的角度来分析地铁的脆弱程度和可能存在的薄弱环节。地铁是一个由人、机、环、管组成的典型的、开放的复杂大系统，其脆弱性的确定不是仅凭经验，而是要进行量化研究。模型化评价地铁潜在的易干扰程度，具有以下的重要意义。

① 在理论创新方面，本书将生态领域的脆弱性研究引入地铁及安全管理研究中，并涉及多学科多方法的运用，通过定性定量分析，建立评价模型，构建地铁脆弱性的控制策略，从脆弱性角度研究地铁的公共安全，拓展对脆弱性研究的运用范围。

② 在服务决策方面，可以用来指导地铁管理部门认清地铁的脆弱环节，评估现有地铁的脆弱性，为地铁交通规划设计人员在对轨道交通运输系统进行整合时，有针对性地采取相应的对策，增加投资计划的价值，降低地铁的脆弱性。

③ 在实践应用方面，有利于优化日常地铁的运营管理，降低地铁扰动因素的影响，显著地改善现有地铁运营的性能。找出地铁的脆弱性并加以控制，有利于推动地铁抵抗灾害能力的建设，弥补城市地铁应急能力缺陷，减少对风险的暴露程度，从根本上避免或减少灾害的发生，对保证地铁运行的安全、快捷、高效具有重要意义。

4.2 研究综述

4.2.1 脆弱性

脆弱性的研究最早集中于自然科学领域，如水资源、自然灾害、生态系统等领域的探讨。20 世纪 90 年代以来，脆弱性概念被应用到公共健康、土地利用、可持续性科学、工程学、经济学等领域。脆弱性的内涵已从单纯针对自然系统的固有脆弱性逐渐演化为针对自然和社会系统的意义更为广泛的综合概念，脆弱性的研究也从最初关注自然环境系统的脆弱性逐渐延伸到探讨人文系统的脆弱性、人-环境耦合系统的脆弱性，呈现出多学科交融的趋势。

由于不同应用领域研究对象和学科视角的不同，不同学科领域对“脆弱性”这一概念的界定方式、角度、理解和内涵也存在很大差异。很多学者从各自的研究角度提出了关于“脆弱性”的不同定义，自然科学工作者往往主要从研究环境变化和自然生态系统角度去定义脆弱性，研究对象往往是自然的生态系统，社会科学工作者则注重于从造成人类脆弱性的经济社会关系、政治文化和其他权力结构等方面研究，研究对象往往是人文系统。美国学者 Margat（1968）首次提出了“地下水脆弱性”这一术语，将地下水脆弱性理解为地下水对污染物的自身保护。英国学者 Timmerman（1981）认为脆弱性是一种度，是系统在灾害事件发生时产生不利响应的程度，而系统不利响应的质和量受控于系统的弹性，该弹性标志着系统承受灾害事件并从中恢复的能力。联合国救灾组织认为脆弱性是一种损失度，即某一或一系列要素在某一强度自然现象发生时遭受损失的程度。刘铁民（2010）认为脆弱性是指对危险暴露程度及其易感、抗逆力尺度的考量，可以从自然、技术、社会和管理四个方面对其展开测量。李鹤等（2008）对脆弱性的概念进行了归纳总结，他们认为脆弱性是指由于系统（子系统、系统的组分）对系统内外部扰动的敏感性及缺乏应对能力从而使系统的结构和功能容易发生改变的一种属性，并将脆弱性的概念划分为以下四大类：① 脆弱性是暴露于不利影响或遭受损害的可能性，与自然灾害研究中“风险”的概念相似；② 脆弱性是遭受不利影响损害或威胁的程度，强调系统面对不利扰动（灾害事件）的结果；③ 脆弱性是承受不利影响的能力；④ 脆弱性是一个包含了“风险”“敏感性”“适应性”“恢复力”等一系列相关概念的集合。在灾害研究领域，承灾体的脆弱性通常被用来描述承灾体遭受灾害事件破坏机会的多少与发生破坏损失的难易程度，以及遭受破坏后的恢复能力。詹承豫（2009）认为脆弱性是个概念的集合，包含了“敏感性”“易损性”“不稳定性”“适应性”“应对力”“恢复力”等一系列相关概念，既考虑了系统内部条件对系统脆弱性的影响，也包含系统与外界环境相互作用的特征。张继权（2006）等认为承灾体的脆弱性或易损性是指在给定危险地区存在的所有任何财产由于潜在的危险因素而造成的伤害或损失程度，其综合反映了自然灾害的损失程度。一般来说，承灾体的脆弱性或易损性越低，灾害损失越小，灾害风险也越小，反之亦然。Adder（2006）认为脆弱性的关键参数是系统所承受的压力、它的敏感性和它的适应能力。Smit 和 Wandel（2006）认为脆弱性是暴露状况、敏感性和适应能力等各个组成部分在不同空间尺度下相互作用的复杂关系，并且脆弱性各个组成部分之间的关系是动态的，这种关系随时间、干扰类型、具体地点及系统特性等不断变化。Gallopín（2006）则认为脆弱性主要包括敏感性和响应能力，暴露不是脆弱性的组成成分，而应当把其看作是系统与外力干扰之间联系的一种特征。

4.2.2 交通系统的脆弱性

近年来，各种基础设施的脆弱性问题已经被大量关注和研究，道路交通的脆弱性问题是我们日常生活中和危急疏散情况下最基本和最重要的问题，但是它在最近的十几年才引起学者们的关注和研究。对交通运输脆弱性和可靠性的研究最早源于1995年日本阪神大地震和2001年9月11日的恐怖事件。1995年1月发生在日本阪神的7.2级大地震几乎破坏了神户周边的所有交通运输系统，使得世界第六大物流海港——神户港90%的泊位瘫痪，地震区六条铁路线均遭到严重破坏，许多高架桥倒塌或部分倒塌。阪神高速公路神户线共有611个桥墩在地震中遭到破坏，破坏率达52%，约150个已不可修复，重建率达13%。Chang（2000）研究了运输系统在灾难恢复中的重要作用及其脆弱性，主要基于神户大地震和其他的灾难，研究了地震对经济发展的长期影响。他认为由于交通运输基础设施通常比其他生命线系统的恢复需要更长时间，因此运输系统的绩效和恢复对长期的经济发展起到了重要的作用。“9·11”事件之后，交通运输中关键路段的脆弱性和可靠性引起了学者们的广泛关注和极大的兴趣。Berdica（2002）最早提出了有关交通运输网络脆弱性的定义，他认为运输网络的脆弱性是一个易受事件影响而导致道路交通运输网络的服务水平极大下降的敏感系数，这些事件是人为的或自生的，是可以预测或不能预测的。近几年，国外有关道路交通运输脆弱性的研究已经逐渐增多，但是当前对于交通运输脆弱性还没有一个确定的、统一的概念，没有形成一个对交通脆弱性一致的定义。Husdal（2004）将交通脆弱性定义为“在某些特定情况下交通的不可运转性”，他认为在进行交通运输投资的时候，应当在传统的成本-收益分析的基础上，加入其对交通运输可靠性和脆弱性的影响，将交通运输网络脆弱性看成是成本，而将对交通运输网络脆弱性的降低和可靠性的提高看成是收益。Jenelius等（2006）认为交通运输可以用类似于度量风险的方式去看待，脆弱性的概念应当被分成两个部分：一个是发生危险事件的概率，另一个是在特定地点发生事件的后果（他们称之为暴露）。Erath（2008）等研究了瑞士交通运输系统的脆弱性，他们将脆弱性定义为危险情况下路段失效的概率与中断所造成的直接后果和间接后果之和的乘积。

目前国内关于交通运输脆弱性的研究还比较少，还处于刚刚起步。姜淑珍和刘春光（2005）采用经验统计法、模糊数学理论和 Push - Over 等方法，研究了地震情况下城市交通系统中的桥梁、道路的易损性，从中寻找交通系统存在的薄弱环节。马颖（2006）研究了由城市交通基础设施系统、城市交通运营网络系统及城市交通管理系统等子系统构成的城市交通的生命线系统的脆弱性。高廷（2008）等从产业结构、灾害链和土地利用 3 个角度对 2008 年中国南方低温雨雪冰冻灾害的承灾体进行分类，并以湖南省郴州市交通承灾体为例，依据重要性、可比性、定量性原则，选定海拔高度、道路坡度、道路坡向、日常通行能力和停运风险概率 5 个指标作为脆弱性评价的基本参数，进行了交通系统脆弱性评价。洪国平（2008）研究了公路、铁路、水运、航空等主要交通行业对气象要素的敏感性，他分析了公路交通对某些天气状况的敏感性和可能产生的风险，并提出了一些决策建议。戴建锋（2012）等从自然灾害恢复能力、基础设施脆弱性、水路交通经济脆弱性及搜救能力 4 个方面分析了水路交通系统的交通脆弱性。袁竞峰等（2012）对城市地铁的网络系统进行了研究，认为地铁网络系统脆弱性可以分为物理脆弱性、结构脆弱性和社会功能脆弱性 3 类。

4.2.3 脆弱性评价

目前，对脆弱性的评价集中在自然科学领域，脆弱性的评价方法也多沿用安全性评价的方法。南太平洋应用地球科学委员会利用 50 个指标，运用加权求和法构建了环境脆弱性指数，用来反映一国自然环境容易受到损害及发生退化的程度。黄方（2003）等基于 GIS 技术的空间分析功能，应用主成分综合分析方法，提出了生态脆弱态势指数模型。

Thirumalaivasan D.（2003）等应用层次分析法建立了特殊含水层脆弱性评估模型。樊运晓（2003）等基于模糊综合评判法建立了区域承灾体脆弱性理论模型。此外，一些学者在研究脆弱性内涵和作用机理的前提下，对脆弱性的各构成要素进行定量评价，然后从脆弱性构成要素之间的相互作用关系出发，建立了脆弱性函数评价模型。史培军（2002）提出了广义的灾害脆弱性评估模型和狭义的灾害脆弱性评估模型，认为广义的灾害脆弱性是由区域时空脆弱性、孕灾环境脆弱性、承灾体脆弱性构成，狭义的脆弱性评估模型由经济脆弱性、人文脆弱性、政治脆弱性构成。Luers A. L. 等（2003）认为系统的脆弱性是由系统内某些变量面对扰动的敏感性与这些变量临近伤害临界值的程度构成的函数，脆弱性的度量可用二者比值的期望来表示。

4.2.4 脆弱性的控制

在系统脆弱性控制方面，Johnston R. G.（2003）认为人是系统最活跃的元素，人的某些行为直接影响到系统的脆弱性，对脆弱性的控制要考虑系统对资源的依赖性、日常的管理制度和管理系统中的人的综合素质。陆莹（2010）等使用贝叶斯网络对地铁运营风险实施了预测，得出建立合理的现场管理流程能更加有效地降低事故概率。王洪德等（2007）提出了基于层次分析法的影响城市地铁运营安全的危害分析及预防对策，包括采用先进的设备及其检测体系、建立自动监视及自动报警系统、加强对乘客和地铁工作人员的教育、加强日常安全管理、制定应急方案并进行模拟演练等。韩豫等（2012）分析了城市轨道交通系统运营安全的特性和脆弱性的特征，建立了基于脆弱性的城市轨道交通系统运营安全提升机制。

4.2.5 脆弱性与可靠性的关系

可靠性是一种概率型测度指标，在系统工程里面，可靠性的定义是在特定的时间和给定的环境和运行条件下，实现某种预期的功能并达到可接受的运行水平的概率。交通运输系统的可靠性是系统工程可靠性概念在交通系统的综合应用，它描述了在交通需求和交通供给波动的情况下，交通运输系统性能能够满足某一特定要求的概率。而在对交通运输系统的脆弱性的相关研究中，交通运输系统脆弱性还包括交通运输系统受到扰动因素扰动所造成的后果，所以它不是一个概率值。

同时，交通运输系统可靠性是与交通运输系统脆弱性紧密相关的概念，交通运输系统可靠性与脆弱性都是评价交通运输系统提供连续的通行能力的重要概念。但有时人们会把这两个概念相混淆，认为它们是两个对立的概念：交通运输系统可靠性高，则交通运输系统脆弱性就比较低；交通运输系统脆弱性高，那么交通运输系统就不可靠。例如，Berdica（1999）就曾讨论了交通运输系统可靠性、脆弱性和其他一些相关概念之间的联系，她曾提出道路交通运输网络脆弱性可以看成是对道路交通运输网络可靠性的补充。其实，交通运输系统可靠性和道路交通运输系统脆弱性是两个不同的概念，需要分清它们之间的联系和区别。Jenelius（2007）等提出如果站在不同的观察者角度，脆弱性和可靠性的概念就很容易被分清楚了。例如 Immers（2006）等将可靠性看成是对运输系统面向用户的性质评价而不是系统自身的特征，他们定义可靠性为"一个出行者能够估计他自己的旅行时间的确定性程度"，而脆弱性不是站在单个用户的角度来说的，它是描述一个系统整体特征的概念。

4.3 主要研究内容

本书以安全科学、管理科学、统计学等理论为基础，通过对地铁现场进行大量调研及数据采集，深入分析地铁安全风险管理的基本特征，确定了地铁脆弱性的内涵、分析框架与影响因素，在对火灾条件下与大客流条件下地铁脆弱性进行了系统而深入研究的基础上，建立了相关脆弱性评价指标模型，提出了脆弱性视角下的地铁应急管理资源配置与对策等，主要研究成果的内容如下。

4.3.1 地铁脆弱性的内涵、分析框架、影响因素

1. 地铁脆弱性的概念模型

本书认为地铁脆弱性是指地铁系统在扰动下暴露于扰动中的频率、时间、范围，扰动作用下地铁发生的变化程度，由于扰动带来的地铁系统遭受的不利影响程度及从扰动的不利影响中恢复正常运营的能力。即

脆弱性的构成要素为：暴露度、易感度、适应度。在研究中，将地铁系统分为人员、设备、环境三大部分，其中人员部分包括地铁的职工和乘客，设备部分包括通信与监控系统、维护运行系统、乘客通行系统等，环境部分包括楼梯、出入口、通道等。

地铁脆弱性概念模型是在AHV模型的基础上扩展而来的，认为地铁脆弱性是由地铁的“人员-设备-环境”耦合系统决定的，它描述的是地铁运营中的客观状态，这是一种变化的状态，这种状态是地铁所固有的特性，它随着地铁运营的时间（如高峰期、非高峰期）、地铁特性、考察空间对象等不断发生变化。地铁脆弱性包含了三个构成要素，分别为暴露度、易感度和适应度，即在人员、设备、环境三个系统中都包含了暴露度、易感度、适应度这三个构成要素。图4-8是地铁承灾体示意图。图4-9是地铁脆弱性概念模型示意图。

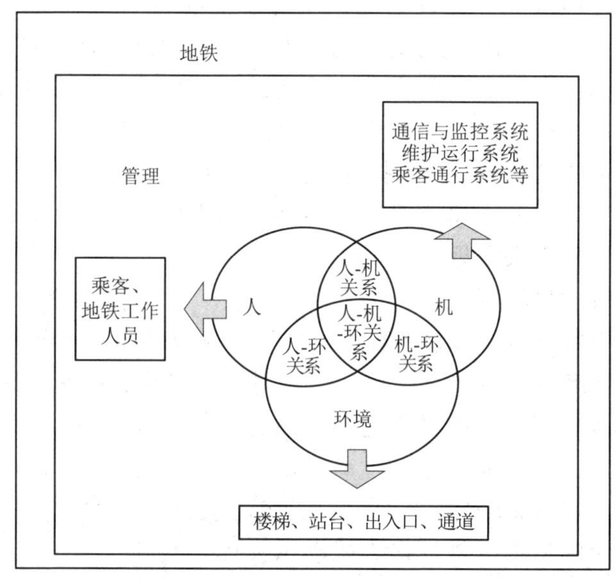

图4-8　地铁承灾体示意图

2. 地铁脆弱性分析框架

脆弱性是一种度的概念，这使得脆弱性的描述很好地规避了安全概念中即使有威胁存在，而承灾体依旧呈现出安全状态的情况。通过脆弱性的描述，可以找到威胁对系统产生的危害程度、可抵抗程度或者系统适应程度，更好地帮助运营管理者了解系统运营过程中脆弱的环节或者

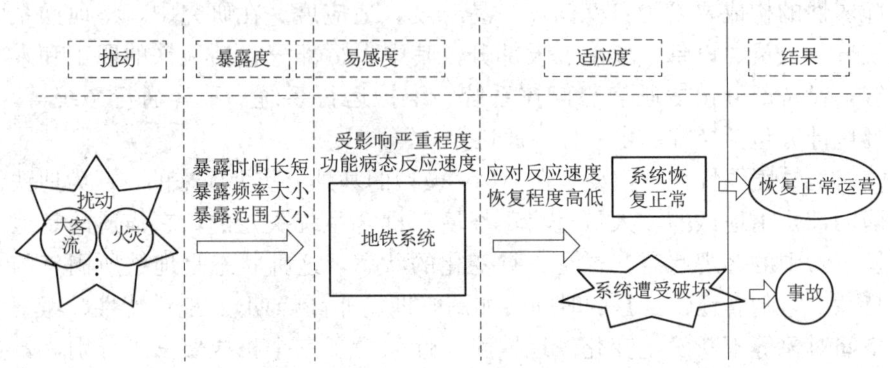

图 4-9　地铁脆弱性概念模型

脆弱点的存在。

我们认为地铁脆弱性是指地铁系统在扰动下暴露于扰动中的频率、时间、范围，扰动作用下地铁系统发生的变化程度，地铁系统遭受的由于扰动带来的不利影响的程度及从扰动的不利影响中恢复正常运营的能力。即脆弱性的构成要素为暴露度、易感度、适应度。它是所研究对象在扰动情况下所处状态的一种描述，这种描述是以脆弱性的度来衡量的。这种状态的描述要根据研究对象在不利扰动下的暴露程度、对扰动的感知程度和适应程度来衡量。

地铁系统的暴露度是指作为扰动承灾体，服务于地铁运营的设备设施、员工和乘客暴露于扰动的程度。这种程度反映了暴露于扰动的时间、频率和范围。暴露度主要考察承灾体受到危害威胁的概率。暴露度越高，受到危害导致功能病态的概率越高，则脆弱性就相应提高，即暴露度对脆弱性的贡献是一个同向增长、减少的过程。暴露度越高，在防控风险中就越要关注，在脆弱性研究中的地位就越重要。

地铁系统的易感度是指作为扰动承灾体，受到扰动的干扰产生不利影响的程度，包括扰动出现多长时间就会影响其功能，影响会严重到什么程度。在地铁车站运营系统中，应主要考察是否可以实现自身应有的功能，如果相应的设备设施或人员组织在扰动作用下很快产生了运行功能的病态反应或者崩溃，则易感度强，脆弱性也相对提高；如果相应的设备设施、人员在扰动作用下仍能正常运行，则表示易感度几乎为零，也就是说地铁在扰动下发生的偏离正常运行的状态越多，则易感度就越强。易感度对脆弱性的贡献也是同向增长、减少的过程。

地铁系统的适应度是指作为扰动承灾体，在扰动下应对不利影响，从受到了的不利影响中恢复的能力的大小，也是一种适应和恢复的能力，包括应对不利影响的反应时间、反应力度等。如果地铁系统应对不利影响的反应时间很快、反应力度大，则说明地铁的适应度强，那么相对的地铁脆弱性就低。地铁系统适应度强反映的是地铁脆弱性低的方面，即适应度对脆弱性的贡献是反向增长、减少的过程。适应度的关键是考察系统是否做到了故障安全化、损失最小化。

在脆弱性评价体系中应充分考虑脆弱性上述三个构成要素的贡献度，尤其在专家打分和实地调研阶段应考虑暴露度、易感度和适应度综合作用的结果。在脆弱性这个度的描述上采用三个构成要素综合贡献度的方法。值得注意的是，适应度的增强有利于系统自我恢复适应扰动，可以削弱系统的脆弱性，故为负贡献。

3. 地铁脆弱性的影响因素

危险分析与风险控制理论以危险和隐患作为研究对象，其理论的基础是对事故因果性的认识，以及对危险和隐患事件链过程的确认。确认了“人、机、环境、管理”事故综合要素，主张工程技术硬手段与教育、管理软手段综合措施，提出了超前防范和预先评价的概念和思路。地铁脆弱性影响因素也将根据风险控制理论中的事故致因理论进行分析，以地铁系统的脆弱点作为研究对象，以地铁脆弱性概念作为分析依据，具体以轨迹交叉论（图 4－10）中人的不安全行为和物的不安全状态为分析点进行研究，其中人包括乘客和员工，物包括设备和环境。风险事件的发生是人的不安全行为和物的不安全状态造成的，而人的不安全行为和物的不安全状态则源于管理的失误。本书从人（乘客与员工）、物（设备与环境）导致风险发生的直接原因入手，找到管理失误的因素，以解决存在于人与物的风险隐患问题为切入点，改善管理因素。

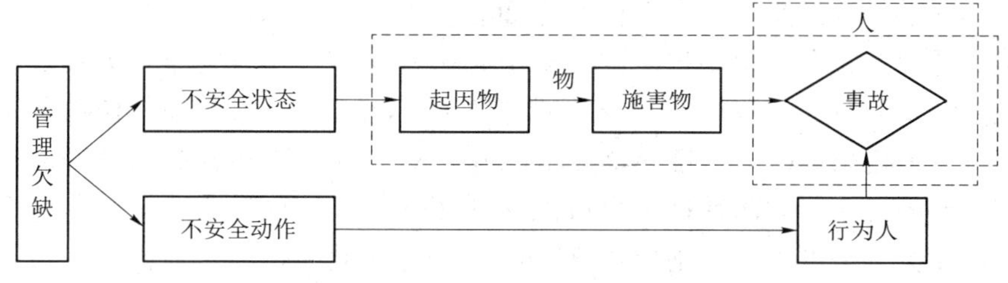

图 4－10　轨迹交叉论

（1）人员因素

地铁系统中的人是事故的最直接受害者和最重要的承灾体，事故对人的破坏性影响是事故本身和人的脆弱性共同作用的结果。因此，探讨人的脆弱性，既是地铁系统脆弱性研究的重要组成部分，也对安全学、人类可持续发展研究具有深远意义。人员包括站内的工作人员和乘客。

（2）设备因素

地铁系统中的设备是事故发生的最直接的载体和基础，事故的发生离不开设备的影响。因此，探讨设备的脆弱性，既是地铁系统脆弱性研究的重要组成部分，也对安全学、人类可持续发展研究具有深远意义。设备包括机电设备、信号与控制系统、乘客通行设备等。

（3）环境因素

地铁系统中的环境是地铁安全运行的支持，是影响地铁脆弱性的一大因素。因此，研究环境的因素具有重要意义。环境包括车站内部通道、站台、出入口及车站内外与自然环境相关的排水、防风、防冰雪、防雷电设施等。

本书从人员、设备和环境三个层面分析北京地铁2010—2011年的41起运营事故，深入剖析事故发生原因，综合人员、设备和环境对地铁脆弱性影响的前期实地调研和研究成果，根据解释结构模型，得出地铁脆弱性影响因素的解释结构模型，如图4－11所示。

4.3.2 地铁脆弱性的评价模型与预警模型

1. 地铁脆弱性评价模型

地铁脆弱性的评价是一项系统工程，因此可以采用系统化的方法进行分析。层次分析法、灰色理论与模糊综合评价都是系统工程中常用的方法。然而专家在使用层次分析法对原则或者方案进行比较过程中，在专业水平、认识能力与个人偏好方面有偏差，难以达成统一标准。这就使得评价专家在评价中提供的评价信息不甚确定、不甚完全，即具灰色性（Grey）。而且评价指标本身就带有某些不确定性，如信息知晓度的不充分，加之指标的区分度不高、不同专家对待同一项指标的重视程度也有一定的偏差，故而数据结果可能落在相邻但不同的数值上。而灰色系统的相关方法可以很好地解决这一问题。与此同时，由于地铁脆弱性评价对象的数据存在模糊性，模糊综合评价方法非常适合用于地铁脆弱性

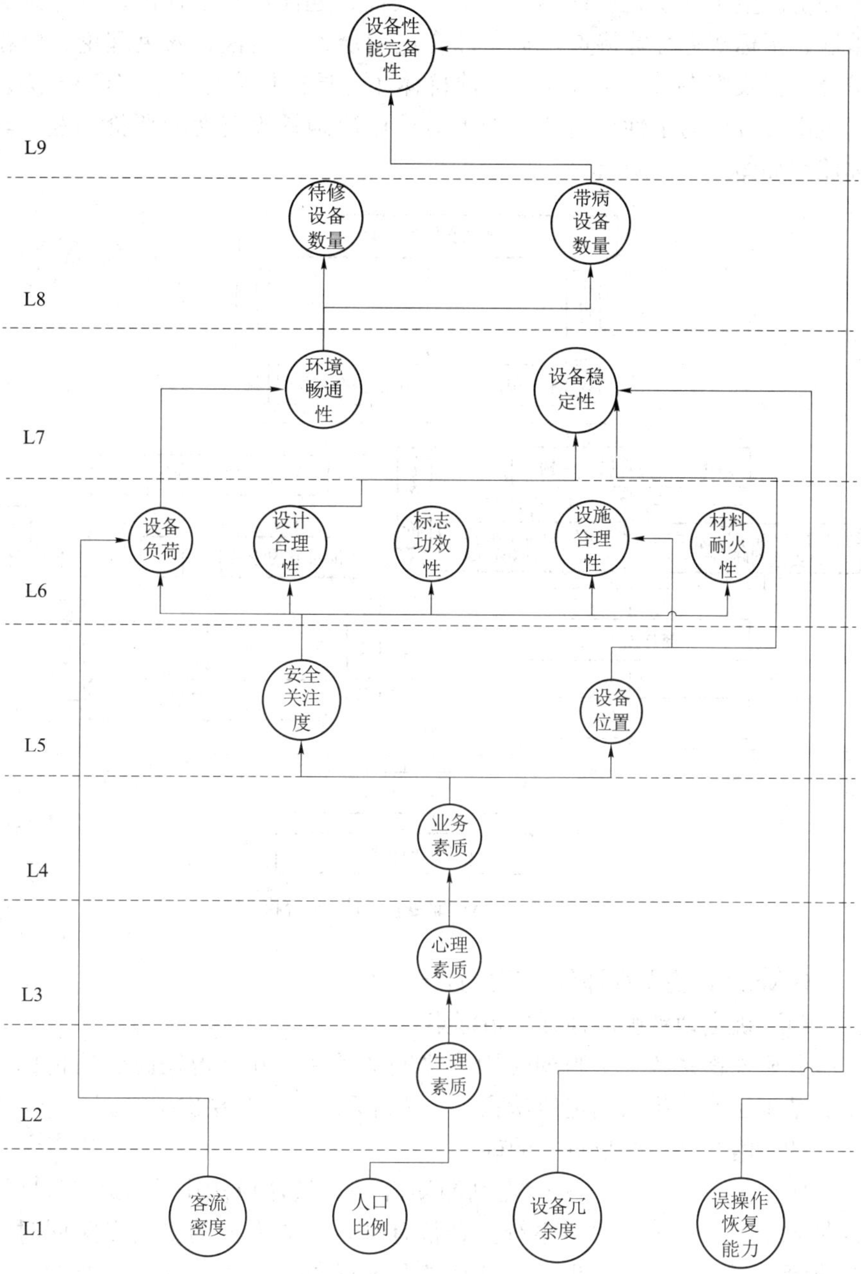

设备性能完备性
L9
待修设备数量
带病设备数量
L8
环境畅通性
设备稳定性
L7
设备负荷
设计合理性
标志功效性
设施合理性
材料耐火性
L6
安全关注度
设备位置
L5
业务素质
L4
心理素质
L3
生理素质
L2
客流密度
人口比例
设备冗余度
误操作恢复能力
L1

图 4－11　地铁脆弱性因素解释结构模型

的评价。鉴于地铁脆弱性体系具有层级性、定性定量结合性、多专家决策性、指标灰色性等特点，本书综合运用层次分析法、灰色理论、模糊综合评价及多专家决策理论，构建群体灰色层次模糊评价法（GAF 法），通过定量分析与定性评价相结合的方法解决地铁脆弱性的评价问题。具体流程如图 4－12 所示。

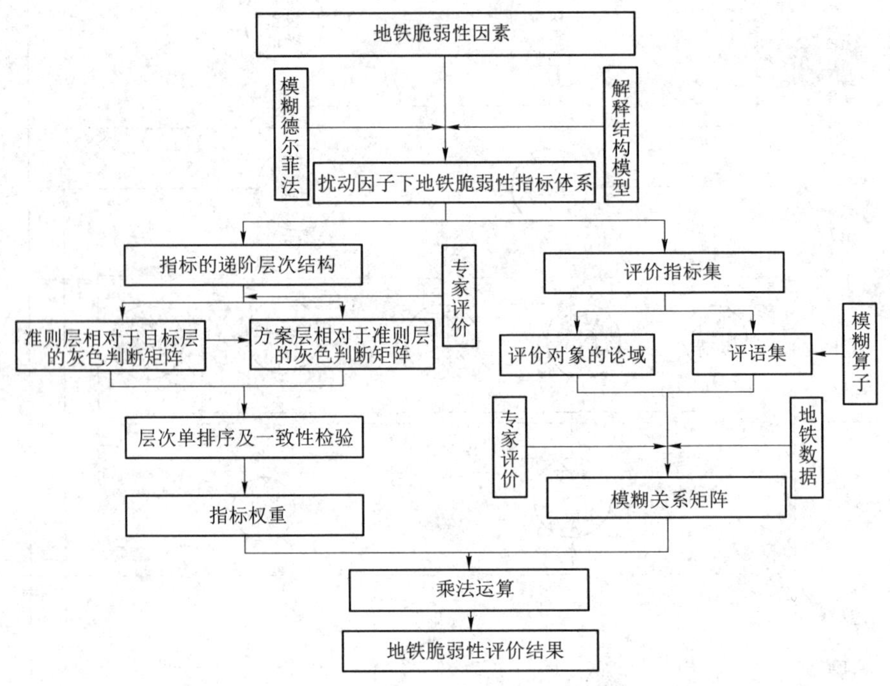

图 4－12　GAF 地铁脆弱性评价模型

GAF 地铁脆弱性评价模型的具体评价过程如下。

（1）确定地铁脆弱性评价指标集

分析地铁系统中个脆弱性因素之间的关系，建立地铁脆弱性指标体系。基于层次分析法确定地铁脆弱性评价系统的递阶层次结构。

（2）脆弱性指标权重 σ 的确定

应用经典层次分析法构建判断矩阵，在具体应用中往往不够科学。但是对于一个复杂的决策系统，经常有来自不同专业的多名专家同时参与决策，每位专家的认识和判断往往具有偏好性，因此综合每个专家的判断，借鉴灰色理论，能得到相对客观的结论。假设有 n 个专家参与决策，每位专家对同一层次的各因素关于上一层中某一因素的重要性进行两两比较，与经典1～9标度方法不同的是，专家确定标度值时，给出一个标度的取值区间，也就是标度区间灰数，构建群体灰色判断矩阵。

① 构建准则层相对于目标层的灰色判断矩阵。选定专家，在本研究中由地铁安全管理人员与高校安全管理专业的教授与博士组成，以打分的方式构建灰色评价样本矩阵 **A**，其中 k 为第 k 位专家。

$$\mathbf{A}^{(k)}(\otimes)=\begin{bmatrix} a_{11}^{(k)}(\otimes) & a_{12}^{(k)}(\otimes) & \cdots & a_{1j}^{(k)}(\otimes) & \cdots & a_{1m}^{(k)}(\otimes) \\ a_{21}^{(k)}(\otimes) & a_{22}^{(k)}(\otimes) & \cdots & a_{2j}^{(k)}(\otimes) & \cdots & a_{2m}^{(k)}(\otimes) \\ \vdots & \vdots & & \vdots & & \vdots \\ a_{i1}^{(k)}(\otimes) & a_{i2}^{(k)}(\otimes) & \cdots & a_{ij}^{(k)}(\otimes) & \cdots & a_{im}^{(k)}(\otimes) \\ \vdots & \vdots & & \vdots & & \vdots \\ a_{m1}^{(k)}(\otimes) & a_{m2}^{(k)}(\otimes) & \cdots & a_{mj}^{(k)}(\otimes) & \cdots & a_{mm}^{(k)}(\otimes) \end{bmatrix} \quad (4-1)$$

$$i=1,2,\cdots,m;j=1,2,\cdots,m;k=1,2,\cdots,s$$

$$a_{i1}^{(k)}(\otimes)=1;a_{ij}^{(k)}(\otimes)=\frac{1}{a_{ji}^{(k)}(\otimes)}$$

其中，$a_{ij}^{(k)}(\otimes)\in[\underline{a}_{ij}^{k},\overline{a}_{ij}^{k}]$，为同层次中第 i 个元素和第 j 个元素相比重要性程度的比值；$\underline{a}_{ij}^{k}$ 和 $\overline{a}_{ij}^{k}$ 为灰数的下限和上限，取值采用 T. L. Saaty 的1～9标度法。

② 以每位专家的灰色判断矩阵为基础构建判断矩阵。

$$\mathbf{A}(\otimes)=\begin{bmatrix} a_{11}(\otimes) & a_{12}(\otimes) & \cdots & a_{1j}(\otimes) & \cdots & a_{1m}(\otimes) \\ a_{21}(\otimes) & a_{22}(\otimes) & \cdots & a_{2j}(\otimes) & \cdots & a_{2m}(\otimes) \\ \vdots & \vdots & & \vdots & & \vdots \\ a_{i1}(\otimes) & a_{i2}(\otimes) & \cdots & a_{ij}(\otimes) & \cdots & a_{im}(\otimes) \\ \vdots & \vdots & & \vdots & & \vdots \\ a_{m1}(\otimes) & a_{m2}(\otimes) & \cdots & a_{mj}(\otimes) & \cdots & a_{mm}(\otimes) \end{bmatrix} \quad (4-2)$$

式中，$a_{ij}(\otimes)\in[\underline{a}_{ij},\overline{a}_{ij}]$，其中，$\underline{a}_{ij},\overline{a}_{ij}$ 通过式（4-3）计算。

$$\underline{a}_{ij}=\prod_{k=1}^{s}(\underline{a}_{ij}^{k})^{\eta_k},\overline{a}_{ij}=\prod_{k=1}^{s}(\overline{a}_{ij}^{k})^{\eta_k} \quad (4-3)$$

式中，η_k 为第 k 位专家对总体判断的权重。当 $\eta_k=\frac{1}{s},k=1,2,\cdots,s$ 时，有

$$\underline{a}_{ij}=\sqrt[s]{\prod_{k=1}^{s}\underline{a}_{ij}^{k}},\overline{a}_{ij}=\sqrt[s]{\prod_{k=1}^{s}\overline{a}_{ij}^{k}} \quad (4-4)$$

③ 灰色判断矩阵的白化。设灰色判断矩阵的空位系数 $\rho_{ij}\in[0,1]$，

$i=1,2,\cdots,m;j=1,2,\cdots,m$；且 $\rho_{ji}=1-\rho_{ij}$。全灰色判断矩阵元素的白化值为

$$\tilde{a}_{ij}(\otimes)=\underline{a}_{ij}^{\rho_{ij}}\times\overline{a}_{ij}^{1-\rho_{ij}} \tag{4-5}$$

由此求得灰色判断矩阵的白化矩阵为

$$\boldsymbol{A}(\otimes)=\begin{bmatrix}\tilde{a}_{11}(\otimes) & \tilde{a}_{12}(\otimes) & \cdots & \tilde{a}_{1j}(\otimes) & \cdots & \tilde{a}_{1m}(\otimes)\\ \tilde{a}_{21}(\otimes) & \tilde{a}_{22}(\otimes) & \cdots & \tilde{a}_{2j}(\otimes) & \cdots & \tilde{a}_{2m}(\otimes)\\ \vdots & \vdots & & \vdots & & \vdots\\ \tilde{a}_{i1}(\otimes) & \tilde{a}_{i2}(\otimes) & \cdots & \tilde{a}_{ij}(\otimes) & \cdots & \tilde{a}_{im}(\otimes)\\ \vdots & \vdots & & \vdots & & \vdots\\ \tilde{a}_{m1}(\otimes) & \tilde{a}_{m2}(\otimes) & \cdots & \tilde{a}_{mj}(\otimes) & \cdots & \tilde{a}_{mm}(\otimes)\end{bmatrix} \tag{4-6}$$

④ 构建方案层相对于准则层的灰色判断矩阵。设方案层中，$P_1,P_2,\cdots,P_m$ 相对于准则层 $C(\gamma)(\gamma=1,2,\cdots,m)$ 的重要性判断为 $\boldsymbol{B}(\gamma)$，采用前述GGAGP法同样可以构建出方案层相对于准则层的灰色判断矩阵，其白化矩阵为

$$\boldsymbol{B}(\gamma)=\begin{bmatrix}\tilde{c}_{11}^{(\gamma)}(\otimes) & \tilde{c}_{12}^{(\gamma)}(\otimes) & \cdots & \tilde{c}_{1j}^{(\gamma)}(\otimes) & \cdots & \tilde{c}_{1m}^{(\gamma)}(\otimes)\\ \tilde{c}_{21}^{(\gamma)}(\otimes) & \tilde{c}_{22}^{(\gamma)}(\otimes) & \cdots & \tilde{c}_{2j}^{(\gamma)}(\otimes) & \cdots & \tilde{c}_{2m}^{(\gamma)}(\otimes)\\ \vdots & \vdots & & \vdots & & \vdots\\ \tilde{c}_{i1}^{(\gamma)}(\otimes) & \tilde{c}_{i2}^{(\gamma)}(\otimes) & \cdots & \tilde{c}_{ij}^{(\gamma)}(\otimes) & \cdots & \tilde{c}_{im}^{(\gamma)}(\otimes)\\ \vdots & \vdots & & \vdots & & \vdots\\ \tilde{c}_{m1}^{(\gamma)}(\otimes) & \tilde{c}_{m2}^{(\gamma)}(\otimes) & \cdots & \tilde{c}_{mj}^{(\gamma)}(\otimes) & \cdots & \tilde{c}_{mm}^{(\gamma)}(\otimes)\end{bmatrix} \tag{4-7}$$

⑤ 层次单排序及一致性检验。

步骤1 计算白化后的判断矩阵 $\boldsymbol{G}(\otimes)$ 后，求出最大特征值 $\lambda_{\max}$，然后使用对应的特征方程 $\boldsymbol{G}(\otimes)\boldsymbol{W}=\lambda_{\max}\boldsymbol{W}$ 解出相应的特征向量 $\boldsymbol{W}$，再进行归一化，即为同一层次上各因素相对于上一层中某一因素的重要性权重，其中 $\boldsymbol{G}(\otimes)$ 为上述 $\boldsymbol{A}(\otimes)$ 或 $\boldsymbol{B}(\gamma)(\otimes)$。

步骤2 一致性检验。矩阵 $\boldsymbol{G}(\otimes)$ 的一致性检验。用 $\lambda_{\max}-r$ 度量 $\boldsymbol{G}(\otimes)$ 中各元素的估计一致性，为此一致性指标CI（consistence index）：

$$\mathrm{CI}=\frac{\lambda_{\max}-r}{r-1} \tag{4-8}$$

引入随机一致性指标RI（random index）：

$$\mathrm{RI}=\frac{\bar{\lambda}_{\max}-r}{r-1} \tag{4-9}$$

其中，$\bar{\lambda}_{\max}$为多个 r 阶随机正负反矩阵最大特征值的平均值。

CI 与 RI 之比称为一致性比率 CR（consistence ratio），其中

$$CR=\frac{CR}{RI} \tag{4-10}$$

当 CR<0.1 时，$\boldsymbol{G}(\otimes)$的不一致性可以接受，否则必须调整判断矩阵。

准则层相对于目标层的灰色判断矩阵一致性检验时，$r=m$；方案层相对于准则层的灰色判断矩阵一致性检验时，$r=n$。

⑥ 层次总排序。层次总排序即计算方案层各因素对于目标层的相对重要性权值。

条件 1：判断矩阵 $\boldsymbol{A}(\otimes)$的最大特征值对应的特征向量为

$$\boldsymbol{W}(\boldsymbol{A})=(w_1,w_2,\cdots,w_m) \tag{4-11}$$

条件 2：判断矩阵 $\boldsymbol{B}(\gamma)$的最大特征值对应的特征向量为

$$\boldsymbol{W}(\boldsymbol{B})=\begin{bmatrix} w_{11} & w_{12} & \cdots & w_{1n} \\ w_{21} & w_{22} & \cdots & w_{2n} \\ \vdots & \vdots & & \vdots \\ w_{m1} & w_{m2} & \cdots & w_{mn} \end{bmatrix} \tag{4-12}$$

则层次总排序为

$$\boldsymbol{\sigma}=(w_1,w_2,\cdots,w_n)\begin{bmatrix} w_{11} & w_{12} & \cdots & w_{1n} \\ w_{21} & w_{22} & \cdots & w_{2n} \\ \vdots & \vdots & & \vdots \\ w_{m1} & w_{m2} & \cdots & w_{mn} \end{bmatrix}=(\sigma_1,\sigma_2,\cdots,\sigma_n) \tag{4-13}$$

式中：$\sigma_1,\sigma_2,\cdots,\sigma_n$ 分别为 $P_1,P_2,\cdots,P_n$ 相对于目标层的权重值。

（3）求模糊关系矩阵 $\boldsymbol{R}$

① 确定地铁脆弱性评价对象的因素论域。设系统有 p 个评价指标，则评价对象的论域为

$$u=\{u_1,u_2,\cdots,u_p\} \tag{4-14}$$

② 确定地铁脆弱性指标的评语等级论域。即等级集合。每一个等级可对应一个模糊子集：

$$v=\{v_1,v_2,\cdots,v_p\} \tag{4-15}$$

③ 建立模糊关系矩阵 $\boldsymbol{R}$。在构造了等级模糊子集后，要逐个对被评事物从每个因素 $u_i(i=1,2,\cdots,p)$上进行量化，即确定从单因素来看被评

事物对等级模糊子集的隶属度（$\boldsymbol{R}|u_i$），进而得到模糊关系矩阵：

$$\boldsymbol{R}=\begin{bmatrix}\boldsymbol{R}| & u_1\\ \boldsymbol{R}| & u_2\\ & \vdots \\ \boldsymbol{R}| & u_p\end{bmatrix}=\begin{bmatrix}r_{11} & r_{12} & \cdots & r_{1m}\\ r_{21} & r_{22} & \cdots & r_{2m}\\ \vdots & \vdots & & \vdots\\ r_{p1} & r_{p2} & \cdots & r_{pm}\end{bmatrix}_{p.m} \tag{4-16}$$

矩阵$\boldsymbol{R}$中第i行第j列元素r_{ij}，表示某个被评事物从因素u_i来看对v_j等级模糊子集的隶属度。一个被评事物在某个因素u_i方面的表现是通过模糊向量$(\boldsymbol{R}|u_i)=(r_{i1},r_{i2},\cdots,r_{im})$来刻画的，而在其他评价方法中大多是由一个指标实际值来刻画的，因此从这个角度讲模糊综合评价要求更多的信息。

（4）合成地铁脆弱性综合评价结果向量

将地铁脆弱性的指标权重$\boldsymbol{\sigma}$与地铁脆弱性评价对象的$\boldsymbol{R}$进行合成，得到各地铁脆弱性评价对象的结果向量$\boldsymbol{B}$，即

$$\boldsymbol{\sigma R}=(\sigma_1,\sigma_2,\cdots,\sigma_p)\begin{bmatrix}r_{11} & r_{12} & \cdots & r_{1m}\\ r_{21} & r_{22} & \cdots & r_{2m}\\ \vdots & \vdots & & \vdots\\ r_{p1} & r_{p2} & \cdots & r_{pm}\end{bmatrix}=(b_1,b_2,\cdots,b_m)=\boldsymbol{B} \tag{4-17}$$

其中，b_j是由$\boldsymbol{\sigma}$与$\boldsymbol{R}$的第j列运算得到的，它表示地铁脆弱性评价对象从整体上看对v_j等级模糊子集的隶属程度。

2. 地铁脆弱性预警模型

预警是一种预报，即在地铁站点的高脆弱性发展成事故之前，能够及时地发出警报。这要求所设计的预警指标体系应非常直观，使管理者能较容易地理解和掌握；实用性要求所选择的预警指标应能反映供需形势，即预报的信号要明确，判断要简单。

（1）脆弱性预警信号的确定

预警信号是对预警等级的警示，即预警等级与预警信号的划分是相对应的，预警等级有几级，预警信号就相应有几级。在确定预警信号之前，先对我国七类气象灾害的预警信号解释进行统计和分析，可以发现如表4－4所示的规律。

红色信号表示灾害带来的损失最大，橙色表示灾害带来的损失次之，黄色、蓝色表示灾害带来的损失依次减弱，蓝色表示灾害最小。七类灾害的划分都与时间有关，即都是时间的函数，其中最长的定义在24小时内灾害会带来的影响，也就是灾害影响最小的；最短则是1小时内，这

样的灾害往往是巨大的。

表 4-4　典型气象灾害预警信号对比表

灾害类型	信号划分				划分依据
	蓝色	黄色	橙色	红色	
台风					强度、时间
暴雨					降雨量、时间
高温	—				最高气温、时间
大风					平均风力、时间
灰霾	—				能见度、时间
雷电	—				出现雷电的可能性、时间
冰雹	—	—			出现冰雹的可能性、时间

地铁的脆弱性所导致的事故，有的是特大事故、重大事故，有的是特别重大事故，其破坏是非常大的，对人民生活和地铁的安全运营带来的影响是灾难性的。而地铁的高脆弱性的出现并不是一瞬间的，而是多种因素在较长的时间内综合作用的结果。这些因素有的是脆弱性的关键因素，而有的则是脆弱性的次要因素或基础因素，这些危险因素在预警过程中自然要分在不同的等级。同时，地铁脆弱性从出现到最终导致事故的发生往往要经历一个过程。这个过程一般都要经历一段时间，才能产生结果。根据以上两方面的分析，对照七类气象灾害预警信号的划分依据，将地铁脆弱性预警等级划分为 5 级，在与国家气象灾害预警信号相对统一的情况下也有所区分，故而分别采用绿色、黄色、橙色、红色、黑色依次表示事故危险性的升级，脆弱性预警等级、信号表示及定性的说明如表 4-5 所示。

表 4-5　脆弱性预警等级与预警信号说明表

脆弱性等级	预警表示	指标说明	数值
Ⅰ	绿色	人、机、环三个方面配备完整，完全满足需求，可以较好地抵抗外来干扰，可以考虑进一步完善功能	<0.25
Ⅱ	黄色	人、机、环三个方面配备基本完整，对外来干扰存在一定的抵抗能力，需要完善功能	[0.25，0.5)
Ⅲ	橘色	人、机、环三个方面配备存在缺失，对日常运营影响不大，对外来干扰的抵抗能力较低，需要整改	[0.5，0.75)

续表

脆弱性等级	预警表示	指标说明	数值
Ⅳ	红色	人、机、环三个方面配备存在较大缺失，对日常运营产生影响，对外来干扰的抵抗能力非常低，急需整改	[0.75，0.85]
Ⅴ	黑色	人、机、环三个方面配备缺失严重，严重影响到地铁的正常运营，没有对外来干扰的抵抗能力，必须整改	>0.85

（2）预警信号的发布

预警信号主要通过计算机和电话两种途径发布。对于有些脆弱性信息，这里指否定性指标，如果工作人员第一时间接触，应立即通过电话报告指挥中心，预警相关部门根据情况立即通过电话和计算机网络发布预警信号，启动对策库，而不必等到工作结束后将结果录入计算机，通过计算机发布预警信号。而有些脆弱性信息，这里指系统危险性评价指标，需要经过人工分析和计算机分析才能得到预警等级，这种预警信号主要由指挥中心检查、分析并通过计算机网络发布。

（3）地铁脆弱性预警等级划分方法

地铁脆弱性预警分级是在给定等级下，确定当前突发事件中的地铁脆弱性预警所属的等级范围，属于模式识别的范畴。目前模式识别的主流技术有：统计模式识别、句法模式识别、模糊数学方法、神经网络法、人工智能方法和数据挖掘等。通过上文的论述，我们已经可以通过 GAF 地铁脆弱性评价模型来计算特定站点的脆弱性，得到描述其脆弱性的结果向量 $\boldsymbol{B}$。针对这个向量 $\boldsymbol{B}$ 的比较，我们采用现今比较成熟的 BP 神经网络方法来进行分级。

人工神经网络是根植于神经科学、数学、统计学、物理学、计算机科学及工程等学科的一种技术。神经网络无须事先了解输入输出模式之间的映射关系，只要为其提供足够多的输入输出样本模式供其学习训练，就能够学习并储存大量的输入输出模式映射关系，完成由 n 维输入空间到 m 维输出空间的非线性映射。而正常操作时，在为训练好的神经网络输入一个信号后，它就可以回忆出相应的输出结果。

利用神经网络的基本原理，将地铁车站目前脆弱性预警等级划分结果作为训练样本。其中脆弱性的各个指标作为输入向量，脆弱性等级作为输出向量，通过训练，创建包含风险子项与评分的映射关系的神经网络。对于训练好的神经网络，只需给出脆弱性的各个指标的评分，它就将自动计算出脆弱性等级结果。此种方法无须预先设置脆弱性的各个指标的权重，且能充分利用目前脆弱性等级划分的成果，有效地解决了地铁脆弱性等级划分工作面临的问题。

BP 神经网络是一种按误差反向传播算法训练的多层前馈网络，是目前应用最广泛的神经网络模型之一。典型的 BP 神经网络是一种具有 3 层或 3 层以上结构的无反馈、层内无连接结构的前向网络。其中，首尾两层分别称为输入层和输出层，中间各层称为隐含层（也称中间层），如图 4－13 所示。

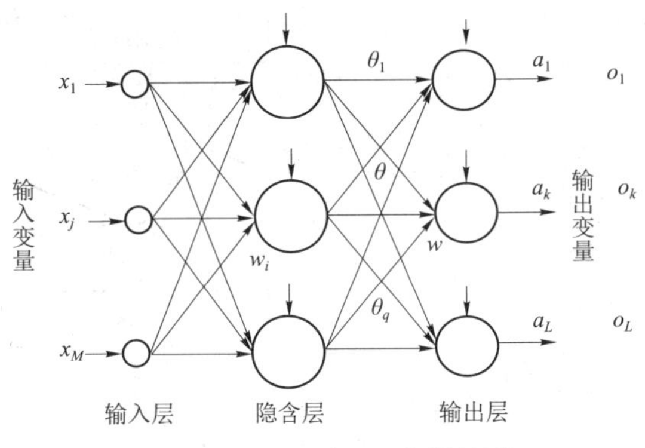

图 4－13　BP 神经网络结构图

① 网络层数的确定。BP 神经网络由输入层、隐含层和输出层构成。通过 Kolmogorov 定理（连续函数表示定理）和映射的最小二乘逼近定理可以证明具有足够数量隐含层神经元的三层前向网络可以在任意精度下逼近一个实值连续函数。因此本书建立的神经网络模型选择 3 层网络模型，即输入层、一个隐含层和输出层。

② 输入层和输出层神经元数的确定。输入量是指要输入神经网络模型中的变量，输入量的确定要根据需要求解的问题及数据表示的方式确定。输出量是指神经网络训练的期望输出值。

③ 隐含层节点数的确定。对 BP 神经网络来说，网络训练精度的提高，可以通过采用一个隐含层而增加其神经元数的方法来获得，这在结构实现上要比增加更多的隐含层要简单得多（图 4－14）。评价一个网络设计的好坏，首先看它的精度，其次就是训练时间。神经元太少，网络不能很好学习，需要训练的次数也多，训练精度也不高。一般来说，网

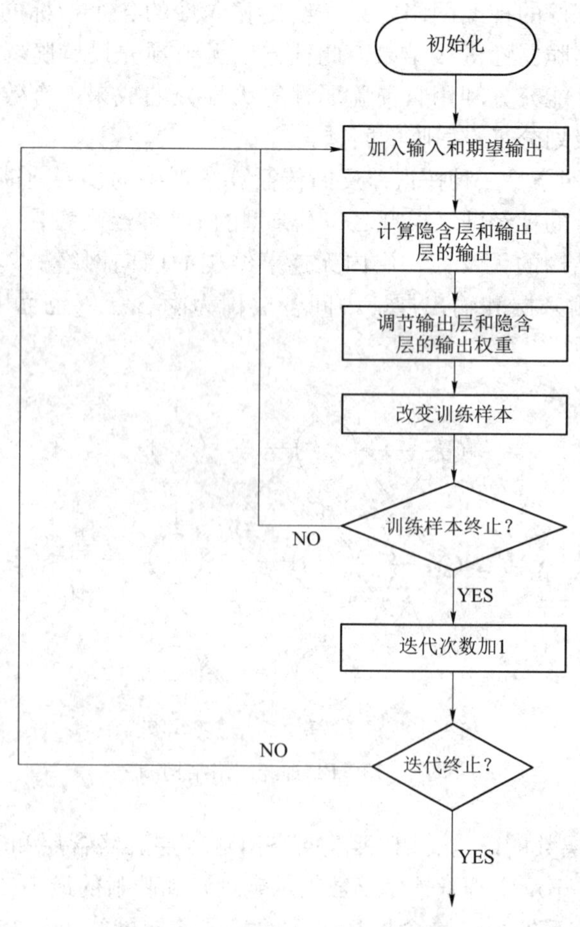

图 4-14　BP 神经网络训练流程图

络隐含层神经元个数越多，功能越大，但神经元太多，会产生过拟合等问题。本书确定隐含层神经元数的做法如下。

首先，依据经验公式确定隐含层神经元个数的大致范围

$$N=\sqrt{n+m}+a \tag{4-18}$$

其中：N 为隐含层神经元个数，n 为输入层神经元个数，m 为输入层神经元个数，a 为 1 到 10 之间的常数。

其次，采用同一样本集对初步确定的具有不同隐含神经元数的网络进行训练，取网络训练结果均方误差最小网络的隐含层节点数为最终确定值。该方法是目前确定隐含层神经元数的常用方法。

④ 在 MATLAB 中进行模型训练，得到相应的网络。

⑤ 数据归一化处理并计算。

为了加快收敛，需将训练样本和测试样本归一化，使各样本元素在[0，1] 之间。数据的归一化方法主要有标准化法、重新定标法、变换法和比例压缩法等。本书采用最为常用的比例压缩法进行数据的归一化，Sigmoid 类函数为本书 BP 神经网络采用的激励函数，该函数在自变量处于饱和区时，收敛速度慢，故应将输入与输出数据变换到 [0.1，0.9] 或 [0.2，0.8] 之间，使 Sigmoid 类函数在该区间内变化梯度加大，网络收敛速度提高，网络性能得到改善。比例压缩法归一化公式为

$$C_{ik}=T_{\min}+\frac{T_{\max}-T_{\min}}{X_{\max}-X_{\min}}(X_{ik}-X_{\min}) \qquad (4-19)$$

其中：C_{ik}是第 i 个评价对象的第 k 个指标规范化处理后的分值；X_{ik}是第 i 个评价对象的第 k 个指标的分值；$X_{\min}$是第 k 个指标的最小值；$X_{\max}$是第 k 个指标的最大值；$T_{\max}$，$T_{\min}$分别为目标数据的最大值和最小值，本书取 $T_{\max}=0.9$，$T_{\min}=0.1$。

之后将归一化处理后的数据代入已有网络即可进行计算。

4.3.3 火灾扰动下地铁脆弱性评价

1. 地铁火灾的特点

由于地铁车站及地铁列车是人流密集的公众聚集场所，一旦有突发事故，其引发的人员难以疏散的问题十分严峻，社会影响很大。在地铁发展较早的一些国家都曾经发生过严重的地铁火灾事故，造成的伤亡和财产损失十分惨重。

(1) 浓烟和高温灾害性大

地铁发生火灾，电缆、装修材料等燃烧会产生大量的烟雾和热量，由于相对封闭，有毒烟雾会很快充满隧道。根据在地铁站台层模拟 2.8 MW 火灾的结果，点火 6 min 后站台层就充满浓烟，能见度几乎为零，烟雾的平均扩散速度为 1 m/s。在此条件下，人员平均水平步行速度为 0.33 m/s，楼梯段的平均步行速度为 0.29 m/s。人员从地下车站向地面疏散，热、烟雾也从地下向上升腾，与疏散人流同方向，更增加了烟雾对疏散人员的影响。高温、浓烟还会对人的生理、心理造成强烈的刺激，人们往往会失去理智，向逃生通道一拥而上，造成混乱拥挤。烟雾

还会引起中毒窒息，当烟雾到达人的头部，一氧化碳含量达到0.5%，温度超过43.3 ℃，空气含氧量低于14%～18%，就会使人发生生命危险。

（2）疏散困难

北京地铁隧道狭窄，每条隧道宽4 m，除客车占去2.56 m外，两侧只留有72 cm的空隙。如果客车发生事故停在两站区间的隧道中，乘客即使能够打车门窗跳车，但由于人多拥挤，几乎也无站脚之地。特别是行车方向的左侧，有带电三轨，如不切断电源，跳车后还会发生触电危险。在有烟火的情况下，站台的立柱、检票口、台阶等都成为障碍物而影响人员疏散。

（3）火灾扑救困难

地铁失火后，由于热烟气长久积聚不散，能见度低，会造成消防人员侦察的困难，无法很快发现被困乘客、找到火点，很难迅速组织有效的灭火战斗。地铁失火后，事故区缺氧，必须佩戴隔绝式空（氧）气呼吸器才能进入火场，这些防护装具会影响灭火人员的观察联络和战术动作并增大体力的消耗，给灭火行动带来极大的不便。地铁内部各类无线通信器材功率的衰减甚至无法使用、火场指挥联络困难等，都加大了地铁灭火救援工作的难度。

2. 评价指标

国内外安全学领域中现有的较为成熟的安全评价指标基本可以分为三类，分别是事故指标、隐患指标和风险指标。根据相关风险评价与脆弱性评价方法的研究，本书将地铁火灾脆弱性评估的指标体系界定在暴露度、易感度、适应度三个方向，将地铁火灾脆弱性的评价指标界定在人、设备、环境的易感度、暴露度、适应度等，具体评价指标如图4-15所示。

3. 典型地铁车站脆弱性评价

2014年1月，北京市地铁官方公布了一季度常态限流的54座车站的统计报告，本书根据研究的需要和资料的可获取情况选取1号线的东段与部分客流压力较大的换乘站，共15个北京地铁车站作为研究对象。它们分别是“13-hy”站、“13-xeq”站、“13-zcl”站、“10-hjl”站、“10-hxxn”站、“1-jb”站、“1-dd”站、“1-jgm”站、“1-gm”站、“1-sh”站、“1-shd”站、“1-tamd”站、“1-wfj”站、“1-yal”站和“1-dwl”站。其中，车站的选取主要依据以下原则。

① 调查依据真实可靠。充分听取了北京地铁运营部的指导性建议，

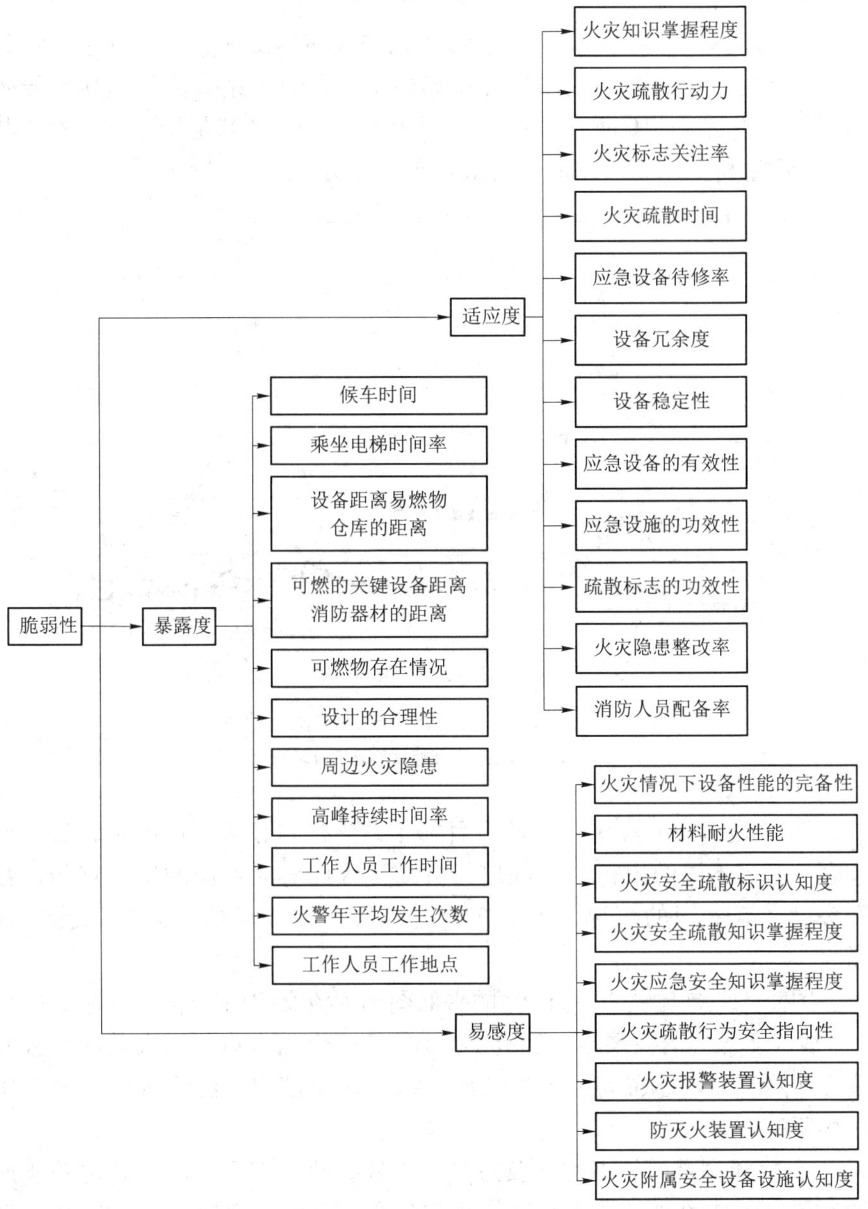

图 4-15　地铁火灾脆弱性评价指标

诚实按照考察结果和乘客问卷收发分析结果进行科学分析，同时借鉴项目组专家以往的地铁脆弱性研究成果和乘车经验。

② 客流集中性。目标车站汇集了相交线路的交换客流，且多数地处城区繁华地段，由此造成该站客流集中，与普通车站客流量相比差异较为明显。如图 4-16 所示，1-dwl 站和 13-xeq 站都是待考察车站，与 1-mxd 站和 1-tamx 站的客流量差异非常明显。

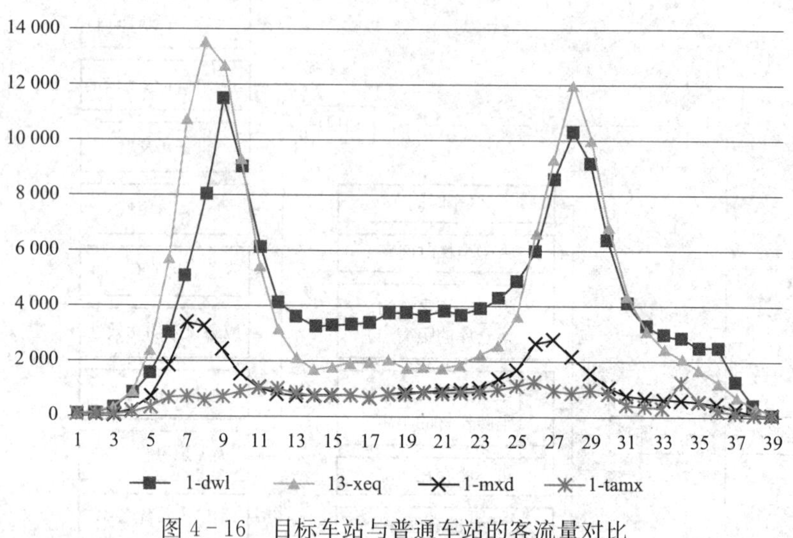

图 4-16　目标车站与普通车站的客流量对比

（数据来源：北京地铁客运营销部）

③ 客流多方向和多路径性。目标车站进出口较多，进出站客流、换乘客流具有不同的出行目的和出行方向，因此对应不同的出行路径，存在多股客流交织的情况，形成多个冲突点，进而可能导致车站脆弱性增大。

图 4-17 是地铁 1-jgm 站的平面图和人流交织的实景。1-jgm 站是 1 号线和 2 号线的换乘站，拥有 A、B、C 三个出入口，周边运送客流的公交线路密集，还布满了各类酒店、机关职能部门、医疗机构及大型娱乐场所等。

④ 客流高峰时间不均衡及短时冲击性。轨道交通客流的到达并非连续均衡，而是随列车的到达呈脉冲式分布，也就是在短时间内对换乘设施和站内环境皆会产生冲击作用。由于短时间冲击的存在，使得一批客流到达时易形成拥堵和客流排队。

⑤ 地铁周边火灾隐患。为了方便旅客及达到一定的商业效益，部分

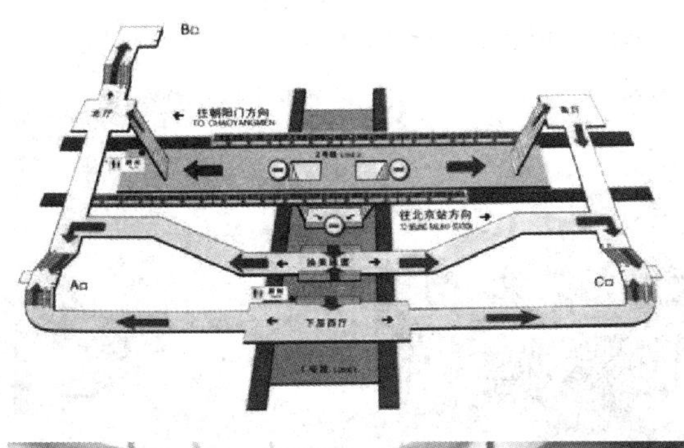

图 4-17　北京地铁 1-jgm 站平面图和人流交织实景

地铁站出入口设置了地下商城或商铺一条街，尚未完全走出地铁站的部分乘客停下来挑选商品会导致后面需要前行的乘客通行，在火灾等紧急情况下会影响客流疏散。此外，商铺内的商品、仓库积存的货物、私拉乱扯的电线、行人购买物品丢弃的包装物等，都是引发火灾的可能原因。

⑥ 地铁站内火灾隐患。站内火灾隐患的主要来源也将其分为人为因素、环境因素和设备因素三个方面。人为因素主要包括乘客的不良行为习惯和防火意识、工作人员的管理漏洞等；环境因素主要是地铁站内的卫生环境、空气流通程度、标志是否明显、站内设施设备的材料和建筑材料是否阻燃等。设备因素主要是扶梯、闸机等设备长期处于高负荷运行状态。

根据项目组成员前期对目标车站和普通车站的实地考察结果，最后确定的目标车站内存在一些不安全的火灾隐患，例如楼道过于狭窄，不符合人员应急疏散的要求；防火警示标志数量明显不足，防火工作做得不够充分；乘客严重忽视防火设施设备的取放位置，在考察的时间内鲜有人驻足留意这些防火设施设备的位置及使用方法；卫生工具占用防火设施设备的取放空间，如图 4 - 18 所示。

图 4 - 18　地铁车站火灾隐患

此外，本书选取了较多一号线上的车站或换乘站，原因是地铁一号线是北京地铁建设最早的线路，所经过的地段、人员比较复杂、客流量最集中。另外由于建造时间久、建设初期设施设备不完善，理论上存在的安全隐患也应较多，值得对其车站进行细致的考察。一号线东段这一大乘车区间的选取，除了考虑到客流及火灾隐患外，还试图对这一乘车区间整体进行体验和评估，并与其他换乘站的评估结果进行对比，找到各自的异同点和特点。

综合各方面原因和实地考察情况，将 15 个车站的简要情况列表如下（表 4 - 6）。

表 4 - 6　目标车站简要情况列表

名称	位　置	类　型
13 - hy	8 号线、13 号线	换乘站
13 - xeq	13 号线、昌平线	换乘站

续表

名称	位　置	类　型
13 - zcl	10 号线、13 号线	换乘站
10 - hjl	6 号线、10 号线	换乘站
10 - hxxn	5 号线、10 号线	换乘站
1 - jb	1 号线、9 号线	换乘站
1 - dd	1 号线、5 号线	1 号线东段站（换乘站）
1 - jgm	1 号线、2 号线	1 号线东段站（换乘站）
1 - gm	1 号线、10 号线	1 号线东段站（换乘站）
1 - sh	1 号线、八通线	1 号线东段站（换乘站）
1 - shd	1 号线、八通线	1 号线东段站（换乘站）
1 - tamd	1 号线	1 号线东段起点站
1 - wfj	1 号线	1 号线东段站
1 - yal	1 号线	1 号线东段站
1 - dwl	1 号线、14 号线（在建）	1 号线东段站

地铁车站火灾扰动下脆弱性的最终数值如图 4 - 19 所示，可以看出在选取的 15 个具有代表性的地铁车站中，地铁车站的总体火灾扰动脆弱性值都在 0.1～0.3 之间。其中 13 - hy 站的脆弱性最高，为 0.209 02；13 - xeq 站的脆弱性最低，为 0.167 06。

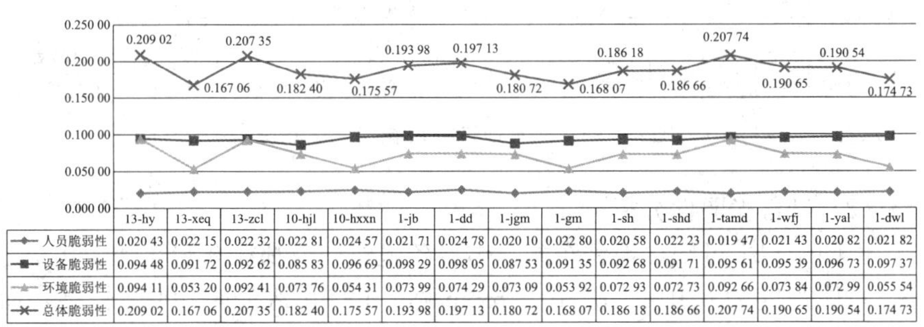

	13-hy	13-xeq	13-zcl	10-hjl	10-hxxn	1-jb	1-dd	1-jgm	1-gm	1-sh	1-shd	1-tamd	1-wfj	1-yal	1-dwl
人员脆弱性	0.020 43	0.022 15	0.022 32	0.022 81	0.024 57	0.021 71	0.024 78	0.020 10	0.022 80	0.020 58	0.022 23	0.019 47	0.021 43	0.020 82	0.021 82
设备脆弱性	0.094 48	0.091 72	0.092 62	0.085 83	0.096 69	0.098 29	0.098 05	0.087 53	0.091 35	0.092 68	0.091 71	0.095 61	0.095 39	0.096 73	0.097 37
环境脆弱性	0.094 11	0.053 20	0.092 41	0.073 76	0.054 31	0.073 99	0.074 29	0.073 09	0.053 92	0.072 93	0.072 73	0.092 66	0.073 84	0.072 99	0.055 54
总体脆弱性	0.209 02	0.167 06	0.207 35	0.182 40	0.175 57	0.193 98	0.197 13	0.180 72	0.168 07	0.186 18	0.186 66	0.207 74	0.190 65	0.190 54	0.174 73

图 4 - 19　北京地铁车站脆弱性示意图

从研究的结果来看，北京地铁设备和环境的脆弱性相对于人员要高一些，人员的脆弱度最低。这与火灾本身的性质和地铁站内的实际情况正好吻合。日常和紧急情况下对设备和环境的防火功能要求较高，所以面临的防火防灾压力也更大一些。根据现场考察结果，防火设备无论是经常使用的还是闲置的都有一定程度的损耗，一旦发生紧急情况一些设备存在不能及时到位并发挥作用的可能，环境在宜人度、安全保障方面都没有达到一个最好的状态，尤其是夏季的通风问题和材料的防火问题。相对来说人员则处于一个比较被动的地位，主要是保全自己的人身财产，对防火防灾的要求和贡献都较小。

（1）人员脆弱性分析

由图 4 - 20 可知，地铁车站的总体人员脆弱性值都在 0.019～0.025 之间，总跨度为 0.006。人员脆弱性较高的有 1 - dd 站、10 - hxxn 站、10 - hjl 站及 1 - gm 站，人员脆弱性较低的是 1 - tamd 站、1 - jgm 站、13 - hy 站和 1 - sh 站。

人员的脆弱性和客流的密集度有一定的关系，高峰客流时间越长、客流量越大，发生火灾时越有大规模人员伤亡的可能。1 - dd 站、10 - hxxn 站、10 - hjl 站和 1 - gm 站都是客流量居高不下的大站，且交通接驳系统比较完善，进站人群和出站人群数目都很庞大，给火灾的发生和火势的扩大造成可能。

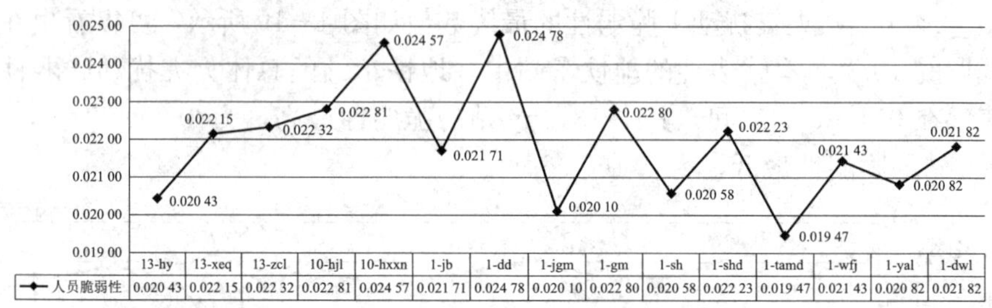

	13-hy	13-xeq	13-zcl	10-hjl	10-hxxn	1-jb	1-dd	1-jgm	1-gm	1-sh	1-shd	1-tamd	1-wfj	1-yal	1-dwl
人员脆弱性	0.020 43	0.022 15	0.022 32	0.022 81	0.024 57	0.021 71	0.024 78	0.020 10	0.022 80	0.020 58	0.022 23	0.019 47	0.021 43	0.020 82	0.021 82

图 4 - 20　北京地铁人员脆弱性示意图

（2）设备脆弱性分析

由图 4 - 21 可知，地铁车站总体设备脆弱性值都在 0.085 到 0.099 之间，总体跨度为 0.014，除 10 - hxxn 站、1 - jb 站、1 - dd 站较高，而 10 -hjl 站、1 - jgm 站较低外，其他站的设备脆弱性值相差不大。

其中，在设备脆弱性下暴露度最高的是 1 - tamd 站，易感度最高的是 13 - hy 站，适应度最高的是 1 - dd 站。考察时的打分结果还参考了设备的新旧程度、是否便于取放等因素，发现存放灭火器的橱门玻璃有破损的情况，防火设备本身数量上较为充足，但是标签记录显示并未按照

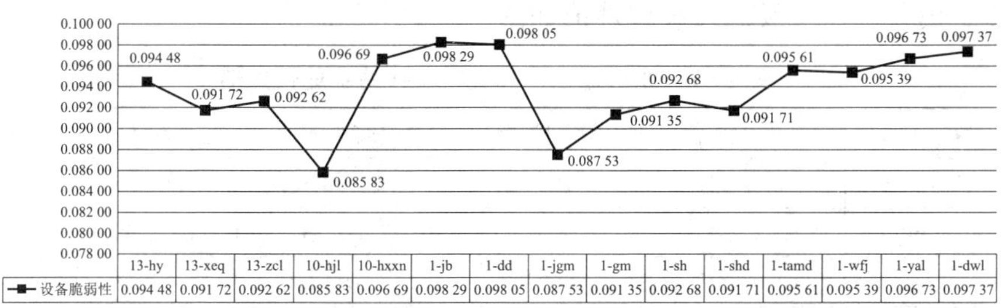

图 4－21　北京地铁设备脆弱性示意图

标准要求定期、定时检查与换。

（3）环境脆弱性分析

如图 4－22 所示，地铁车站总体环境脆弱性值在 0.05 到 0.1 之间，总体跨度为 0.05，是 15 个车站的人、机、环三要素中脆弱性个体差别最明显的一个要素，其中以 13－hy 站、13－zcl 站、1－tamd 站的环境脆弱性最高，而 13－xeq 站、10－hxxn 站、1－gm 站和 1－dwl 站的环境脆弱性最低。

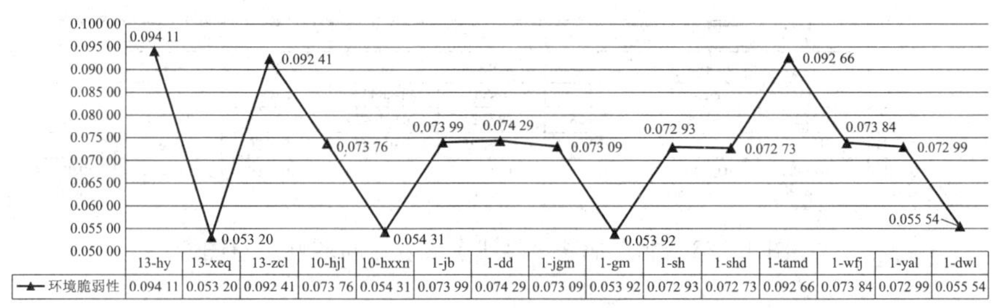

图 4－22　北京地铁环境脆弱性示意图

在环境脆弱性下，暴露度最高的是 1－dwl 站，这是因为成员考察时其出入站口正在装修改造，存在裸露的电线、随意丢弃的装修用的废弃材料等火灾隐患；易感度最高的是 13－hy 站、13－zcl 站和 1－tamd 站，由于易感度下仅一个指标，所以存在了三个站得分同时最高的情况；适应度最高的是 13－hy 站，应该加强应急管理。

（4）一号线东段各站脆弱性结果总结与分析

从表 4－7 可得出北京地铁一号线东段各站的脆弱性情况，按照地理位置顺序自西向东包括 1－tamd 站、1－wfj 站、1－dd 站、1－jgm 站、1－yal 站、1－gm 站、1－dwl 站、1－sh 站和 1－shd 站，这 9 个车站的人员、设备、环境及总体脆弱性值如图 4-23 所示。

表 4-7　北京地铁一号线东段各站脆弱性数值

地铁车站	人员脆弱性	设备脆弱性	环境脆弱性	总体脆弱性	排序
1-tamd	0.019 47	0.095 61	0.092 66	0.207 74	2
1-wfj	0.021 43	0.095 39	0.073 84	0.190 65	6
1-dd	0.024 78	0.098 05	0.074 29	0.197 13	4
1-jgm	0.020 10	0.087 53	0.073 09	0.180 72	11
1-yal	0.020 82	0.096 73	0.072 99	0.190 54	7
1-gm	0.022 80	0.091 35	0.053 92	0.168 07	14
1-dwl	0.021 82	0.097 37	0.055 54	0.174 73	13
1-sh	0.020 58	0.092 68	0.072 93	0.186 18	9
1-shd	0.022 23	0.091 71	0.072 73	0.186 66	8

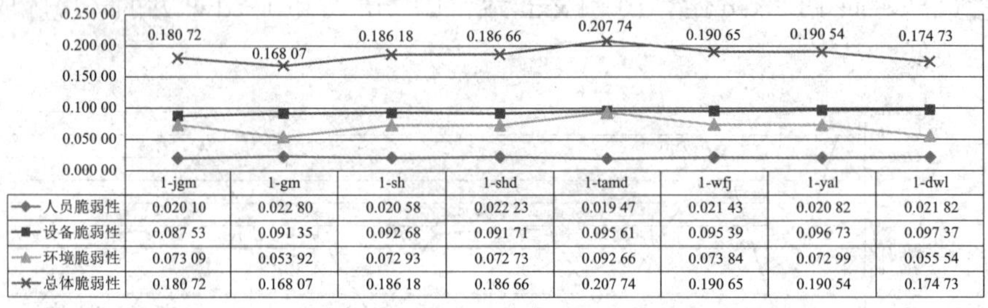

	1-jgm	1-gm	1-sh	1-shd	1-tamd	1-wfj	1-yal	1-dwl
人员脆弱性	0.020 10	0.022 80	0.020 58	0.022 23	0.019 47	0.021 43	0.020 82	0.021 82
设备脆弱性	0.087 53	0.091 35	0.092 68	0.091 71	0.095 61	0.095 39	0.096 73	0.097 37
环境脆弱性	0.073 09	0.053 92	0.072 93	0.072 73	0.092 66	0.073 84	0.072 99	0.055 54
总体脆弱性	0.180 72	0.168 07	0.186 18	0.186 66	0.207 74	0.190 65	0.190 54	0.174 73

图 4-23　北京地铁一号线东段各站脆弱性示意图

由图 4-23 可知一号线东段各站中脆弱性最高的是 1-tamd 站，最低的是 1-gm 站。人、机、环三要素中，一号线东段各站中脆弱性最高的是设备，其次是环境，人员脆弱性最低。而车站彼此之间差异最大的是环境脆弱性，说明不同乘车区间的乘车环境的异同对脆弱性的影响力是显著存在的。

(5) 各换乘站脆弱性评价结果分析

从表 4-8 可看出北京地铁部分换乘站的脆弱性情况，我们选取的 15 个地铁车站中有 11 个是换乘站，分别是 13-hy 站、13-xeq 站、13-zcl 站、10-hjl 站、10-hxxn 站、1-jb 站、1-dd 站、1-jgm 站、1-gm 站、1-sh 站和 1-shd 站，这 11 个车站的人员、设备、环境及综合脆弱性值如图 4-24 所示。

表 4-8　北京地铁换乘站脆弱性数值

车站	人员脆弱性	设备脆弱性	环境脆弱性	总体脆弱性	排序
13-hy	0.020 43	0.094 48	0.094 11	0.209 02	1
13-xeq	0.022 15	0.091 72	0.053 20	0.167 06	15
13-zcl	0.022 32	0.092 62	0.092 41	0.207 35	3
10-hjl	0.022 81	0.085 83	0.073 76	0.182 40	10
10-hxxn	0.024 57	0.096 69	0.054 31	0.175 57	12
1-jb	0.021 71	0.098 29	0.073 99	0.193 98	5
1-dd	0.024 78	0.098 05	0.074 29	0.197 13	4
1-jgm	0.020 10	0.087 53	0.073 09	0.180 72	11
1-gm	0.022 80	0.091 35	0.053 92	0.168 07	14
1-sh	0.020 58	0.092 68	0.072 93	0.186 18	9
1-shd	0.022 23	0.091 71	0.072 73	0.186 66	8

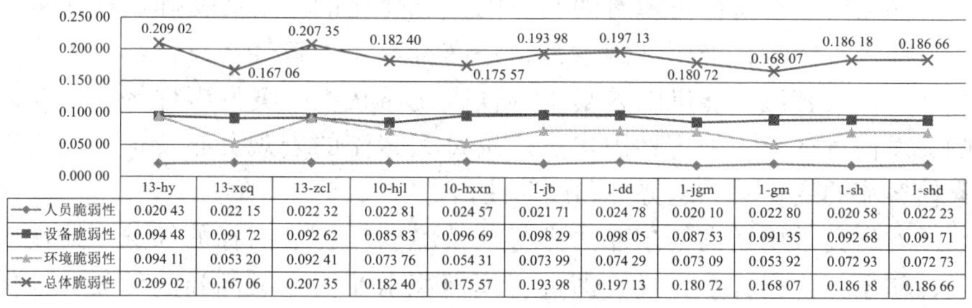

图 4-24　北京地铁换乘站脆弱性示意图

由图 4-24 可知，在火灾扰动下换乘站的脆弱性规律与一号线东段各站的脆弱性规律呈现相同的趋势，同样是设备最弱度最高，其次是环境，最后是人员要素，而且环境的脆弱性在不同站点差异最大。

这说明防控火灾最重要的是加强站内设施设备和环境的安全保障能力，从这两个要素出发能够很快提高防火效率，而不同站点的地铁站内的人员在能力和素养方面差异很小，提高难度比较大。

4.3.4　大客流扰动下地铁脆弱性评价

大客流是城市轨道交通车站在日常运营过程中的常见突发事件，它描述的是车站在某一时段内集中到达的客流量规模超过车站正常所能承担的客流量，主要表现为非常拥挤或极度拥挤、乘客流动速度明显减缓、客流交叉干扰严重。从大客流发生的特性出发，城市轨道交通车站大客流可分为两类：一类是常发性大客流；另一类是突发性大客流。常发性大客流是指在日常运营高峰时段内由于客流量过大引发的大客流；突发性大客流是指由于其他外界因素或者运营自身问题，导致在某一时段内某些车站客流量快速集聚，显著超过历史同期水平，发生大客流。突发性大客流一般是由下列原因造成的：车站周边临时组织大型活动、恶劣天气及突发运营故障。常发性大客流发生的规模、持续的时间通常相对稳定，具有一定的规律性和可预见性，通过制订合理的大客流处置预案，其影响程度相对可控。相比之下，突发性大客流因其大客流发生的规模、时间持续的长短没有明显的规律，其发生过程一般伴随着突发事件，可预见性差，对运营影响大，为此，运营单位要高度关注突发性大客流，提高此类事件的应急处置能力。

客流的基本特征是随时间和空间动态变化的，主要受确定性因素和随机性因素影响：确定性因素是指路网特点及人口经济总量等，主要影响常发性大客流；随机因素是指气候、交通状况、突发事件等，主要影响突发性大客流。确定性因素决定了每天客流的宏观分布特征，随机因素使客流的变化具有趋势性和波动性。

本研究采用模糊德尔菲法进行地铁脆弱性评价指标的筛选。地铁脆弱性初始评价指标确定后，即进行模糊德尔菲法专家问卷的发放。为保持评价指标的一致性和连贯性，本次评价指标筛选的专家为地铁脆弱性影响因素的专家。

① 问卷一致性分析。本次问卷分析结果的模糊灰色地带（最小值的max－最大值的min）大于乐观值与保守值之差（最大值的几何平均数－最小值的几何平均数），所以问卷的所有评价指标都收敛，表示专家意见趋向一致，故不需要发放第二次问卷。

② 问卷指标筛选。筛选标准还是各评价指标共识的重要程度，筛选门槛值设为6，低于6的因素即可删除。经删除后获得大客流扰动下地铁脆弱性评价指标36个，根据地铁脆弱性的概念和分析框架，根据暴露度、易感度和适应度的概念，建立以暴露度、易感度和适应度为二级指标的三级大客流扰动下地铁脆弱性评价指标体系，如图4－25所示。

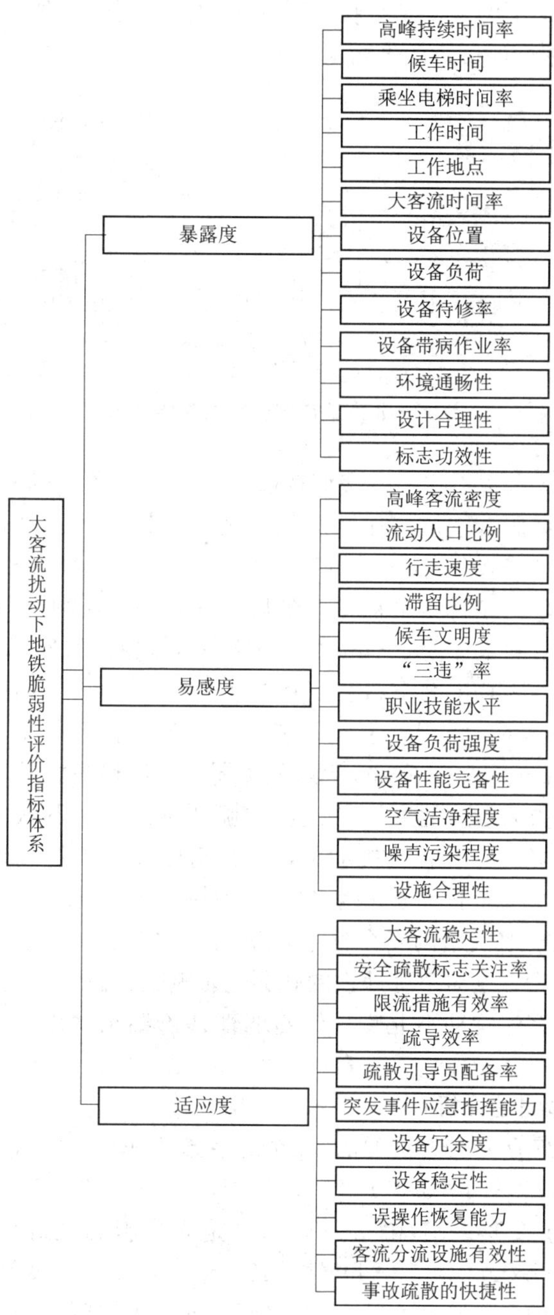
大客流扰动下地铁脆弱性评价指标体系
暴露度
高峰持续时间率
候车时间
乘坐电梯时间率
工作时间
工作地点
大客流时间率
设备位置
设备负荷
设备待修率
设备带病作业率
环境通畅性
设计合理性
标志功效性
易感度
高峰客流密度
流动人口比例
行走速度
滞留比例
候车文明度
“三违”率
职业技能水平
设备负荷强度
设备性能完备性
空气洁净程度
噪声污染程度
设施合理性
适应度
大客流稳定性
安全疏散标志关注率
限流措施有效率
疏导效率
疏散引导员配备率
突发事件应急指挥能力
设备冗余度
设备稳定性
误操作恢复能力
客流分流设施有效性
事故疏散的快捷性

图 4-25　大客流扰动下地铁脆弱性评价指标体系

大客流扰动下的地铁车站脆弱性评价的评价对象选取与上节中相同，采用 GAF 法进行评价，评价结果如图 4－26 所示。

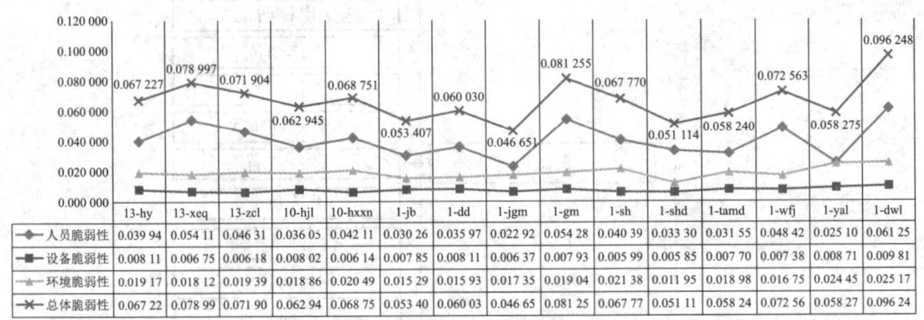

	13-hy	13-xeq	13-zcl	10-hjl	10-hxxn	1-jb	1-dd	1-jgm	1-gm	1-sh	1-shd	1-tamd	1-wfj	1-yal	1-dwl
人员脆弱性	0.039 94	0.054 11	0.046 31	0.036 05	0.042 11	0.030 26	0.035 97	0.022 92	0.054 28	0.040 39	0.033 30	0.031 55	0.048 42	0.025 10	0.061 25
设备脆弱性	0.008 11	0.006 75	0.006 18	0.008 02	0.006 14	0.007 85	0.008 11	0.006 37	0.007 93	0.005 99	0.005 85	0.007 70	0.007 38	0.008 71	0.009 81
环境脆弱性	0.019 17	0.018 12	0.019 39	0.018 86	0.020 49	0.015 29	0.015 93	0.017 35	0.019 04	0.021 38	0.011 95	0.018 98	0.016 75	0.024 45	0.025 17
总体脆弱性	0.067 22	0.078 99	0.071 90	0.062 94	0.068 75	0.053 40	0.060 03	0.046 65	0.081 25	0.067 77	0.051 11	0.058 24	0.072 56	0.058 27	0.096 24

图 4－26　北京地铁部分车站脆弱性示意图

从图 4－26 可以看出，在我们选取的 15 个具有代表性的地铁车站中，地铁车站的总体脆弱性值都在 0.04～1 之间。其中，1－dwl 站的脆弱性最高，为 0.096 25，1－jgm 站的脆弱性最低，为 0.046 65。从地铁乘客脆弱性调研问卷的统计结果来看，在调查的 600 位乘客中，有 223 位选择了北京地铁最拥挤的站是 1－gm 站，占调查对象的 37.2%，有 65 人选择了 13－xeq 站，占总数的 10.8%，此外 1－dwl、10－hxxn 等站也在乘客的选择列中，这在一定程度上验证了在大客流条件下，相对于其他站来说，1－dwl、1－gm、13－xeq 等站的脆弱性程度略高。

从研究结果来看，北京地铁人员的脆弱性最高，其次是设备，脆弱性最低的是环境。在大客流扰动下，人员对于车站的脆弱性影响相对较大，包括地铁车站工作人员和乘客。在现场考察时也发现，绝大多数乘客不会主动观察地铁站内安全标志，站内时常会出现乘客逆行、人员冲撞等不安全行为，这对整个地铁的脆弱性影响较大。

下面对大客流扰动下北京地铁脆弱性评价结果从以下几个方面进行具体分析。

1. 人员脆弱性分析

如图 4－27 所示，在选取的 15 个北京地铁车站中，人员脆弱性的分布区域为（0.022 921，0.061 257）。其中，1－gm 站和 1－dwl 站人员脆弱性值分别为 0.054 281 和 0.061 257，是人员脆弱性最高的两个车站。1－sh 站、10－hxxn 站、13－hy 站、13－xeq 站、13－zcl 站和 10－hjl 站的人员脆弱性值分布在 0.03～0.06 之间，处于中间值水平。1－jgm 站人员脆弱性值为 0.022 921，是人员脆弱性最低的一个车站。

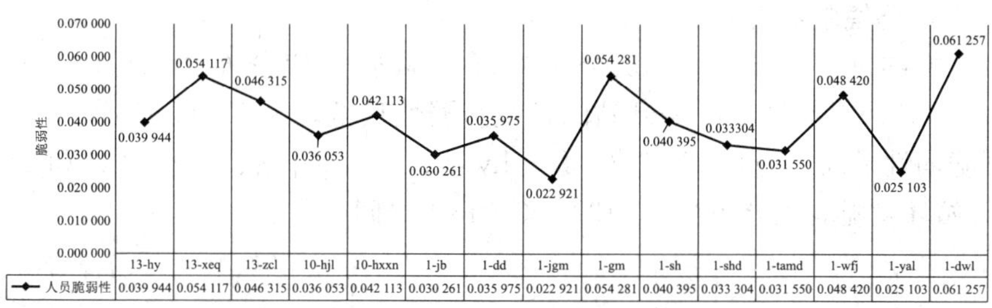

图 4－27　北京地铁人员脆弱性示意图

1－gm 站处于北京较繁华的商业中心，除上下班高峰期以外，周末及日常客流量也较大，且乘客限流难度较大。此外，地铁站内人员的流动率较高也对人员的脆弱性影响很大，因此 1－gm 站相对于选取的其他站来说，人员的脆弱度要高一些。1－dwl 站位于 1－gm 下一站，除了承受来自 1－gm 站的巨大人流压力外，还与八通线相衔接，处于两大客流集中地之间，因此人员方面表现出的脆弱性比较高。

2. 设备脆弱性分析

如图 4－28 所示，在选取的 15 个北京地铁车站中，设备脆弱性的分布区域为（0.005 854，0.009 814）。其中，1－dwl 站和 1－gm 站设备脆弱性值分别为 0.009 81 和 0.007 933，是设备脆弱性最高的两个车站。1－sh 站、10－hxxn 站、13－xeq 站、13－zcl 站、1－jgm 站、1－tamd 站和 1－wgj 站的设备脆弱性值分布在 0.006～0.008 之间，处于中间值水平。1－shd 站设备脆弱性值为 0.005 854，是设备脆弱性最低的一个车站。经过对各车站的设备脆弱性分析，发现人员脆弱性较高的车站，设备脆弱性也不一定会高，比如 1－jb 站设备脆弱性高于 10－hxxn 站，但人员脆弱性相对于 10－hxxn 站要低。

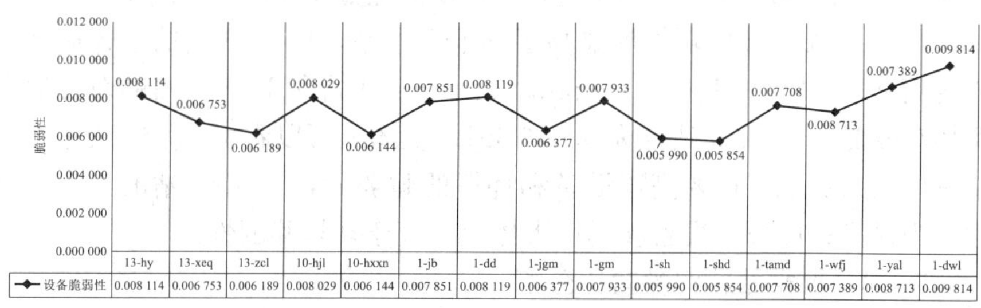

图 4－28　北京地铁设备脆弱性示意图

3. 环境脆弱性分析

如图 4 - 29 所示，15 个车站环境脆弱性值分布为（0.011 956，0.025 177）。易见，1 - shd 站的环境脆弱性最低，为 0.011 956。1 - dwl 站脆弱性最高，为 0.025 177。13 - hy 站、13 - xeq 站、13 - zcl 站和 10 - hjl 站环境脆弱性分布在 0.019 2～0.018 1 之间。

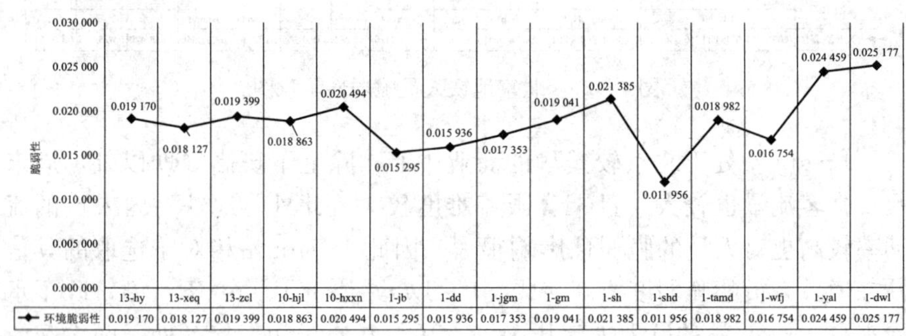

图 4 - 29　北京地铁环境脆弱性示意图

在此要特别指出的是，我们在现场考察时发现，某些车站的个别环境设施不甚合理。例如，10 - hjl 站从站台换乘到通道全部由电梯来实现，没有设置步行梯，这是一种很不安全的状态。若电梯突发故障或遇到客流拥挤，乘客无法从站台疏散，容易导致事故的发生。此外，技术人员将无法正常对电梯进行定期维护和检修，设备无法达到正常的安全状态，这也是环境脆弱性的表现之一。

4. 北京地铁一号线东段各站脆弱性分析

如图 4 - 30 所示，北京地铁一号线东段从西向东依次为 1 - tamd 站、1 - wfj 站、1 - dd 站、1 - jgm 站、1 - yal 站、1 - gm 站、1 - dwl 站、1 - sh 站、1 - shd 站，各站的脆弱性比较情况如图所示。各站中，1 - dwl 站和 1 - gm 站总体脆弱性明显高于其他 7 个站，1 - dwl 站的总体脆弱性值达到 0.096 248；其中，1 - jgm 站、1 - shd 站和 1 - yal 站的总体脆弱性相对较低，1 - jgm 站仅为 0.046 651。从图上可以看出，一号线东段各站总体上人员脆弱性要高于设备和环境的脆弱性，1 - dwl 站的人员脆弱性仍为最高；此外，设备脆弱性大体上略高于环境脆弱性。

5. 部分换乘站脆弱性对比分析

如图 4 - 31 所示，在选取的 11 个换乘车站中，1 - gm 站的总体脆弱性仍然居高，脆弱性值为 0.081 255，其次为 13 - xeq 站，为 0.078 997，

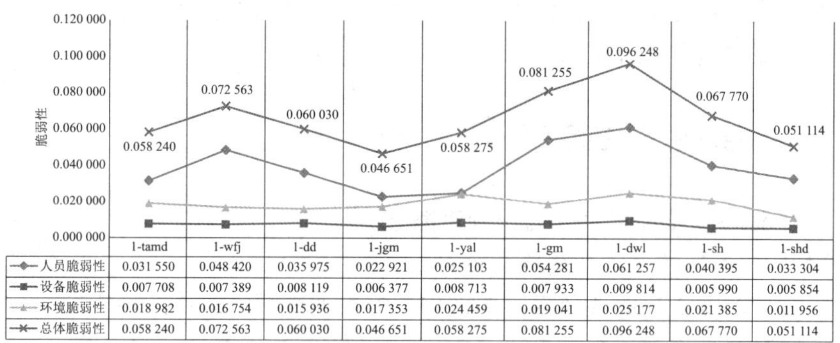

	1-tamd	1-wfj	1-dd	1-jgm	1-yal	1-gm	1-dwl	1-sh	1-shd
人员脆弱性	0.031 550	0.048 420	0.035 975	0.022 921	0.025 103	0.054 281	0.061 257	0.040 395	0.033 304
设备脆弱性	0.007 708	0.007 389	0.008 119	0.006 377	0.008 713	0.007 933	0.009 814	0.005 990	0.005 854
环境脆弱性	0.018 982	0.016 754	0.015 936	0.017 353	0.024 459	0.019 041	0.025 177	0.021 385	0.011 956
总体脆弱性	0.058 240	0.072 563	0.060 030	0.046 651	0.058 275	0.081 255	0.096 248	0.067 770	0.051 114

图 4-30　北京地铁一号线东段各站脆弱性统计图

10-hxxn 站的脆弱性值为 0.068 751。11 个换乘站中脆弱性最低的是 1-jgm 站，为 0.046 651；其次，换乘站的环境脆弱性大体上高于设备和人员，人员脆弱性相对最低。此外，13-hy 站、13-zcl 站和 1-dd 站脆弱性水平相差不大。

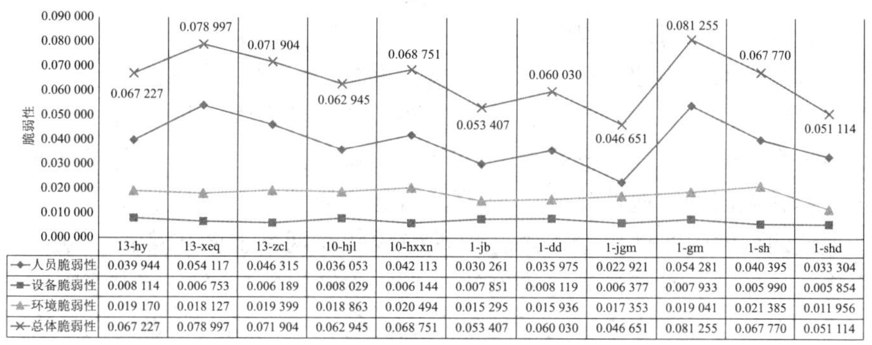

	13-hy	13-xeq	13-zcl	10-hjl	10-hxxn	1-jb	1-dd	1-jgm	1-gm	1-sh	1-shd
人员脆弱性	0.039 944	0.054 117	0.046 315	0.036 053	0.042 113	0.030 261	0.035 975	0.022 921	0.054 281	0.040 395	0.033 304
设备脆弱性	0.008 114	0.006 753	0.006 189	0.008 029	0.006 144	0.007 851	0.008 119	0.006 377	0.007 933	0.005 990	0.005 854
环境脆弱性	0.019 170	0.018 127	0.019 399	0.018 863	0.020 494	0.015 295	0.015 936	0.017 353	0.019 041	0.021 385	0.011 956
总体脆弱性	0.067 227	0.078 997	0.071 904	0.062 945	0.068 751	0.053 407	0.060 030	0.046 651	0.081 255	0.067 770	0.051 114

图 4-31　北京地铁部分换乘站脆弱性统计图

1-gm 站处于北京较繁华的商业中心，除上下班高峰期以外，周末及日常客流量也较大，且乘客限流难度较大。此外，地铁站内人员的流动率较高也对人员的脆弱性影响很大，因此 1-gm 站相对于选取的其他站来说，人员的脆弱性要高一些。由于车站规模相对较大，在大客流的冲击下，设备的脆弱性也表露出来，1-gm 站的总体脆弱性要远高于选取的其他换乘站。与 1-gm 站不同的是，13-xeq 站虽然未处于商业中心，但位于居民区，承受的客流压力也非常大。此外，13-xeq 站是 13 号线和昌平线的换乘站，受到昌平线客流的严重冲击。8 号线开通后，这种客流冲击要有所缓和，但 13 - xeq 站的综合脆弱性相对于 13 - zcl 站等 13 号线的其他换乘站要高。

4.3.5 地铁脆弱性调控研究

1. 地铁网络脆弱性传播控制策略

1）预防地铁网络结构脆弱性对策

（1）正确认识地铁网络内部结构，维护地铁网络运行的稳定性

地铁网络作为一个复杂系统，其内部结构和运行关系各不相同，因此对待不同的地铁网络节点或者局部网络，需要针对情况不同的节点（如始发节点、换乘节点）进行调控。在地铁网络设计时应引入网络的复杂性分析：节点、线路的设计应充分考虑网络的效应，增强关键节点（特别是换乘节点）的合理性，从系统本身的网络结构降低地铁脆弱性。

（2）充分发挥地铁网络中关键节点的作用，减小脆弱域的范围

通过分析发现，地铁网络中存在度分布很高的节点，如西直门、建国门、惠新西街南口、国贸，它们与其他地铁节点的联系是相当密切的，在地铁网络的脆弱性传播中起到了至关重要的作用。最终脆弱域依赖于初始发生事件站点的状态：如果该地铁节点的度很大，最终的脆弱域也就会很大。因此，要从政策上、监管上来调整、优化这些地铁节点的结构，提高它们抵御地铁扰动的能力。当这些地铁节点稳定性增强后，整个地铁网络的脆弱性也会下降，地铁脆弱性在网络上的传染性也就会随之降低。此外，我们认为地铁网络也可以用一定的标准划分为不同的子网络。不同的子网络中，内部地铁节点间的联系会相对紧密，大致有着相同的潜在风险。这种子网络的存在，给地铁网络事故管理带来了新问题：不同的子网络因为其抵御事故的能力不同而产生差异性，造成整个地铁网络承受扰动事件能力的复杂性。因此，必须分析各子网络的结构特征，针对不同地铁节点采取相应的变通措施，使得管理手段更符合先整体后局部的原则。

（3）密切关注乘坐地铁的乘客所带来的不确定影响

乘客是地铁系统中最不可控的因素，因此必须加强对地铁脆弱性乘客心理与行为的监测。对于一些发生频率较高、重复性较强的不安全行为，采用动态监控方法提高地铁系统实时应急能力。构建乘客行为监控系统是一个相对可行的方法。

2）应对地铁网络事故的脆弱性调控

地铁事故发生后，地铁公司的应对行为往往与地铁事故本身互为条件、相互影响，共同构成地铁事故的现状，决定地铁事故在地铁网络上的传染范围。这时，地铁公司的事故应对行为便成为有效管理事故的决定性因素。事故应对阶段，地铁公司应果断决策，迅速反应，努力控制事故的发展蔓延，从而尽量避免损失，同时也减小地铁事故传染的范围。

（1）及早发现脆弱点，及时控制脆弱点

地铁事故传染中的控制主要针对地铁事故发生过程。如何及时反应、妥善处置、控制形势、避免脆弱点的形成至关重要。事故从进入紧急阶段直至最终全面爆发，其间必然有一个升级过程。地铁事故刚刚发生的一段时间内，采取什么行动处理事故十分关键。这就要求我们尽早发现问题，找出潜在脆弱点，及时切断危及系统其他部分的关联，并努力保证系统其他部分正常运转，以便为事故处置提供必要条件，并防止事故的蔓延。

（2）把握问题关键，加强决策针对性

对地铁事故实行有效的控制，关键在于时间和效率两方面。时间上，行动要快，一旦面临事故，应立即着手调查，及时启动事故应急计划，使事故管理的具体措施能够尽快得以实施；效率上，要在快速反应的同时，把握关键，有序开展工作。地铁网络间的结构和行为主体存在差异，其脆弱性表现形式不同，就必须有针对性地提出不同的决策。

（3）保护网络中的重要节点，保持网络的主体结构价值

地铁网络结构的保持对地铁减少资源损失和控制处理成本具有重要意义。维护地铁网络的结构价值并不是一味地使地铁运营状态恢复到事故发生前，而是要有重点、有选择地维护地铁的核心运营价值，保护好地铁网络中的重要节点。

（4）加强网络内部联系，强化与外部环境的沟通

地铁事故传染中的沟通可以为事故决策寻求更多的信息与资源的整合。通过地铁网络中节点间的相互联系及与外部环境的沟通，可以帮助我们更好地分析系统所面临的形势，使内部和外部实现协调统一，减少决策和执行的阻力，从而促进管理者做出正确有效的决策。此外，外部机构的介入可以缓解地铁暂时性过度决策压力，促进地铁优化决策。

3）地铁网络事故后的脆弱性调控

总结事故发生、发展及扩散的全过程，一方面可以分析潜在脆弱点，

并对此类节点进行加强，降低地铁系统的脆弱性；另一方面可以总结故障处理的经验，并结合国内外地铁的资料，针对地铁发生火灾、列车脱轨、大面积停电、冲突、爆炸、自然灾害，以及设备故障、客流冲击、恐怖袭击等非常情况建立健全应急预案体系，制定相应的应急预案。

2. 地铁车站脆弱性控制策略

作为解决脆弱性问题的核心措施，在地铁车站运营管理工作中应突出重点，根据研究内容，从人、机、环三个方面提出车站的控制策略。

1）人员方面

工作人员自身的易感性是运营管理落实与有效性的关键，降低员工的自身易感性，应不断提高员工个体素质，落实相关的培训工作。培训内容应根据现实情况和时代要求做出相应的调整，减少员工管理运行活动中的失误率。同时应在脆弱性管理资源和人员配备上得到加强。

2）设备方面

（1）依据运营要求加强设备管理，改善设备暴露性

从设备管理上应按照规程进行检修保养，通过降低设备的故障率、待修率、带病作业率，提高设备稳定性和可靠性。设备管理作业中，应降低设备负荷，调整设备位置来降低其暴露度。

（2）适度增加设备数量，改善设备的易感度

由于近年来地铁客流量急剧增加，越来越多的站点的人流负荷远远超出当时的设计容量，使得设备负荷增大，有些甚至已经超过设备能够承受的程度。适度地增加设备数量，可以减缓设备负荷，减少设备故障的可能性，降低设备的易感度。

3）环境方面

（1）改善安全信息的沟通渠道，加强运营适应度

地铁公司可通过与媒体、各级政府合作，利用宣传引导发挥客流疏导、控制作用。在发生应急事件时，充分利用媒体，向乘客发布地铁客流控制信息；同时，通过电视、广播等媒介，实时向外界传递地铁客流控制信息，引导乘客改乘其他交通工具或调整出行时间；积极联系市交通委员会、市政府及各区政府，并与属地政府建立联动机制进行客流组织。与此同时，建立开行道路平行公交应急预案，加强客流控制及疏导力度，提高响应的适应能力，以降低事故发生可能性，减少损失。

（2）优化乘车环境，降低乘客易感度和暴露度

良好的乘车环境可以提高乘客的满意度，并且舒缓乘客焦灼的旅途心

情，避免不必要的站台或通道内的乘客冲突。为降低乘客易感度，应确保站厅、站台和通道的畅通，提供洁净的卫生环境，保障空调与通风设备的运转率，调整照明系统和站台的减震降噪能力，保证运营环境中的声、光、热等均衡，提高舒适度。设置科学合理的指示标识，提高人们对车站的熟悉程度，减少车站内逗留和观望的时间，从而降低乘客的暴露度。

（3）建立地铁安全风险文化的长效机制

地铁脆弱性的降低，在短期内是管理部门出台的各种规章制度和行为规范所强力约束的结果，而在长期的时间里，却需要通过多样化的知识文化宣传手段将各部门浸润在风险文化的氛围中，共同营造地铁安全风险文化的良好风气。如此才能使各方面的人员形成良好的安全意识，掌握并精通有关知识技能，从而在日常生活中和紧急时刻做出适当合理并且安全的行为。

4.3.6 基于脆弱性应急资源配置研究

城市地铁应急资源优化配置是一个有机的、相互制约和联系的组织体系和组织过程，是实现在复杂环境中对不同资源的集成与整合，即做到在特定的时间、空间将地铁系统在应急状态所需要的各种要素条件整合成统一的救援力量，实现资源配置的效益最大化，加快应急响应速度，提升应急救援能力。由于北京地铁部分线路初期建造时间较早，各线路设备、配件标准不一，应急物资不能有效满足突发事件的需要。根据对地铁应急资源配置的研究，在北京地铁设计院已有研究的基础上，我们认为基于地铁脆弱性视角下的应急资源优化配置流程如图 4-32 所示。

① 对影响与约束资源合理配置因素的调查与确定。资源配置影响和约束是指在进行应急资源配置时的各种限制，如对线路资源共享的约束、应急基选址限制、响应时间限制、地面路况条件限制、资金的限制等。通过对选定的轨道交通系统的调查和分析，确定影响因素与约束因素，从而为下一步的资源配置工作提供依据。

② 地铁运营风险分析。通过对地铁运营的风险分析和研究，给出该地铁发生事故的类型、事故概率和发生事故后的严重程度，从而确定其响应时间、应急资源配置的种类和性能。

③ 地铁脆弱性分析。地铁脆弱性是指地铁运营中某环节失去正常功能后对地铁的运行或对整个运营体系的影响。地铁脆弱性分析就是发现

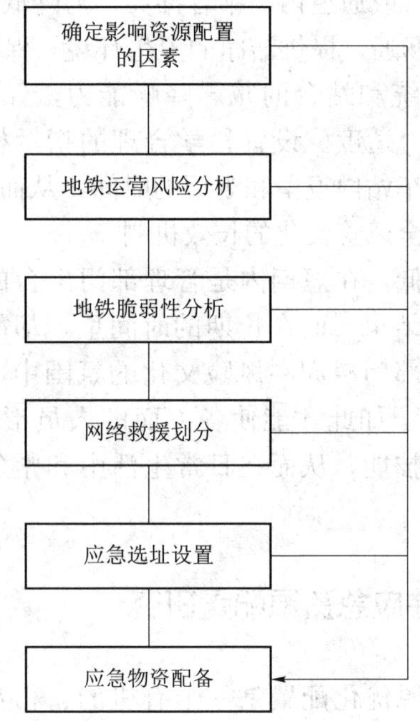

图 4-32 地铁脆弱性应急资源配置流程

地铁中脆弱环节和因素，并对各环节的影响进行评估。不同的设备、不同的设施，其脆弱环节不同。地铁运营的脆弱环节需要分析和研究，从而给出应急资源配置的优先级别或权重。

④ 网络救援划分。应急物资的配备和应急基站的选址与救援网络的划分有关。一般情况下，地铁应急救援网络系统应由“设备救援网络”和“车站救援网络”组成。“设备救援网络”是指车辆、供电、通信、信号、机电、线路等设备救援力量配置形成的网络；“车站救援网络”是指包含一些车站的某个区域作为救援单元，由这些救援单元所形成的网络。

⑤ 应急选址设置。在进行上述工作的基础上，通过建立定量分析模型，对应急基站进行选址，达到应急基站建造和运营成本最小、覆盖范围最大、应急响应时间最短等目标。

⑥ 应急物资配备。在对应急点进行选址设置后，为满足各线路对不同种类应急物资的需求，避免应急物资的不合理配置造成的浪费，需对各应急基站点的物资进行合理配置，保证突发事件发生时能够及时供应。

其中，选址问题可归为 4 个基本选址模型：集合覆盖模型（set

covering problem)，是指在覆盖所有需求的前提下，求得所需应急基站的最小数目；最大覆盖模型（max covering problem），是指在应急基站数目有一定限制的情况下，使被覆盖的需求数目最大；P－中位模型（P－median problem），是指在应急基站数目有一定限制的情况下，使应急物资从最近基地站到达各个需求点的平均时间最短；P－中心模型（P－center problem），是指在应急基站数目有一定限制的情况下，使应急物资从最近基地站到达各个需求点的最大时间最短。

下面以集合覆盖模型和P－中位模型为例来对北京地铁的应急资源进行选址设置。

（1）基于地铁脆弱性、适应性的应急资源选址：以事故救援的快捷性为目标

地铁脆弱性中的适应性，是指地铁应对危害的防控反应能力，包括应对危害的反应时间、反应力度等。这里主要考虑的是事故救援的快捷性，即突发事件发生以后，应急人员和物资赶到事故现场的时间。时间越短（及时），表示事故救援越快捷，则事态扩大的可能性越小，事故造成的影响和损失越小。对事故救援快捷性的主要评价标准是应急响应时间。其应急基站的选址，以应急基站的数目最小作为前提条件，以应急资源从应急基站到达各需求站时间在15 min以内和救援运输工具以20 km/h平均行驶速度为选址目标，实现应急资源配置的最优化。下面将以集合覆盖模型作为选址模型。

在以事故救援快捷性为配置目标进行应急资源选址时，地铁网络中如果有某些地点作为必选的应急点，其选址结果（数量、位置）会大不相同。为此，下面对“不指定必选应急基站”和“综合维修基地为必选应急基站”两种情况进行选址，以适应不同需要。

前提条件：应急基站数量最小。

选址目标：为提高地铁的应急事故救援快捷性，应急资源从应急基站到达各需求站时间限制在15 min以内；救援运输工具平均行驶速度为20 km/h。

模型及约束条件：$\sum a_{ij}X_j$—— 应急基站数量最小

其中：

$$\text{覆盖参数 } a_{ij}=\begin{cases}1, & \text{如果地铁站 } j \text{ 可以覆盖地铁站 } i\\ 0, & \text{反之}\end{cases} \tag{4-20}$$

$$\text{决策变量 } X_j=\begin{cases}1, & \text{如果地铁站 } j \text{ 被选为应急基站}\\ 0, & \text{反之}\end{cases} \tag{4-21}$$

利用集合覆盖的模型进行计算，北京地铁全网络最少需要建立 9 个应急基站，将所有站点覆盖在 15 min 车程到达的范围内，这时应急资源配置达到最优化。9 个应急基站的分布如图 4－33 和图 4－34 所示。

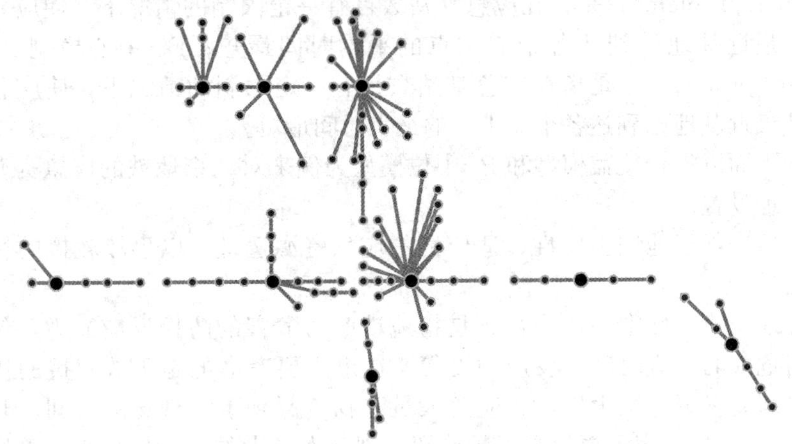

图 4－33　集合覆盖模型选址 1

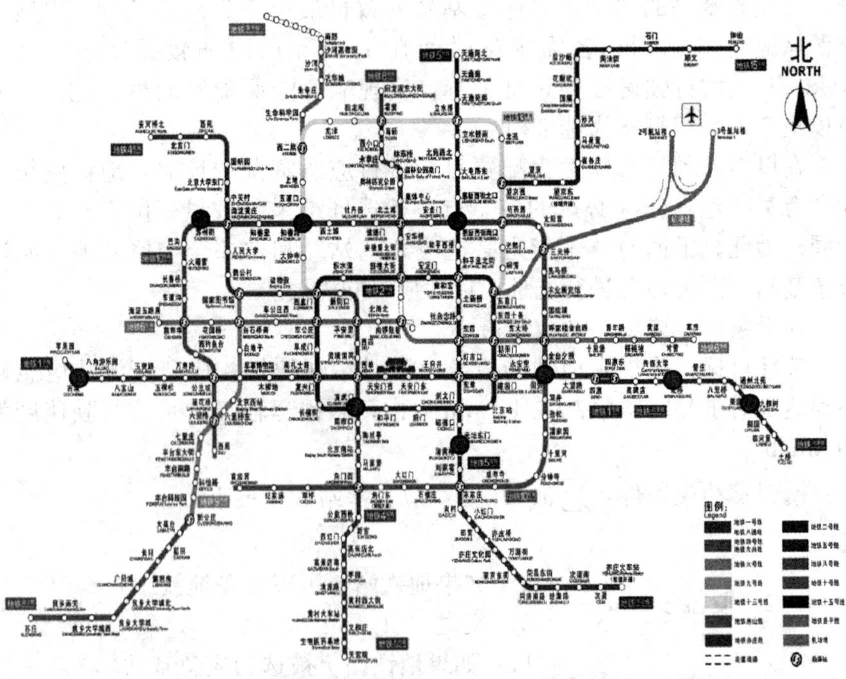

图 4－34　选址 1 的 9 个应急基站分布

由于地铁各站都可以作为应急基站的候选站，因此全网络中所选应急基站数量最小。由于所选应急基站可能不具备放置大型救援物资和机动车的条件，因此该选址方案适合应急维修人员和小型救援物资的选址。

（2）基于地铁脆弱性的暴露性和易感性的应急资源选址：以应急资源能够有效满足应急点为目标

地铁脆弱性中的暴露性是指暴露于危害中的程度，易感性是指突发事故给地铁带来危害的程度。这里主要考察的是在地铁应急资源配置过程中，在某个专业、某种救援设备应急基站数量、人员数量、资金等有限制的情况下，应急资源是否能够有效地实现自身功能，提供充足的救援物资。因此，需要以限定应急基站数目为目标进行应急资源选址。其应急基站选址，以救援时间最小为前提条件，以P-中位模型作为选址模型。

前提条件：应急基站与各应急需求点之间的平均距离或响应时间最小。

选址目标：应急基站数目限制为8个；救援运输工具平均行驶速度为20 km/h。

模型及约束条件：$\sum h_i d_{ij} Y_{ij}$—— 地铁站到相邻应急基站的平均距离或响应时间最小

其中：

$$\text{决策变量 } Y_{ij}=\begin{cases}1, & \text{如果地铁站 } j \text{ 是距离地铁站 } i \text{ 最近的应急基站} \\ 0, & \text{反之}\end{cases} \tag{4-22}$$

其中，h_i 为地铁 i 的应急需求量，d_{ij} 为地铁站 j 与 i 之间的距离。

用P-中位模型对8个应急基站进行优化后，应急基站与需求点的分布如图4-35和图4-36所示。

通过北京地铁应急资源选址，我们认为，在实际应用中，上述两种模型存在以下几个问题。① 没有考虑备用基站问题，当一个应急事件发生时，距离最近的应急基站可能正在处理其他地点的应急事件，此时应该启用备用应急基站，处理当前应急事件；② 应急需求只包括单个数目、单一种类的资源类型，而在现实情况下，突发事件大多需要多种、多个设备进行救援；③ 4个基本模型假设所有参数都是确定的，而在现实情况下，应急需求、运输时间和服务时间等都具有一定的不确定性。

对应急资源进行大配置（即应急选址的设置）后，如何应对各种应急物资种类进行小配置，即对针对地铁突发事件所需的相关应急物资而

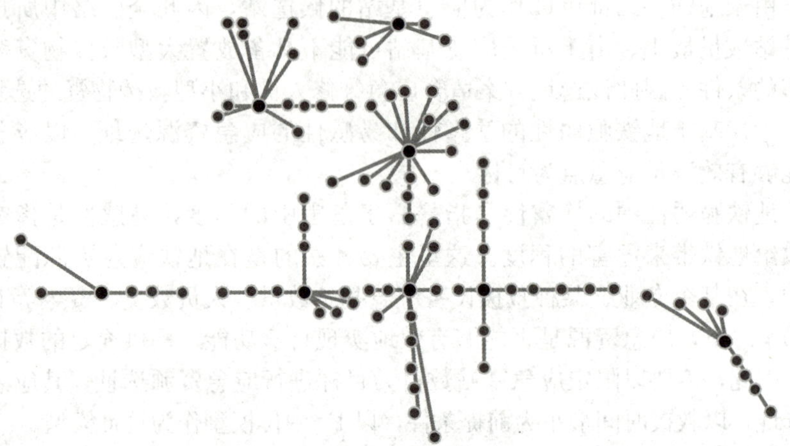

图 4-35　P-中位模型结果

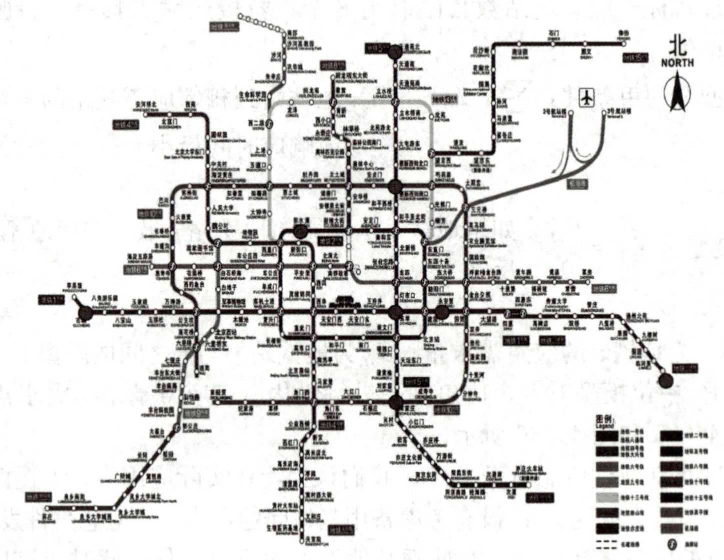

图 4-36　8 个应急基站优化选址分布

进行的配备布置也是研究的一个难点。我们将北京地铁应急管理中的资源配置问题分为平常运营状态的配置，踩踏、火灾等突发事件发生时的事中配置和事故后的资源逆向配置三部分。

平常运营状态的配置又称事前配置。事前配置的目标是对每一个应急点配置合理的资源数量和种类。对于地铁中应急点位置已经确定的情况，应急点的资源配置作为一个相对独立的问题进行处理。事故出现以前，资源的配置以常态形式存在，常态的资源配置是以预测的数据进行的，不仅要依据地铁平常运营的状态来实现资源的有效配置，更要与未来动态的需求，即地铁的应急预案相结合。因此，地铁事故处理所需求的资源类型在平时的库存中应有相应的配置准备，或者在短时间内能快速响应，根据需求将未事先配置的应急资源配置到位，对于极为特殊的资源能通过通用性和替代性满足需求。

事中配置是突发事件发生后资源的反应状态，是一个复杂的过程管理，要求每个处理环节在运动中实现协调。核心应急资源是地铁事故中的必需资源，如疏散通道、安全出口等，与突发事故密切联系。当然，事故的性质不同，对于核心资源的界定也不一样，同一事件在不同的发展阶段对核心资源的需求也不一样。核心资源在处置危机中处于关键地位，直接影响着事件突发的结果，在现场配置中应按标准执行。

逆向配置是突发事件稳定后的资源处理过程，目的是为持续性的资源配置降低成本，其依据是过去已经发生的突发事件的需求。由于地铁的快速发展，运营的客流量越来越大，发生不可预测事故的概率越来越大，对资源的需求种类与数量往往大大超出了先前的预计，使原先的资源配置状况很难满足事故发生时的现实需求。因此，不同的需求应与不同的供给相适应。

此外，地铁突发事故本身的随机变化与动态性等性质决定了其应急资源配置是一个动态的多阶段过程。首先，突发事故的发展不可完全准确预见，很多因素综合作用于事件的发展，如火灾、恐怖袭击、列车相撞、列车脱轨、停电等设备故障引起的事故及由大客流引起的踩踏等；其次，一次配置资源很可能不能完成救援工作，这就需要第二次、第三次，直至灾情完全消除为止。因此，应急资源供需是一个动态的多阶段重复协调过程。

4.4 核心观点与研究成果

本书以安全科学、管理科学、统计学等理论等为基础，通过对地铁现场进行大量调研及数据采集，深入分析地铁安全风险管理的基本特征，确定了地铁脆弱性的内涵、分析框架与影响因素，在对火灾条件下与大客流条件下地铁脆弱性进行系统且深入研究的基础上，建立了相关脆弱性评价指标模型；提出了脆弱性视角下的地铁应急管理资源配置与对策等。主要的核心观点如下。

① 在脆弱性明确定义的基础上，提出了地铁脆弱性“2+1”内涵结构模式。项目组提出，由于暴露度反映了系统与外部扰动的关联作用程度，应列入脆弱性内涵，与易感度、适应度组成“2+1”内涵结构模式。

② 提出地铁脆弱性是地铁风险三要素（危害、资产、脆弱性）中的关键因素，构建了脆弱性评价模型及脆弱性预警分级。地铁应对危害侵袭脆弱性的大小是影响风险损失大小的关键因素，本书运用GAF法计算地铁车站的综合脆弱性，采用神经网络确定了地铁车站的脆弱性预警分级，为地铁的风险管理奠定了理论基础。

③ 应当根据地铁网络中各个车站脆弱性的大小进行应急资源的配置与应急管理。

本书认为地铁的应急管理应当建立在脆弱性分析基础之上，要根据地铁网络中各个车站脆弱性的大小进行应急资源的配置与管理，提出关键应急资源与设备的冗余设计，强化应急设备自身的适应性。

参考文献

[1] 杜宝玲．国外地铁火灾事故案例统计分析［J］．消防科学与技术，2007，26（2）：214-217.

[2] 李为为，唐祯敏．地铁运营事故分析及其对策研究［J］．中国安全科学学报，2004，14（6）：108-111.

[3] 詹承豫．中国应急管理体系完善的理论与方法研究：基于“情景—冲击—脆弱性”的分析框架［J］．政治学研究，2009（5）：92-98.

[4] 张继权，冈田宪夫，多多纳裕一．综合自然灾害风险管理：全面整合的模式与中国的战略选择［J］．自然灾害学报，2006，15（1）：29-37.

[5] 姜淑珍，柳春光．城市交通系统易损性分析［J］．工程抗震与加固改造，2005，27（2）：237-241.

[6] 马颖．城市交通生命线系统及其脆弱性的内涵和后果表现分析［J］．价值工程，2006，25（12）：17-21.

[7] 高廷，徐笑歌，王静爱，等．2008年中国南方低温雨雪冰冻灾害承灾体分类与脆

弱性评价：以湖南省郴州市交通承灾体为例 [J]. 贵州师范大学学报：自然科学版，2008，26 (4)：14-21.

[8] 戴建锋，吴力川，胡适军，等. 浙江省水路交通系统台风灾害脆弱性分析 [J]. 武汉理工大学学报，2012，34 (4)：62-66.

[9] 袁竞峰，李启明，贾若愚，等. 城市地铁网络系统运行脆弱性分析 [J]. 中国安全科学学报，2012，22 (5)：92-98.

[10] 张粒子，王茜. 计及负荷损失费用的含风电场发输电系统可靠性评估 [J]. 电力系统保护与控制，2010，38 (20)：39-44.

[11] 刘铁民. 事故灾难成因再认识：脆弱性研究 [J]. 中国安全生产科学技术，2010，6 (5)：5-10.

[12] 黄方，刘湘南，张养贞. GIS 支持下的吉林省西部生态环境脆弱态势评价研究 [J]. 地理科学，2003，23 (1)：95-100.

[13] 代宝乾，汪彤. 国内外典型地铁事故案例分析及预防措施 [C]. 西宁. 中国职业安全健康协会. 2007：4.

[14] 樊运晓，高朋会，王红娟. 模糊综合评判区域承灾体脆弱性的理论模型 [J]. 灾害学，2003，18 (3)：20-23.

[15] 史培军. 三论灾害研究的理论与实践 [J]. 自然灾害学报，2002，11 (3)：1-9.

[16] 陆莹，李启明，周志鹏. 基于模糊贝叶斯网络的地铁运营安全风险预测 [J]. 东南大学学报：自然科学版，2010，40 (5)：10-14.

[17] 王洪德，潘科，姜福东. 基于 AHP 的影响城市地铁运营安全的危害分析及预防对策 [J]. 铁道学报，2007，29 (2)：27.

[18] 韩豫，成虎，赵宪博，等. 基于脆弱性的城市轨道交通运营安全理论框架 [J]. 城市轨道交通研究，2012，15 (11)：15-19.

[19] 韩豫，成虎. 基于脆弱性的地铁运营安全事故致因分析 [J]. 中国安全科学学报，2013，23 (8)：164-170.

[20] 熊义. 城市轨道交通运营安全人因风险评价研究 [D]. 北京：北京交通大学，2012.

[21] 余育青. 基于灰色层次分析法的实训资源配置评估模型及其应用研究 [D]. 杭州：浙江工业大学，2008.

[22] 林晓飞. 煤矿通防事故危险性预警及集成式管理系统研究 [D]. 青岛：山东科技大学，2008.

[23] 付春光. 基于灰色层次分析法的电网建设项目风险评价研究 [D]. 北京：华北电力大学，2012.

[24] 元云丽. 基于模糊层次分析法 (FAHP) 的建设工程 [D]. 重庆：重庆大学，2013.

[25] 高翔. 煤矿应急管理脆弱性评价及策略研究 [D]. 太原：太原理工大学，2013.

[26] 覃菊莹．灰色层次分析法：GAHP [D]. 南宁：广西大学，2002.
[27] 岳小泉，丁艺．基于灰色理论和AHP的城市道路交通安全评价 [J]. 森林工程，2007，23 (6)：64-68.
[28] 傅永帅．灰色理论在煤矿安全评价中的应用研究 [D]. 沈阳：煤科总院沈阳研究院，2009.
[29] 朱绍强，孟科，张恒喜．区间数灰色模糊综合评判及其应用 [J]. 电光与控制，2006，13 (3)：36-41.
[30] 吴殿廷，李东方．层次分析法的不足及其改进的途径 [J]. 北京师范大学学报：自然科学版，2004，40 (2)：264-269.
[31] 程正刚．电力应急体系的脆弱性研究 [D]. 上海：上海交通大学，2010.
[32] 张国祥，杨居荣．综合指数评价法的指标重叠性与独立性研究 [J]. 农业环境保护，1996，15 (5)：213-217.
[33] 马中军，邓婷，王世杰．基于改进层次分析法的东海大桥安全评估系统设计 [J]. 水利水电技术，2011，42 (1)：85-88.
[34] 王振，刘茂．应用区间层次分析法（IAHP）研究高层建筑火灾安全因素 [J]. 安全与环境学报，2006，6 (1)：12-15.
[35] 刘焕春，于建新，王文静，等．基于层次灰色理论的高校校园安全评价 [J]. 安全与环境工程，2010，17 (6)：43-46.
[36] 陈兆芳，张岐山．基于灰色理论和层次分析法的门座起重机门架系统安全评价 [J]. 福州大学学报：自然科学版，2013，41 (3)：354-358.
[37] 郭湛，商小雷，李海．基于AHP的轨道交通安全评价体系模型 [J]. 中国铁道科学，2011，32 (3)：123-126.
[38] 李世伟．城市轨道交通安全风险评价 [D]. 成都：西南交通大学，2012.
[39] 马社强．区域道路交通安全评价的理论与方法 [D]. 北京：北京交通大学，2011.
[40] 张海云．城市轨道交通安全评价与对策研究 [D]. 兰州：兰州交通大学，2013.
[41] 何理，钟茂华，史聪灵，等．城市轨道交通安全评价体系研究 [J]. 中国安全生产科学技术，2009，5 (6)：128-132.
[42] 薛旋．城市轨道交通运营安全评价体系研究 [D]. 西安：长安大学，2013.
[43] 崔喜红，李强，陈晋，等．大型公共场所人员疏散模型研究：考虑个体特性和从众行为 [J]. 自然灾害学报，2005，14 (6)：133-140.
[44] 陈君安，方正，卢兆明，等．建筑物人员疏散逃生速度的数学模型 [J]. 武汉：武汉大学学报，2002，35 (2)：66-70.
[45] 刘涛，徐瑞华．基于行车间隔协调调整的换乘站大客流处置 [J]. 城市轨道交通，2014，17 (2)：50-53.
[46] 乐逸祥，周磊山，齐向春．基于分形插值方法的城市轨道交通车站客流拟合与

仿真 [J]. 铁道学报，2012，34 (8)：7-12.
[47] 睢羽. 地铁火灾二次事故风险分析研究 [D]. 北京：北京交通大学，2014.
[48] 白亚飞. 大客流条件下地铁车站的脆弱性研究 [D]. 北京：北京交通大学，2014.
[49] 谢欢. 地铁车站运营脆弱性评价体系研究 [D]. 北京：北京交通大学，2014.
[50] 邓勇亮，李启明，陆莹，等. 城市地铁网络系统的物理脆弱性研究 [J]. 中国安全科学学报，2013，23 (10)：76-81.
[51] 张建华. 地铁复杂网络的连通脆弱性研究 [D]. 武汉：华中科技大学，2012.
[52] 王啸. 网络化城市轨道交通运营组织关键问题研究 [D]. 成都：西南交通大学，2012.
[53] 张铁岩，宋瑞，郑锂，等. 基于复杂网络理论的国内地铁网络特性分析 [J]. 交通信息与安全，2012，30 (5)：50-54.
[54] 赵婕. 地铁事故分析及预防对策 [J]. 科技信息，2011 (3)：411-369.
[55] 曹宇，井元伟，袁峰，等. 复杂网络上带有非线性感染率的SIRS模型分析 [J]. 东北大学学报：自然科学版，2012，33 (1)：17-20.
[56] 袁竞峰，李启明，贾若愚，等. 城市地铁网络系统运行脆弱性分析 [J]. 中国安全科学学报，2012，22 (5)：92-98.
[57] 刘原. 网络环境下的传染病模型的动力学研究分析 [D]. 重庆：重庆理工大学，2013.
[58] 孙有发，郭旭冲，梁肖肖，等. 现实复杂情形下的SIRS型传染病模型及其控制策略 [J]. 系统仿真学报，2010，22 (1)：195-200.
[59] 睢羽，宋守信. 基于投影寻踪聚类思想的地铁火灾二次事故风险评估 [J]. 消防科学与技术，2013，32 (7)：789-793.
[60] 祝光湖. 复杂网络上的传染病传播动力学研究 [D]. 上海：上海大学，2013.
[61] 张源勇. 西安地铁火灾风险性评估方法研究 [D]. 西安：西安建筑科技大学，2011.
[62] 李东朋，陈怀东. 地铁火灾事故特点与防火安全工程建设 [J]. 郑铁科技通讯，2008 (4)：39-45.
[63] 崔泽艳. 城市地铁火灾的特点及防护措施 [J]. 中国公共安全（学术版），2007 (3)：18-20.
[64] 闻千. 网络化运营条件下城市轨道交通应急指挥管理评价方法研究 [D]. 成都：西南交通大学，2013.
[65] 寇丽平. 人员密集场所脆弱性分析 [J]. 中国人民公安大学学报：社会科学版，2009 (3)：45-50.
[66] 王纪芳. 广州地铁线网车站大客流控制策略 [J]. 现代城市轨道交通，2013 (1)：73-76.

[67] 王妙然．基于安全控制的地铁大客流疏运策略［J］. 价值工程，2013（11）：38-40.
[68] 朱炜．轨道交通车站大客流事件的形成、传播及对策［J］. 城市交通，2013，11（3）：55-61.
[69] 卢文刚．城市地铁突发公共事件应急管理研究：基于复杂系统理论的视角［J］. 城市发展研究，2011，18（4）：119-124.
[70] 刘光武．广州地铁安全预警与应急平台的研究与应用［J］. 现代城市轨道交通，2011（1）：18-22.
[71] 黄宏伟，叶永峰，胡群芳．地铁运营安全风险管理现状分析［J］. 中国安全科学学报，2008，18（7）：55-62.
[72] 宋维华，殷位洋．地铁运营安全的风险管理［J］. 城市轨道交通研究，2009，12（2）：59-61.
[73] 曾铁梅，侯建国．地铁营运风险管理初探［J］. 武汉大学学报：工学版，2007，40（6）：84-87.
[74] 徐树亮．南京地铁突发事件应急处置机制建设［J］. 都市快轨交通，2008，21（3）：6-8.
[75] 周慧娟．铁路应急管理中的预案管理与资源配置优化［D］. 北京：北京交通大学，2011.
[76] 姜玉宏，颜华，欧忠文，等．应急物流中应急物资的管理研究［J］. 物流技术，2007，26（6）：17-19.
[77] 陈桂香，段永瑞．对我国应急救援资源管理改进的建议［J］. 上海管理科学，2006，28（4）：44-45.
[78] 高淑萍，刘三阳．应急系统调度问题的最优决策［J］. 系统工程与电子技术，2003，25（10）：1222-1224.
[79] 梁柏成．北京地铁1、2号线设备改造工程设备性能对比及评价［B］. 铁道标准设计，2009（2）.
[80] 代宝乾，汪彤，陈娅．北京地铁大客流安全问题分析及对策研究［J］. 安全信息与安全系统工程，2011：223-227.
[81] 邓艳丽，谭志光．地铁火灾研究现状综述［J］. 安防科技，2008（1）：6-8.
[82] 卢文刚．城市地铁突发公共事件应急管理研究：基于复杂系统理论的视角［J］. 城市发展研究，2011，18（4）：119-124.
[83] 刘光武．城市轨道交通应急管理体系研究［A］. 铁路计算机应用．2012（12）：3-5.
[84] 李云．地铁突发事件应急管理研究：以广州为例［D］. 广州：广州大学，2009.
[85] 张一博．地铁运营应急管理与对策研究［D］. 2012.
[86] 于庭安．我国城市地铁突发事件应急体系建设的研究［D］. 长沙：中南大

学，2008.

[87] 张岚．地铁高峰客流安全问题与对策 [J]. 都市快轨交通，2006，19 (10).

[88] 李得伟，鲁放，韩宇．城市轨道交通客流补偿及引导措施研究 [J]. 都市快轨交通，2008，21 (2)：19-23.

[89] 李鹤，张平宇．脆弱性的概念及其评价方法 [J]. 地理科学进展，2008，27 (2)：18-25.

[90] 彭宗超，钟开斌．非典危机中的民众脆弱性分析 [J]. 清华大学学报：哲学社会科学版，2003，18 (4)：25-31.

[91] 麦金太尔．论人的脆弱性和依赖性 [J]. 伦理学研究，2003，3 (5)：88-90.

[92] 杜文．突发事件中人的脆弱性分析 [J]. 河南理工大学学报：社会科学版，2013，13 (3)：297-301.

[93] 联合国环境规划署．全球环境展望 4：旨在发展的环境 [M]. 北京：中国环境科学出版社，2008：304-355.

[94] 人类的脆弱性与环境：挑战与机遇（一）全球意义的脆弱性 [J]. 环境保护. 2009，420 (5)：69-71.

[95] 人类的脆弱性与环境：挑战与机遇（二）人类福祉、环境与脆弱性 [J]. 环境保护．2009，421 (6)：62-66.

[96] 人类的脆弱性与环境：挑战与机遇（三）脆弱性类型 [J]. 环境保护．2009，422 (6)：59-62.

[97] 人类的脆弱性与环境：挑战与机遇（四）减少脆弱性的机会（上）[J]. 环境保护．2009，423 (7)：63-65；人类的脆弱性与环境：挑战与机遇（四）减少脆弱性的机会（下）[J]. 环境保护．2009，424 (7)：66-68.

[98] JENKINS L. Selecting secenarios for environmental disaster planning [J], European Journal of Operation Research, 2000, 121 (2): 275-286.

[99] MARGAT J. Vulnerability of groundwater to pollution [C]. BRGM-Publication 68 SGL 198 HYD, Orléans, France, 1968.

[100] TIMMERMAN P. Vulnerability, resilience and the collapse of society: A review of models and possible climatic applications [A]. Environmental Monograph [C]. Toronto: Institute for Environmental Studies, Canada, 1981.

[101] ADGER W N. Vulnerability [J]. Global Environmental Change, 2006 (16): 268-281.

[102] SMIT B, WANDEL J. Adaptation, adaptive capacity and vulnerability [J]. Global Environmental Change, 2006 (16): 282-292.

[103] GALLOPIN G C. Linkages between vulnerability, resilience and adaptive capacity. Global Environmental Change, 2006 (16): 293-303.

[104] CHANG S E. Transportation performance, disaster vulnerability, and long-term

effects of earthquakes [C]. Second Euro Conference on Global Change and Catastrophe Risk Management, Laxenburg, Austria, July 6 - 9, 2000: 1 - 12.

[105] BERDICA K. An introduction to road vulnerability: What has been done is done and should be done [J]. Transport Policy, 2002 (9): 117 - 127.

[106] HUSDAL J. Reliability and vulnerability versus cost and benefits [C]. The 2nd International Symposium on Transportation Network Reliability, Queenstown and Christchurch, New Zealand, 20 - 24 August, 2004: 180 - 186.

[107] JENELIUS E, MATTSSON Lars-Gran. Developing a methodology for road network vulnerability analysis [C]. Nectar Cluster 1 Seminar, Molde University College, Molde (Norway), 12th - 13th May 2006, 1 - 9.

[108] ERATH A, BIRDSALL J, AXHAUSEN K W, et al. Vulnerability assessment of the Swiss road network [C]. 88th Transportation Research Board Annual Meeting, Washington, D. C. , USA, 2009: 1 - 17.

[109] FANG L B, CAI J D. Reliability assessment of microgrid using sequential Monte Carlo Simulation [J]. Journal of Electronic Science and Technology, 2011: 31 -34.

[110] MOSS R H, MALONE E L, BRENKERT A L. Vulnerability to climate change: A quantitative approach. Prepared for the US Department of Energy, 2002. Available online: http: // www. Global change. umd. edu / cgi-bin / Details. pl? sref=PNNL - 13765.

[111] THIRUMALAIVASAN D, KARMEGAM M, VENUGOPAL K. AHP-DRASTIC: Software for specific aquifer vulnerability assessment using DRASTIC model and GIS. Environmental Modeling & Software, 2003, 18 (7): 645 - 656.

[112] LUERS A L, LOBELL D B, SKLAR L S, et al. A method for quantifying vulnerability, applied to the agricultural system of the Yaqui Valley, Mexico. Global Environmental Change, 2003, 13 (4): 255 - 267.

[113] JOHNSTON R G. GARCIA A R E. Effective vulnerability assessments for physical security devices, systems, and programs. Osterreich Militarische ZeitSchrift (Austrian Military Journal) [J]. Special Edition on Nuclear Material Protection, 2003 (2): 51 - 55.

[114] BURTON I, WHITE G F. The environment as hazard [M]. New York: The Guilford Press, 1993.

[115] BLAIKIE P, CANNON T, DAVIS I, et al. At risk: natural hazards, people's vulnerability and disasters [M]. London: Psychology Press, 2004.

[116] CUTTER S L. Vulnerability to environmental hazards [J]. Progress in Human Geography, 1996, 20 (4): 529 - 539.

[117] WATTS M J, BOHLE H G. The space of vulnerability: The causal structure of hunger and famine [J]. Progress in Human Geography, 1993, 17 (1): 43 - 67.

[118] TURNER B L, KASPERSON R E, MATSON P A, et al. A framework for vulnerability analysis in sustainability science [J]. Proceedings of the National Academy of Sciences of the United States of America, 2003, 100 (14): 8074 - 8079.

[119] GALLOPÍN G C. Linkages between vulnerability, resilience, and adaptive capacity [J]. Global Environmental Change, 2006, 16 (3): 293 - 303.

[120] SMIT B, WANDEL J. Adaptation, adaptive capacity and vulnerability [J]. Global Environmental Change, 2006, 16 (3): 282 - 292.

[121] DOWNING T E. Towards a vulnerability science? [J/OL]. IHDP Newsletter Update, 2000, 3.

[122] HYUN K. Geographical analysis on network reliability of public transportation systems: A case study of subway network system in seoul [J]. Journal of the Korean Geographical Society, 2009, 44 (2): 187 - 205.

[123] CRIADO R, PELLO J. A node-based multiscale vulnerability of complex networks [J]. International Journal of Bifurcation and Chaos, 2009, 19 (2): 703 - 710.

[124] METZGER M J, LEEMANS R. A multidisciplinary multi-scale framework for assessing vulnerabilities to global change [J]. International Journal of Applied Earth Observation and Geoinformation, 2005 (7): 253 - 267.

[125] TIMMERMAN P. Vulnerability, resilience and the collapse of society: A review of models and possible climatic applications [M]. Toronto: Institute for Environmental Studies University of Toronto, 1981: 17 - 19.

[126] MITCHELL J, DEVINE N. A contextual model of natural hazards [J]. Geographical Review, 1989, 79: 391 - 409.

[127] BOHLE H G. Vulnerability and Criticality: Perspectives from Social Geography [Z]. http: //www. ihdp. uni-bonn. de/html/publications/update/IHD PUpdate01 _ 02. h, 2001.

[128] LI Fengying, JUN Bi. Mapping human vulnerability to chemical accidents in the vicinity of chemical industry parks [J]. Journal of Hazardous Materials, 2010, 179 (1 - 3): 500 - 506.

[129] DEMICHELA M, MASCHIO G. Vulnerability assessment for human targets due to ash fallout from Mt. Etna [J]. Chemical Engineering, 2013 (32): 445 - 450.

[130] ZIMMERMAN R, ROBERT F. Decision-making and the Vulnerability of Interdependent Critical Infrastructure [A]. IEEE International Conference on Systems, Man and Cybernetics [C]. The Hague: IEEE Computer Societ, 2004:

4059 - 4063.

[131] CRIADO R, Benito Hernández-Bermejo. Efficiency, vulnerability And cost: An overview with applications to subway networks worldwide [J]. International Journal of Bifurcation and Chaos, 2007, 17 (7): 2289 - 2301.

[132] CHEN A, CHAO Yang. Network-based accessibility measures for vulnerability analysis of degradable transportation Networks [J]. Networks and Spatial Economics, 2007, 7 (3): 241 - 256.

[133] TAKAHASHI S. Social geography and disaster vulnerability in Tokyo [J]. Applied Geography, 1998, 18 (1): 17 - 24.

[134] ADGER W N. Vulnerability [J]. Global Environmental Change, 2006 (16): 268 - 281.

[135] CHANG S E. Transportation performance, disaster vulnerability, and long-term effects of earthquakes [A]. Second Euro Conference on Global Change and Catastrophe Risk Management [C]. Laxenburg, 2000: 1 - 12.

[136] BERDICA K. An introduction to road vulnerability: What has been done is done and should be done [J]. Transport Policy, 2002 (9): 117 - 127.

[137] HUSDAL J. Reliability and vulnerability versus cost and benefits [A]. The 2nd International Symposium on Transportation Network Reliability, Queenstown and Christchurch [C]. New Zealand, 2004: 180 - 186.

[138] JENELIUS E, MATTSSON Lars-Gran. Developing a methodology for road network vulnerability analysis [A]. Nectar Cluster 1 Seminar [C]. Molde: Konferensbidrag, 2006: 1 - 9.

[139] ERATH A, BIRDSALL J. Vulnerability assessment methodology for Swiss road network [J]. Journal of the Transportation Research Board, 2010, 2137: 118 - 126.

[140] FANG Luebin, CAI Jinding. Reliability assessment of microgrid using sequential Monte Carlo Simulation [J]. Journal of Electronic Science and Technology, 2011, 9 (1): 31 - 34.

[141] HINKEL J. Indicators of vulnerability and adaptive capacity: Towards a clarification of the science - policy interface [J]. Global Environmental Change, 2011, 21 (1): 198 - 208.

[142] CUTTER S L. The vulnerability of science and the science of vulnerability [J]. Annals of the Association of American Geographers, 2003, 93 (1): 1 - 12.

[143] O'BRIEN K, LEICHENKOB R. Mapping vulnerability to multiple stressors: Climate change and globalization in India [J]. Global Environmental Change, 2004, 14 (4): 303 - 313.

[144] IHDP Update Focus：Vulnerability [Z]. http：//www. ihdp. org，2001，3/01.

[145] DEMICHELA M. Vulnerability assessment for human targets due to ash fallout from Mt. Etna [J]. Chemical Engineering，2013 (32)：445 - 450.

[146] DU Wen. Study on relations between human vulnerability and emergency evolving into disaster [C]. 2010 3rd International conference on information management, innovation management and industrial engineering. 2010：283 - 286.